Joan Saslow • Alle

Daria

Four

Edição do
Professor 4

OXFORD
UNIVERSITY PRESS

OXFORD
UNIVERSITY PRESS

Great Clarendon Street, Oxford, OX2 6DP, United Kingdom

Oxford University Press is a department of the University of Oxford.
It furthers the University's objective of excellence in research, scholarship,
and education by publishing worldwide. Oxford is a registered trade
mark of Oxford University Press in the UK and in certain other countries

Photocopying

ISBN: 978 0 19 403427 2   Edição do Professor
ISBN: 978 0 19 403439 5   CD-ROM de Recursos Didáticos
ISBN: 978 0 19 403419 7   Pack

Printed in China

This book is printed on paper from certified and well-managed sources

ACKNOWLEDGEMENTS

The authors and publishers would like to thank all the teachers and schools
whose feedback, comments, and suggestions have contributed to the
development of *Teen2Teen*.

Special acknowledgement is due to André Ferreira Gomes de Carvalho for the
translation of this title.

 Contents

Teen2Teen — Para o professor

Teen2Teen é um curso original em quatro níveis para adolescentes do Ensino Fundamental 2. Cada nível de **Teen2Teen** é projetado para 40–60 horas de trabalho em sala de aula. O **Teen2Teen** vai do nível A1 ao B1 do Quadro Europeu Comum de Referência para Línguas (CEFR, na sigla em inglês).

Principais características didáticas

Suporte ao aluno

- Conteúdo gramatical cuidadosamente distribuído nos diferentes níveis, que pode ser apreendido por alunos em diferentes graus de desenvolvimento das habilidades

- Apresentações de vocabulário claras e ilustradas, acompanhadas de áudio – para estudo individual, revisão e preparação para as provas

- Instruções claras e precisas para os exercícios, que eliminam a necessidade de tradução por parte do professor

- Atividades de compreensão oral que ajudam os alunos a lidar com a linguagem oral autêntica

- Exercícios de pronúncia que praticam diferentes modelos de fala

- Compreensão de textos e exercícios controlados e muito claros, que ajudam a preparar os alunos a enfrentar textos autênticos e testes padronizados

- Um **Workbook** integrado ao **Student Book** e **Extra Practice CD-ROM**, interativo e pronto para uso, que promove prática extra fora da sala de aula

Atraente ao aluno

- *Teen2Teen Friends* – uma rede social on-line fictícia com um elenco de personagens internacionais que utilizam o idioma inglês para se comunicar, exatamente como as pessoas fazem na vida real

- Ênfase em linguagem social atualizada que atende à natureza social dos adolescentes

- Aborda a realidade e os interesses da faixa etária dos alunos em uma visão contemporânea dos adolescentes

Suporte ao professor

- Notas para o professor detalhadas, com respostas de rápida visualização para facilitar o planejamento de aula

- Ilustrações do vocabulário em formato de dicionário pictórico, a fim de promover memorização fácil e eficaz

- Quadros com a estrutura gramatical, apresentando explicações concisas, exemplos claros e observações sobre os erros mais comuns

- Metodologia flexível para os professores que variam abordagem de ensino

- Componentes do curso:
  - **Student Book** e **Workbook** integrados com **Extra Practice CD-ROM**
  - **Edição do Professor** com **CD-ROM de Recursos Didáticos**, incluindo uma variedade de *Worksheets* para suporte adicional, *Interactive Grammar Presentations* para apresentação em sala de aula, testes fotocopiáveis e editáveis e *Vocabulary Flashcards* que podem ser impressos
  - **iTools**, **DVD**, e **Class Audio CDs**

Abordagem e metodologia

Teen2Teen **Student Book** foi escrito especificamente para adolescentes que estão aprendendo inglês fora dos países falantes do idioma, onde a exposição à língua e as oportunidades de prática acontecem em sua maioria no ambiente da sala de aula. Esta **Edição do Professor** foi escrita especialmente para você, professor de língua estrangeira, que é, para os alunos, o modelo mais importante do inglês, além de ser aquele que irá guiar os adolescentes para que se tornem falantes do idioma.

A fim de ajudar os alunos a perceber, lembrar e usar o inglês, as doze unidades de *Teen2Teen* **Student Book** integram e recombinam a linguagem alvo em todas as partes da unidade. A seguir, há uma descrição das partes de uma unidade e sugestões didáticas gerais para maximizar o valor do material no ambiente de sala de aula. Além disso, você encontrará procedimentos didáticos específicos e detalhados para cada página nas notas para o professor.

Topic Snapshots

Todas as unidades contém dois *Topic Snapshots*, um na forma de um texto autêntico para leitura e o outro como um diálogo, usando língua falada autêntica e natural. Os *Topic Snapshots* introduzem o tópico da unidade e incluem um ou mais exemplos de vocabulário, gramática e linguagem social a serem estudados. Fotos e imagens ajudam na compreensão de novas palavras e expressões. Todos os diálogos têm gravações, assim, ao ler e ouví-los, os alunos têm uma maior compreensão do Inglês falado real e ouvem o ritmo e entonação de modo natural. Os diálogos dos *Topic Snapshots* não têm como objetivo a repetição por parte do aluno (cada unidade possui outro diálogo com esse propósito, na seção Teen2Teen). Em vez disso, a intenção é fazer com que os estudantes se familiarizem com a linguagem da unidade e afiem seu apetite pelo tópico de temática adolescente que se seguirá. Exercícios de compreensão acompanham cada *Topic Snapshot,* garantindo um aprendizado ativo.

Sugestões didáticas gerais

Obs.: As sugestões da seção Abordagem e Metodologia são gerais. Procedimentos didáticos específicos são apresentados para cada exercício nas notas para o professor desta **Edição do Professor**.

Como aquecimento, peça aos alunos que estudem e identifiquem o tipo e o propósito do texto no *Topic Snapshot*. Dependendo da habilidade e do nível de sua turma, você pode fazer perguntas sobre as ilustrações ou pedir aos alunos que descrevem o que estão vendo. Isso ajuda a suscitar as expectativas dos alunos e auxilia sua compreensão. Em algumas aulas, você pode pedir aos alunos que resumam o que estão vendo nas ilustrações, em português. Em seguida, peça aos alunos que leiam e (no caso dos diálogos, ouçam) cada *Topic Snapshot*. Ou, como alternativa, você pode ler um deles ou os dois *Topic Snapshots* em voz alta. Não interrompa a leitura ou pause o audio neste primeiro passo, deixando que os alunos entendam a "ideia principal" enquanto acompanham nos próprios livros. Pergunte se gostariam de ler e/ou escutar outra vez. Tocar o audio novamente permite a eles prestar atenção em partes que podem não ter entendido muito bem na primeira vez. Se houver questões quanto ao siginificado de palavras desconhecidas, veja se há imagens ou algo mais que possa ajudar na compreensão. As ilustrações foram criandas especialmente para ajudar na compreensão de novo vocabulário. Veja no exemplo abaixo como as imagens definem o significado de palavras e expressões no texto de um *Topic Snapshot*:

E neste *Topic Snapshot* é possível ver como a foto ajuda os alunos a entenderem o significado de "Who left the water running?"

Desse modo, a tradução dos elementos novos pode ser minimizada, diminuindo a necessidade de se falar português na aula e aumentando a exposição ao inglês, tão importante para o processo de aprendizagem de língua estrangeira. Além de ajudar na compreensão, observar as imagens de fundo ajuda os alunos a desenvolver a habilidade de entender significados pelo contexto, uma estratégia de leitura muito impotante.

No caso dos diálogos nos Topic Snapshots, depois da apresentação inicial, por meio da leitura e da compreensão oral, você pode tocar o áudio e permitir que os alunos escutem novamente, tanto com os livros abertos como fechados. Escutar novamente ajuda a tornar os alunos mais familiarizados com o ritmo e a entonação do inglês oral natural.

Se fizer perguntas de compreensão, evite dar a impressão de que elas são parte de um teste. Permita que os alunos mantenham os livros abertos para procurar as respostas no texto. Interagir com o texto dessa maneira aumenta a exposição do aluno e sua familiaridade com o novo elemento linguístico e os ajuda a aumentar a confiança em abordar um texto com vocabulário que eles ainda não conhecem. Incentive os alunos, sempre lembrando-os de que não precisam saber ou entender cada uma das palavras para terem a ideia geral do que estão escutando ou lendo. Sugestões específicas para cada *Topic Snapshot* podem ser encontradas na seção de notas para o professor.

Apresentar com o foco inicial na compreensão oral

Às vezes, você pode variar os procedimentos e apresentar o *Topic Snapshot* conversation inicialmente com os livros fechados enquanto os alunos escutam o áudio. Essa apresentação é substancialmente mais desafiadora, portanto sugere-se que os alunos tenham alguns minutos para se familiarizar com a figura antes de escutar a gravação. No entanto, desconsidere a leitura da conversa nesse momento. Os alunos irão precisar escutar várias vezes e, portanto, devem ter a oportunidade de várias tentativas. Novamente, se você fizer perguntas de compreensão, evite dar a impressão de que as perguntas são parte de um teste. Evite perguntas sobre detalhes, concentrando-se na ideia principal da situação. Se necessário, você pode permitir que os alunos escutem novamente para confirmar se compreenderam corretamente.

(Obs.: Todas as unidades de **Teen2Teen** incluem atividades de compreensão oral cuidadosamente elaboradas, preparadas para desenvolver as habilidades de compreensão oral dos alunos. Não é necessário usar o *Topic Snapshots* como atividades de compreensão oral. Todavia, se fizer isso, uma discussão completa sobre a metodologia para a *Listening comprehension* pode ser encontrada na página xii.)

Os alunos quase sempre querem traduzir todas as palavras quando leem ou escutam algo, acreditando que não saber a tradução de cada palavra na língua materna significa não entender a mensagem. Uma das habilidades de compreensão oral mais importante se desenvolve a partir da compreensão de que entender e traduzir são duas coisas distintas e que é possível compreender o significado de algo que se escuta ou lê em uma língua estrangeira sem ser capaz de traduzir todos os detalhes.

Em seguida, os alunos podem fazer o exercício de compreensão que se segue. Visto que o objetivo do *Topic Snapshots* é a exposição e a compreensão, não a produção ativa de linguagem, os exercícios verificam somente a compreensão. Eles são apresentados em vários formatos: múltipla escolha; verdadeiro ou falso; verdadeiro ou falso ou não mencionado; ligar, classificar e outros. Todas as respostas dos exercícios do *Topic Snapshot* podem ser encontradas nas notas para o professor.

Nas unidades do *Teen2Teen Friends*

A cada três unidades (*Units 3, 6, 9, e 12*), os *Topic Snapshots* aparecem no website fictício da rede social *Teen2Teen Friends*. Continuing characters from around the world use English to communicate about themselves, their lives, opinions, and experiences on the site. Nele, as personagens do mundo todo usam inglês para se comunicar.

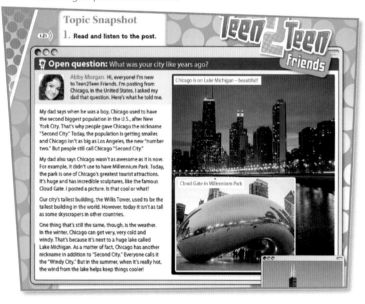

Vocabulary

O vocabulário contém palavras e expressões chave para o tópico de cada unidade. A abordagem de **Teen2Teen** é ensinar o vocabulário de forma explícita: cada palavra ou expressão nova é ilustrada com legenda para garantir que os alunos reconheçam o significado e a pronúncia é demonstrada no áudio. Tal abordagem é especialmente eficaz para alunos que estão aprendendo inglês como língua estrangeira, os quais têm poucas oportunidades de aprender vocabulário fora da sala de aula.

Visto que nenhum conhecimento prévio de vocabulário é esperado dos alunos, a apresentação explícita do significado e da pronúncia descritos acima precede qualquer prática de vocabulário. O ensino sempre precede a avaliação.

As ilustrações e as gravações com o vocabulário atendem a vários fins:

1. Tornar desnecessário para o professor traduzir as palavras novas ou procurar por conta própria ilustrações para apresentar o vocabulário;

2. Ajudar os alunos a adquirir uma pronúncia correta e evitar confusões em relação à forma com que as palavras são soletradas em inglês;

3. Manter-se no livro para que os alunos possam revisar e estudar para se prepararem para exames. As seções de vocabulário contêm uma grande variedade de exercícios.

Conforme o vocabulário dos alunos aumenta, uma característica chamada *And don't forget ...*, relembra-os do vocabulário aprendido anteriormente, garantindo assim uma revisão adequada:

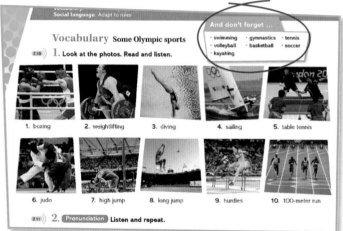

Sugestões didáticas gerais

Entendendo o significado

Um passo essencial no aprendizado de vocabulário novo é ouvi-lo, especialmente quando ele também pode ser visto por escrito. Em cada seção de vocabulário, os alunos vão primeiro para a seção *Look at the pictures. Read and listen*. Chame a atenção para as figuras e as legendas. Certifique-se de que os alunos entendem o que está sendo mostrado. Pergunte se entendem o significado de cada palavra. Devido ao fato de as ilustrações terem sido cuidadosamente preparadas para demonstrar cada palavra ou expressão, as dúvidas tendem a ser poucas. Se houver alguma, você pode fazer uso de gestos, mímica ou então dar um exemplo relacionado às pessoas ou objetos da sala de aula a fim de ajudar a confirmar o significado da palavra ou expressão nova. Nas notas para o professor há outras sugestões.

É tentador para os professores tentar verificar a compreensão do vocabulário perguntando aos alunos o significado de cada palavra nova em português. Na verdade, os alunos geralmente esperam essa tradução de cada palavra nova por parte do professor. Embora não seja prejudicial traduzir de vez em quando uma palavra para o português, já se provou que quando uma nova palavra é automaticamente traduzida para a língua materna dos alunos, eles acabam internalizando a tradução e não a palavra em inglês. Se os alunos não prestarem atenção à nova palavra em inglês, o impacto e a capacidade de memorização que a apresentação do vocabulário exerce são prejudicados.

O exemplo a seguir da apresentação do vocabulário em **Teen2Teen** demonstra por que a tradução do vocabulário não é necessária nem benéfica. Cada figura com sua legenda esclarece o significado de forma eficaz, sem deixar dúvidas. A tradução para a língua materna iria somente desviar a atenção do aluno das palavras em inglês que ele está aprendendo.

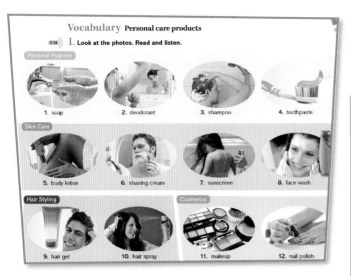

Se desejar variar a sua apresentação de vocabulário, você pode pedir aos alunos que cubram as legendas com uma folha de papel e observem as ilustrações ou fotos enquanto escutam a gravação ou enquanto você lê as palavras. Outra forma de contribuir para a memorização do vocabulário é pedir aos alunos que façam seus próprios flashcards criando seus desenhos ou usando suas fotos, da Internet ou de revistas, parecidas com as do *Teen2Teen* **Student Book**. Os alunos podem usar seus próprios flashcards para fazer perguntas uns aos outros, reforçando ainda mais os elementos linguísticos. Outra alternativa é propor que os flashcards sejam fixados nas paredes da sala de aula como uma "parede de palavras" que se mantém lá para relembrá-los sempre do significado das palavras.

A pronúncia correta do vocabulário

Depois que os alunos entendem o significado de cada palavra ou expressão nova, um exercício de pronúncia os leva para o *Listen and repeat*. Os alunos em ambiente de aprendizagem de língua estrangeira precisam ter oportunidades de pronunciar as palavras novas. Apesar de não devermos supervalorizar a repetição, ela é bastante benéfica, pois possibilita sedimentar o significado e consolida a pronúncia correta e a memorização do som da palavra em inglês sem confundi-la com sua escrita. O exercício de pronúncia nunca deve ser omitido. A prática de pronúncia pode ser feita facilmente como um exercício de repetição em voz alta com a turma toda, porque cada item do vocabulário é curto e há uma pausa na gravação que permite aos alunos repetirem.

Praticando o vocabulário

Uma variedade de exercícios permite a prática das novas palavras e expressões. Geralmente, isso inclui um exercício de compreensão oral. No exemplo abaixo, após o vocabulário de modos de celebração de data comemorativa ser apresentado, os alunos ouvem três entrevistas de rádio sobre o assunto e depois demonstram seu entendimento do novo vocabulário.

Os exercícios de vocabulário são divididos por dificuldade e de forma gradual, e incluem uma variedade de respostas produtivas e receptivas. Essa divisão aumenta a confiança e o domínio de novas palavras e frases por parte dos alunos. No exemplo abaixo, eles

passam do entendimento (exercício 1), para a pronúncia (exercício 2), para um exercício de percepção (exercício 3), um exercício produtivo e de maior nível de desafio (exercício 4), até o *About you!*, onde demonstram a habilidade com o vocabulário num exercício de expressão livre.

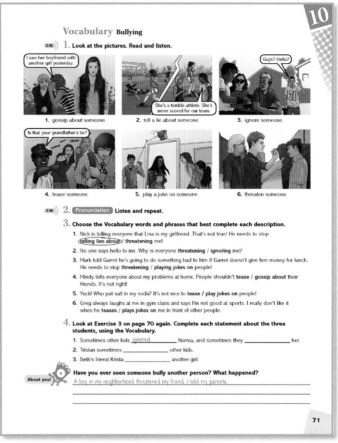

Vocabulary Flashcards fotocopiáveis

Você irá encontrar *Vocabulary Flashcards* fotocopiáveis no **CD-ROM de Recursos Didáticos** nesta **Edição do Professor**. Use-os como uma ferramenta para apresentar, praticar e avaliar os principais itens de vocabulário de *Teen2Teen*.

Pelo menos uma vez em cada unidade, após *Vocabulary*, *Grammar*, ou *Reading*, há um exercício chamado *About you!* É importante que os alunos tenham a oportunidade de personalizar o que aprenderam. Em cada unidade de *Teen2Teen*, há uma atividade *About You!* que pede aos alunos que escrevam sobre si próprios usando os elementos linguísticos que estão aprendendo na unidade. No exercício do *About you!* a seguir, os alunos usam o vocabulário que acabaram de aprender para fazer afirmações pessoais.

Sugestões didáticas gerais

Os alunos devem fazer as atividades *About You!* individualmente. Se você julgar adequado para a sua turma, poderá convidar alguns alunos individualmente a compartilhar com os colegas o que escreveram. Cada vez que fizer isso, você pode pedir a diferentes alunos que se apresentem, a fim de que todos os alunos tenham oportunidade de se expressar em inglês durante o ano acadêmico.

Grammar

Embora livros didáticos de inglês geralmente apresentem a gramática somente com exemplos e paradigmas em uma tabela, os alunos frequentemente trazem perguntas sobre a gramática que está sendo ensinada: quando usá-la, qual é o seu propósito e como ela se diferencia de outros pontos gramaticais. Quando as apresentações gramaticais não explicam a gramática, mas simplesmente listam exemplos, os professores muitas vezes consideram necessário conduzir as aulas de gramática totalmente na língua materna dos alunos. Embora não haja nenhum problema em esclarecer as regras na língua materna, quando há dúvidas, é um objetivo de **Teen2Teen** fornecer regras compreensíveis em inglês para reduzir a necessidade das explicações na língua materna a fim de aumentar a exposição do aluno ao inglês.

Todo ponto gramatical novo é apresentado com uma tabela que contém exemplos do ponto gramatical assim como, sempre que possível e necessário, regras claras e simples que os alunos possam entender. O ponto gramatical alvo é destacado a cores para chamar a atenção do aluno para a estrutura em questão.

No exemplo a seguir, a regra gramatical explica, em um nível compreensível aos alunos, o uso de for e since no *present perfect*. O significado de "periods of time" e "time when the action began" é deixado mais claro pelo uso de cores nos exemplos, garantindo que os alunos concentrem-se no material mais relevante. Também neste exemplo, uma dica de linguagem alerta os alunos sobre um erro comum cometido por estudantes com o uso de *since*.

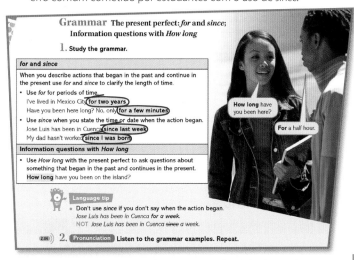

Como você pode notar, a clareza e a simplicidade das explicações tornam desnecessária a tradução para o português da aula de gramática. Um benefício adicional de se oferecer explicações gramaticais no **Student Book** é dar aos alunos uma referência de fácil consulta para revisões e preparações para as provas.

Além disso, em todo o curso **Teen2Teen**, sempre que os alunos precisarem rever pontos gramaticais aprendidos anteriormente, um *Reminder* traz isso para eles. Neste exemplo, os alunos estão aprendendo a fazer comparações com as ... as. O *Reminder* os ajuda a lembrar o que já aprenderam sobre comparações com adjetivos comparativos.

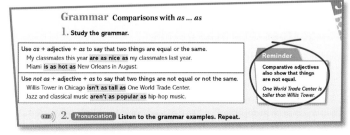

Finalmente, para as situações nas quais os professores sentem que os alunos irão se beneficiar com o estudo individual em sua língua materna, todos os quadros e regras gramaticais podem ser encontrados no final do **Student Book** (ver *Referência Gramatical*).

Sugestões didáticas gerais

Chame a atenção dos alunos para a tabela de gramática. Se ela apresentar uma ilustração ou uma figura mostrando o ponto gramatical em um contexto de interação, leia a interação em voz alta para que os alunos possam ver um exemplo "vivo" da gramática. Leia qualquer regra gramatical em voz alta. Antes de explicar mais, peça aos alunos que observem os exemplos na tabela. Você pode copiar um ou mais exemplos na lousa, marcando com um círculo as formas que são destacadas nos exemplos da tabela a fim de se certificar que os alunos estão visualizando o ponto gramatical que está sendo apresentado. Todos os alunos se beneficiam de apresentações visuais, portanto, destacar os exemplos com cores diferentes pode ser uma maneira eficaz de chamar a atenção dos alunos para o que está ensinando. (Por exemplo, você pode escrever a frase em preto, mas os verbos em azul ou vermelho.) Você pode adicionar seus próprios exemplos e convidar os alunos a ir para a lousa e marcar com um círculo as estruturas alvo. Em grupos mais avançados, os alunos podem ir para a lousa e escrever exemplos adicionais, criados por eles, que apresentam o ponto gramatical em questão. Sugestões específicas podem ser encontradas nas notas para o professor.

Para que os alunos tenham uma referência gramatical permanente no **Student Book**, a partir da qual eles poderão estudar e revisar a gramática, as tabelas gramaticais seguem uma abordagem dedutiva: uma regra gramatical é apresentada de forma explícita e em seguida há exemplos claros que ilustram a regra. Se preferir uma abordagem indutiva, você pode facilmente variar a ordem de apresentação do material, destacando exemplos primeiro e, em seguida, fazendo perguntas em inglês ou na língua materna dos alunos, a fim de incentivá-los a inferir a regra.

Atividades de Observação: Os *Topic Snapshots* no início de cada unidade sempre apresentam ao menos um exemplo do ponto gramatical da unidade. Uma atividade de observação útil é pedir aos alunos que retornem ao *Topic Snapshot* próximo ao início da unidade e encontrem um ou mais exemplos da gramática dentro da interação.

Por exemplo, depois de apresentar a gramática do presente perfeito para o passado indefinido você pode pedir que os alunos voltem ao *Topic Snapshot* no começo da unidade para ver exemplos da gramática no contexto de um diálogo:

Identificar a estrutura alvo no contexto da interação do *Topic Snapshot* promove mais uma exposição ao ponto gramatical, ajudando a fixá-lo e oferecendo um modelo de uso da estrutura na comunicação real. Muitas sugestões didáticas específicas acompanham os quadros gramaticais nas notas para o professor.

Pronunciation

Um exercício de pronúncia está incluído nas seções de gramática, permitindo aos alunos escutar a pronúncia, o ritmo e a entonação dos exemplos presentes no quadro gramatical ou dos exercícios gramaticais que aparecem após a tabela. Ouvir e repetir os exemplos dos pontos gramaticais reforça ainda mais a estrutura e oferece um modelo de aplicação das estruturas gramaticais em situações reais de uso.

Nivelamento dos exercícios

Os exercícios de gramática são cuidadosamente nivelados, partindo dos mais fáceis e chegando aos mais desafiadores. A sequência inicia, sempre que possível, daqueles que requerem reconhecimento e termina com aqueles que exigem produção dos elementos gramaticais trabalhados. Por esse motivo, sugere-se que os exercícios sejam feitos na ordem em que se encontram. Todos os exercícios exigem uma resposta por escrito. Muitos têm um estímulo visual. Alguns exercícios envolvem compreensão oral. Sempre que possível, os exercícios gramaticais também integram o vocabulário da unidade a fim de facilitar a memorização e servir de reforço extra do significado e do uso das palavras. As respostas para todos os exercícios gramaticais encontram-se nas notas para o professor.

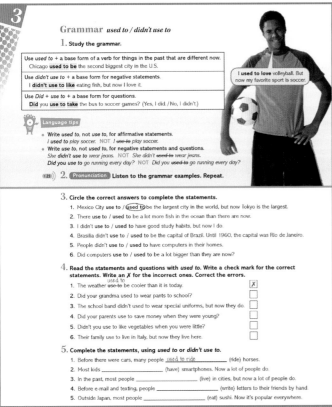

Alguns exercícios gramaticais são apresentados por meio de uma atividade de compreensão oral. Os alunos escutam uma conversa ou monólogos que fazem uso da gramática alvo e demonstram sua compreensão por meio de uma resposta por escrito.

Os exercícios gramaticais podem ser feitos pelos alunos individualmente ou você também pode fazer os exercícios com a turma toda, pedindo aos alunos que apresentem suas respostas oralmente, em voz alta. Todos os exercícios gramaticais apresentam um exemplo para que os alunos possam compreender o que é esperado deles. Recomenda-se que você complete o primeiro item com ou para os alunos a fim de se certificar de que eles entenderam a proposta. Antes de completar o primeiro item, chame a atenção dos alunos para ele no livro, a fim de que saibam exatamente o que você está demonstrando. Pode também ser útil copiar o primeiro item na lousa e escrever a resposta modelo para todos os alunos verem. Dessa forma, você irá reduzir a necessidade de explicar o exercício enquanto os alunos estão trabalhando. Circule pela sala para oferecer ajuda e responder perguntas que ainda possam surgir.

Ocasionalmente, em grupos grandes nos quais é difícil fazer o trabalho oral com os alunos, você poderá dividir a turma em dois grupos: um grupo realiza o exercício sozinho enquanto você faz um trabalho oral com o outro grupo. Em seguida, os dois grupos podem trocar as atividades, dando ao segundo grupo uma chance de fazer o exercício enquanto você faz a atividade oral com o primeiro grupo. Esse procedimento lhe permite dar mais atenção individual a cada aluno e avaliar o progresso oral com mais eficiência.

Quando os exercícios gramaticais já tiverem sido feitos, você pode revisar as respostas com a turma toda, tanto conferindo as respostas conforme os alunos as leem em voz alta ou pedindo aos alunos que escrevam as respostas na lousa. Se o tempo for curto, você pode escrever as respostas na lousa enquanto os alunos conferem o que fizeram individualmente. Para variar, os alunos podem trocar os livros e conferir o trabalho de seus colegas.

Interactive Grammar Presentations

No **CD-ROM de Recursos Didáticos**, há uma apresentação gramatical interativa para cada ponto gramatical do **Student Book**. As apresentações são organizadas por unidade e para cada ponto gramatical há três seções. A primeira seção é uma cópia exata dos quadros gramaticais do **Student Book**, com o áudio da pronúncia sempre que necessário. A segunda seção é uma atividade controlada para completar as frases que pratica a estrutura gramatical, e a terceira seção é uma atividade mais livre, que geralmente utiliza recursos visuais para resgatar o ponto gramatical. Essas duas últimas seções são material novo, exclusivo das *Interactive Grammar Presentations* e podem ser feitas oralmente como uma atividade aberta para a turma toda ou individualmente.

Reading

O trabalho com a leitura em *Teen2Teen* atende a uma série de requisitos para o desenvolvimento eficaz das habilidades e estratégias de leitura. Os alunos são expostos a uma variedade de gêneros autênticos de leitura que representam tipos de textos impressos e digitais. A leitura de textos integra e reforça o vocabulário e as estruturas gramaticais da unidade e das unidades anteriores. Os textos atraem o interesse dos alunos por meio de tópicos adequados aos adolescentes. Cada texto de leitura inclui ilustrações ou fotos que contribuem para sua compreensão. Os exercícios que seguem cada texto foram planejados cuidadosamente para que os alunos possam aplicar as habilidades e estratégias chave de leitura, necessárias para os exames futuros e também para entenderem textos autênticos.

A fim de que os alunos possam continuamente aprimorar sua habilidade de leitura de textos autênticos em inglês, é importante que os textos nos materiais do curso não sejam nem muito fáceis nem demasiadamente desafiadores. Se os textos de leitura são escritos unicamente com elementos linguísticos conhecidos, os alunos não irão desenvolver a habilidade de descobrir o significado de novas palavras por meio do contexto ou mesmo de lidar com palavras novas. Todavia, se os textos de leitura são escritos em um nível mais elevado do que aquilo com que os alunos são capazes de lidar, isso pode levar à frustração ou mesmo a uma dependência maior de tradução. Os textos de leitura de **Teen2Teen** foram escritos cuidadosamente para ser compreensíveis aos alunos e para incluir uma pequena quantidade de elementos linguísticos desconhecidos, mas possíveis de ser compreendidos por meio do contexto.

A maior parte dos textos de leitura em **Teen2Teen** encontra-se nos **Class Audio CDs**, por diversas razões:

1. Adquirir prática adicional ao escutar a língua falada de forma natural, mas nesse caso, em formato de narrativa (e não em formato de interações);

2. Ouvir um texto de leitura sendo lido em voz alta aumenta a consciência de como a língua é formada por "pedaços", fazendo com que os alunos se familiarizem com as *collocations* (palavras que normalmente aparecem juntas) em inglês;

3. Ler enquanto escutamos a gravação aumenta a velocidade de leitura, visto que os alunos tentam se ajustar ao ritmo daquilo que estão ouvindo. O uso de uma gravação, no entanto, é opcional.

Nas unidades de *Teen2Teen Friends* (3, 6, 9, e 12), as leituras são postagens em blogs feitas pelas personagens fictícias de **Teen2Teen**.

As instruções que precedem cada leitura incluem uma pergunta que ajuda os alunos a concentrar sua atenção enquanto estão lendo. In the example below, students read facts and look at pictures to about protecting themselves from crime. The reading integrates and expands the crime vocabulary students have learned and uses examples of the unit grammar: relative clauses. A leitura integra e expande o vocabulário meteorológico que eles aprenderam e usa exemplos do tópico gramatical da unidade: o passado simples. Sugestões específicas para as fases de pré-leitura, leitura e pós-leitura, assim como as respostas de todas as atividades encontram-se nas notas para o professor.

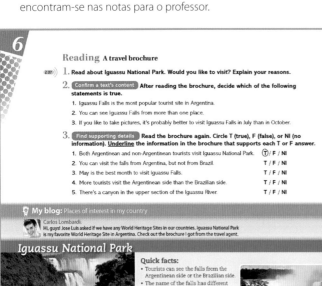

Uma variedade de tipos de atividades acompanha cada texto de leitura nas unidades. Esses exercícios são elaborados para direcionar a atenção dos alunos e garantir a compreensão, assim como para aplicar os elementos linguísticos alvo da unidade.

Habilidades e estratégias de leitura

Os exercícios de *reading* em cada unidade foram projetados para ajudar os alunos a desenvolver estratégias e habilidades específicas de leitura. Nos livros *Teen2Teen Three* e *Four*, eles ficam destacados na página de abertura da unidade. Por exemplo, na imagem acima, há duas habilidades sendo praticadas: confirmar o conteúdo de um texto (exercício 2) e encontrar detalhes de apoio (exercício 3). Um exercício adicional nesta seção *Reading* (exercício 4, abaixo) desenvolve a habilidade dos alunos em buscar por informações:

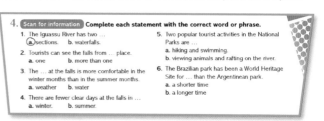

Todos os exercícios podem ser usados como atividades de compreensão tradicionais. No entanto, se você quiser que seus alunos tenham mais consciência dessas habilidades e estratégias, pode recorrer às sugestões de ensino específicas incluídas nas Notas de Ensino.

Todas as habilidades e estratégias de leitura estão nos Objetivos de Aprendizado, nas páginas 2 e 3.

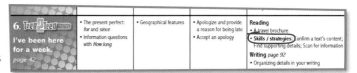

Sugestões didáticas gerais

Antes da leitura, peça aos alunos que se atentem às ilustrações ou às fotos que acompanham o texto. Por exemplo, os alunos devem reconhecer qualquer vocabulário aprendido anteriormente. Peça que descrevam o que veem nas imagens e faça perguntas específicas para que usem o vocabulário ou a gramática em suas respostas.

Leia em voz alta a instrução para a primeira atividade, incluindo a pergunta que aborda o "foco". Peça aos alunos que procurem a resposta para essa questão enquanto estiverem lendo o artigo pela primeira vez. Em seguida, dando andamento ao trabalho, peça que confirmem se conseguiram responder a pergunta. Sugestões de perguntas adicionais encontram-se nas notas para o professor. Permita aos alunos lerem o texto mais de uma vez, se necessário, para que consigam responder às demais perguntas.

Você pode variar sua abordagem de trabalho com o texto de leitura. Por exemplo, em vez de pedir aos alunos que escutem enquanto leem, você pode orientá-los a ler sem escutar na primeira vez. Utilize as perguntas adicionais sugeridas nas notas para o professor. Em seguida, instrua-os a ler juntamente com a gravação na segunda ou terceira vez em que lerem o texto.

Outra abordagem para uma turma mais avançada seria pedir aos alunos que escutem primeiro com os livros fechados. Em seguida, você pode fazer algumas perguntas gerais e depois pedir aos alunos que leiam juntamente com a gravação para confirmar suas respostas. Você pode pular a gravação caso se sinta mais confortável com a leitura somente em silêncio.

Os exercícios de leitura são elaborados para serem realizados individualmente. Todavia, é interessante variar o modo como são realizados a cada unidade. Depois, os alunos podem trabalhar em duplas para comparar e discutir suas respostas, ou podem trabalhar juntos desde o começo para completar o exercício. Outra abordagem é escrever os itens do exercício na lousa e convidar alunos para a lousa individualmente e respondê-los. Ou você pode fazer um exercício como uma atividade com a turma toda e pedir a todos que lhe deem as respostas para que você as escreva na lousa. Sempre que puder, use a lousa para ajudar os alunos a verem suas respostas de um jeito diferente. Por exemplo, no exercício 3, que trata das Cataratas do Iguaçu, você pode convidar os alunos a escrever as respostas no quadro *(2. You can visit the falls from Argentina and Brazil.)* As *Teaching Notes* dão sugestões sobre o assunto.

Teen2Teen

Cada unidade termina com uma conversa modelo que oferece uma aplicação social dos elementos linguísticos da unidade, usando linguagem autêntica e interessante, apropriada à comunicação entre adolescentes. Os adolescentes são muito sociáveis, portanto é importante que sejam capazes de aplicar o que estão aprendendo em um contexto comunicativo com relevância social para eles. Embora algumas estruturas gramaticais e vocabulário da unidade estejam incluídos na conversa, o objetivo principal da interação não é gramatical, mas sim como linguagem social. Os modelos de interação de *Teen2Teen* são curtos e fáceis de ser memorizados. A seguir, um exemplo:

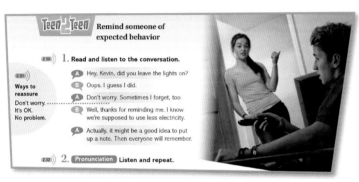

Por mais que este diálogo seja de uma unidade que apresenta vocabulário sobre o ambiente do aluno, o propósito principal é dar exemplos e praticar a seguinte linguagem social: chamar a atenção de alguém para iniciar uma conversa; expressar arrependimento por um erro; tranquilizar alguém; expressar gratidão por uma ação em específico; reconhecer a legitimidade da opinião de outra pessoa; oferecer uma solução e motivos.

Todos os atores dos **Class Audio CDs** de *Teen2Teen* são falantes nativos de inglês americano padrão. O ritmo das conversas é lento, mas natural e autêntico para que os alunos sejam capazes de imitar os interlocutores confortavelmente, mas de forma precisa.

Sugestões didáticas gerais

Aquecimento

As interações de *Teen2Teen* são todas acompanhadas por fotos que ajudam a contextualizar a conversa e torná-la real. As fotos também exercem um papel didático: elas podem ser usadas para ativar a linguagem da conversa. Você pode começar chamando a atenção dos alunos para as fotos e fazendo perguntas. Ao formular suas próprias perguntas, é importante ser realista sobre o que os alunos são capazes de produzir em suas respostas. Conforme os alunos vão se tornando mais avançados, as perguntas poderão extrair respostas mais completas e complexas. Para alunos deste nível, com pouca aquisição de linguagem produtiva, você pode começar de forma bem simples. Para a conversa acima, perguntas realistas como *Are they at home or at school? What is their relationship? What are they doing in the photo?* são apropriadas porque os alunos têm conhecimento suficiente para responder, baseados nas

fotos. Perguntas específicas para cada interação de *Teen2Teen* são fornecidas nas notas para o professor.

Como alternativa, você pode pedir aos alunos que formulem suas próprias perguntas sobre as fotos. Dessa forma, os alunos sabem sobre o que a interação irá tratar e desenvolvem interesse em ler e ouvi-la.

Peça aos alunos que escutem a conversa enquanto leem em seu livro. Como uma alternativa para grupos mais avançados, você pode pedir aos alunos que escutem com o livro fechado. Uma vantagem de apresentar a conversa com o livro fechado é que os alunos não irão se distrair com a palavra escrita e ficarão mais atentos à pronúncia, ao ritmo e à entonação da língua nas conversas. O processo de apresentação com os livros fechados também oferece aos alunos uma prática adicional em compreender a linguagem oral que integra o vocabulário e os elementos gramaticais da unidade. É interessante variar sua apresentação inicial da conversa a fim de manter sua aula sempre nova e interessante.

Como uma "atividade de observação" opcional, peça aos alunos que procurem e marquem com um círculo a estrutura gramatical alvo que aprenderam nesta unidade dentro da interação modelo de *Teen2Teen* (in this case, they should circle we're supposed to use less electricity). Dessa forma, os alunos verão o valor social e comunicativo de terem aprendido a estrutura gramatical ao invés de vê-la somente como um conteúdo aleatório do curso sem nenhuma utilidade prática.

Pronunciation

Todas as interações de *Teen2Teen* são seguidas de uma atividade de pronúncia. Nessa atividade os alunos escutam e repetem a conversa, uma fala de cada vez. Peça aos alunos que escutem com atenção e imitem a pronúncia, o ritmo e a entonação dos interlocutores da gravação.

Quando fizer os exercícios de pronúncia, é importante manter vivaz o ritmo da repetição e variar o procedimento a fim de evitar que o processo fique monótono e sem sentido. Seguem abaixo vários procedimentos alternativos para conduzir os exercícios de pronúncia:

1. Pedir à turma toda que repita cada fala depois da gravação;

2. Dividir a turma em dois grupos, com um grupo de um lado da sala lendo as falas de A e o grupo do outro lado da sala lendo as falas de B e, em seguida, trocando os papéis dos grupos;

3. Dividir a turma em meninos e meninas, com os meninos lendo as falas de A e as meninas lendo as falas de B e, em seguida, trocando os papéis dos grupos;

4. Pedir aos alunos que leiam juntos em duplas, fazendo os papéis de A e B e trocando os papéis. O objetivo é permitir que os alunos tenham várias oportunidades de repetir, o que contribui para a memorização da linguagem social e aumenta a precisão e a compreensão da pronúncia, do ritmo e da entonação.

Também é importante prestar atenção ao efeito que a pronúncia dos alunos exerce sobre a natureza social e sobre o objetivo dessas conversas. Certifique-se de que os alunos utilizem a entonação e o tom socialmente adequados para cada fala. Por exemplo, se um interlocutor está perguntando educadamente se o outro está ocupado, os alunos não devem falar de forma monótona. Eles devem soar amigáveis e educados.

Guided conversation

É importante preencher a lacuna entre simplesmente repetir uma conversa mecanicamente e esperar que os alunos dramatizem livremente usando os elementos linguísticos necessários. Embora todos nós queiramos que os alunos sejam capazes de interagir, esperar que os alunos (especialmente os adolescentes) sejam capazes de se engajar em dramatizações livres e não controladas em uma sala de aula numerosa é algo um tanto irreal. Os alunos precisam de tempo e oportunidade de criar confiança e segurança para experimentar um modelo de conversa, personalizá-lo e alterá-lo de forma mínima antes de serem capazes de utilizá-lo livremente. A seção *Guided conversation*, apresentada após cada interação de *Teen2Teen*, oferece essa oportunidade aos alunos.

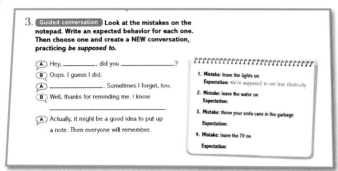

Nesse exemplo de uma atividade de diálogo orientado (que é uma atividade individual e não de dupla), cada aluno pode personalizar o diálogo original, alterando algumas partes dele – mas fazendo apenas alterações que tragam linguagem aprendida anteriormente. Nesse caso, os alunos escrevem seus próprios diálogos, utilizando seus próprios notes from the notepad. about expected behavior.

Ao conduzir a atividade *Guided conversation*, certifique-se de que os alunos entendem que eles devem adaptar a conversa, não escrever as palavras que estavam no modelo original. Você pode ter de lembrá-los disso várias vezes até que entendam que a *Guided conversation* não é uma proposta de memorização na qual você está verificando se eles lembram as palavras da conversa original. Um jeito de se fazer isso é ler as orientações em voz alta: *Look at the mistakes on the notepad. Write an expected behavior for each one. Then choose one and create a NEW conversation, practicing be supposed to.*

Outra abordagem é escrever a *Guided conversation* com os espaços na lousa. Peça aos alunos que forneçam elementos para completar os espaços. Se um aluno fornecer as mesmas palavras que estavam no modelo original, diga: *Let's change that. What else can you say?* Incentive os alunos a pensar em alternativas diferentes para os espaços. Em alguns grupos, talvez seja necessário que você demonstre uma alteração e escreva suas palavras nos espaços. Em seguida, os alunos trabalham individualmente. Circule pela sala verificando se os alunos estão mesmo mudando a conversa, conforme solicitado. Elogie as tentativas dos alunos quando finalizarem o exercício.

O exercício final da unidade é uma extensão e prática opcional da *Guided conversation*. Os alunos se revezam para ler com um colega as conversas que eles criaram no exercício *Guided conversation*, o que oferece mais exposição e prática da linguagem social da unidade. Sugestões específicas são fornecidas nas notas para o professor.

Atividade Oral em duplas

Uma extensão opcional da *Guided conversation* é utilizá-la como uma atividade oral em duplas. Em algumas turmas, você pode apresentar essa atividade com um foco no oral, como uma atividade em duplas. Organize os alunos em duplas e peça a cada um deles que assumam um dos papéis, A ou B. Peça que personalizem seus papéis respondendo às perguntas adaptadas feitas pelo colega, mas sempre seguindo a *Guided conversation* como um roteiro. Dessa forma, os alunos irão improvisar de forma mais espontânea porque precisam escutar o que o colega diz, mas a atividade ainda será adequadamente controlada para que os alunos não precisem de elementos linguísticos desconhecidos, o que tornaria a atividade (ou a gestão da sala de aula) mais difícil. Ao apresentar a *Guided conversation* como uma atividade em duplas, peça aos alunos que troquem de papéis e pratiquem

a conversa novamente. Devido ao fato de cada aluno ter feito mudanças diferentes na conversa, eles terão efetivamente produzido duas conversas diferentes baseadas no mesmo modelo controlado. Se houver tempo, você pode pedir aos alunos que dramatizem suas conversas para a turma.

Listening comprehension

Metodologia sugerida

Em cada unidade há pelo menos um exercício intitulado *Listening comprehension*, dedicado ao trabalho com a habilidade de compreensão oral. Esses exercícios ocorrem nas seções *Vocabulary* e *Grammar*. Além de construir a habilidade de entender a linguagem falada real, esses exercícios também aprimoram o desenvolvimento dos alunos em outras habilidades e os ajudam a revisar os elementos linguísticos alvo que estão aprendendo.

Assim como com a outra habilidade receptiva, a leitura, os alunos se beneficiam ao estarem expostos a uma pequena quantidade de elementos linguísticos compreensíveis, mas ainda desconhecidos. Os exercícios intitulados *Listening comprehension* são controlados cuidadosamente para desafiar, mas não frustrar os alunos. A linguagem que os alunos escutam nessa atividade é compreensível aos alunos do nível em questão.

O áudio é gravado em ritmo natural e autêntico. As tarefas de compreensão oral requerem desde reconhecimento auditivo até inferência. A maioria das tarefas exige uma resposta receptiva, mas algumas exigem uma mais produtiva. A seguir um exemplo de um exercício com uma resposta receptiva.

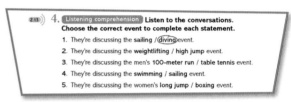

E o exercício a seguir tem uma resposta produtiva:

Sugestões didáticas gerais

É extremamente importante evitar abordar um exercício de compreensão oral como um teste. Na verdade, o objetivo da tarefa é desenvolver a habilidade de compreensão oral, não simplesmente testá-la. Por isso, os alunos devem sempre ter a oportunidade de escutar mais de uma vez e geralmente mais de duas vezes. Em cada vez, o medo dos alunos de escutar diminui e a habilidade de compreensão aumenta.

Como discutido acima, os aprendizes de uma língua temem instintivamente serem confrontados com uma língua que eles não conseguem facilmente traduzir. É muito útil fazer com que os alunos entendam que na vida real eles nunca serão capazes de controlar o nível do que ouvem, nem serão capazes de escutar com a velocidade suficiente para serem capazes de traduzir tudo para sua língua materna. Por esses motivos, é contraprodutivo pedir aos alunos que traduzam o que eles ouvem na gravação ou mesmo traduzir isso para eles.

Explique aos alunos que compreensão oral é a habilidade de extrair o significado mesmo quando eles não entendem todas as palavras. Incentive os alunos a ignorar as palavras desconhecidas e a prestar atenção à ideia principal ou escutar de forma seletiva para extrair detalhes específicos, se for isso o que a tarefa envolve. Seu incentivo irá reduzir o medo de escutar e irá permitir que escutem de forma ativa e com uma atitude positiva.

É útil permitir que os alunos escutem uma primeira vez sem esperar que eles realizem o exercício. Isso lhes dá tempo para que se familiarizem com os personagens, com a extensão e com o conteúdo geral. Sugestões específicas encontram-se nas notas para o professor.

Outras partes de *Teen2Teen* Student Book

Workbook

Para maior praticidade, o **Teen2Teen** **Workbook** está inserido no final do **Student Book**. O **Workbook** inclui exercícios adicionais extensivos, puzzles, e prática integrada de vocabulário, estruturas gramaticais, e linguagem social para cada uma das doze unidades do **Student Book**. Todas as respostas estão incluídas na **Edição do Professor** (páginas 109–112).

Sugestões didáticas gerais

Todos os exercícios exigem uma resposta escrita. Os exercícios do **Workbook** podem ser pedidos como lição de casa ou podem ser incluídos nas atividades de sala. Se houver tempo, a correção das respostas dos exercícios pode ser feita como uma atividade com a turma. Seguem quatro maneiras alternativas de conferir as respostas:

1. O professor escreve as respostas na lousa e os alunos corrigem em seu próprio **Workbook**;

2. Os alunos vão para a lousa e escrevem as respostas com o professor ou os outros alunos corrigindo erros, e o restante dos alunos verificam as respostas em seus próprios **Workbooks**;

3. Os alunos trocam os **Workbooks** e corrigem o trabalho do colega;

4. O professor pode mostrar as respostas clicando no link da página do **Workbook** no **iTools**.

Review Units

Após cada três unidades, uma unidade de revisão integra e revisa os elementos linguísticos das três unidades.

Um item importante que aparece no final de cada unidade de revisão é *All About You*. Em *All About You*, os alunos respondem as perguntas em conversas virtuais e personalizam o que aprenderam escrevendo frases sobre sua própria vida.

É importante que os alunos reflitam sobre seu próprio aprendizado e reconheçam suas realizações em relação aos objetivos de cada unidade. Um *Progress Check* convida os alunos a marcar os objetivos que atingiram nas três unidades anteriores. Isso evidencia para eles mesmos o progresso que estão tendo e os motiva a continuar aprendendo.

Writing

Se a escrita fizer parte do seu programa, há uma lição de *Writing* opcional para cada unidade de **Teen2Teen**. Cada lição apresenta uma habilidade de escrita prática específica. Uma lista completa das habilidades cobertas neste nível pode ser encontrada nos Objetivos de Aprendizagem das páginas 2 e 3. Cada habilidade é apresentada e em seguida há vários exercícios nos quais os alunos praticam essa habilidade. A atividade final de escrita dá aos alunos uma oportunidade de aplicar a habilidade em um texto original curto de sua autoria. Sugestões didáticas específicas são dadas nas notas para o professor.

As propostas de *Writing* variam em gênero e nos quatro níveis incluem a prática do uso de letras maiúsculas, pontuação, elaboração de sentenças e parágrafos e organização das ideias.

Cross-curricular Readings

Para leitura adicional ligada às disciplinas escolares há quatro unidades opcionais chamadas *Cross-curricular Readings*. Elas são elaboradas para ser utilizadas após cada três unidades. Os textos oferecem oportunidades de leitura em áreas acadêmicas, como geografia, ciências, estudos sociais, arte e outras disciplinas. As sugestões didáticas gerais na seção sobre *Reading* na página x também podem ser utilizadas com as *Cross-curricular Readings*. Sugestões didáticas específicas são apresentadas nas notas para o professor.

Teen2Teen Friends Magazines

Quatro artigos opcionais da *Teen2Teen Magazine* oferecem leitura extra de grande interesse para os alunos. Os artigos da revista são apresentados pelas personagens de *Teen2Teen Friends*. As sugestões didáticas gerais na seção sobre *Reading* na página x também podem ser utilizadas com os artigos da *Magazine*. Sugestões didáticas específicas são apresentadas nas notas para o professor.

Desejamos a você sucesso e diversão com *Teen2Teen*.

Joan Saslow & Allen Ascher

Quadro Comum Europeu de Referência para Línguas

O Quadro Comum Europeu de Referência para Línguas foi criado para promover uma interpretação consistente da competência de língua estrangeira entre os países membros da União Europeia. Atualmente, seu uso se expandiu para além das fronteiras da Europa e o quadro passou a ser usado em outras regiões do mundo, incluindo a América Latina, a Ásia e o Oriente Médio.

O Quadro Comum Europeu de Referência para Línguas define a competência linguística em seis níveis: A1, A2, B1, B2, C1 e C2. Os níveis foram divididos para auxiliar alunos e professores a padronizar a avaliação.

A competência linguística, de acordo com o Quadro Comum Europeu de Referência para Línguas, é definida da seguinte forma:

A	Básico	A1	Iniciante
		A2	Básico
B	Independente	B1	Intermediário
		B2	Independente
C	Proficiente	C1	Proficiência operativa eficaz
		C2	Domínio pleno

O Quadro Comum Europeu de Referência para Línguas oferece ao professor uma estrutura para avaliar o progresso de seus alunos, assim como monitorar objetivos específicos de linguagem e seus resultados.

Teen2Teen tem como objetivo capacitar os alunos a passar da fase em que não têm nenhum conhecimento de inglês, nível A1, para o nível B1, abordando alguns aspectos do nível B2 no final do quarto ano do curso.

Descrição dos níveis do Quadro Comum Europeu de Referência para Línguas trabalhados em *Teen2Teen*

Básico

A1 Compreender a utilizar expressões comuns e frases básicas que satisfaçam as necessidades primárias da comunicação no dia a dia. Apresentar-se e apresentar pessoas. Fazer e responder perguntas pessoais e sobre pessoas que conhece, como onde mora e a respeito do que possui. Interagir de modo simples, desde que a outra pessoa fale devagar e claramente e esteja preparada para ajudar.

A2 Entender sentenças e expressões frequentemente usadas em áreas de importância imediata (por exemplo, informações pessoais e familiares básicas, compras, geografia local, trabalho). Comunicar-se em tarefas simples e rotineiras que exigem uma troca simples e direta de informações sobre assuntos rotineiros e conhecidos. Descrever, em termos simples, aspectos de sua formação, o ambiente onde vive e assuntos nas áreas de necessidade primária e imediata.

Independente

B1 Compreender os principais pontos em uma comunicação padrão sobre assuntos com os quais está familiarizado e que são normalmente abordados na escola, no trabalho, em momentos de lazer etc. Lidar com várias situações que possam surgir durante uma viagem ao país onde o idioma é falado. Produzir textos simples sobre temas familiares ou de interesse pessoal. Descrever experiências e eventos, sonhos, expectativas e ambições, bem como dar breves explicações de suas opiniões e seus planos.

B2 Compreender as principais ideias de textos complexos, tanto de tópicos concretos quanto de abstratos, incluindo discussões técnicas em sua área de especialização. Interagir com um grau de fluência e espontaneidade que possibilita a interação regular com os falantes do idioma sem que haja tensão mental de cada participante do ato comunicativo. Produzir textos claros e detalhados sobre uma variedade de tópicos, além de explicar o seu ponto de vista em relação a um assunto, mencionando as vantagens e desvantagens de vários pontos.

Portfólio da língua

O portfólio, desenvolvido em conjunto com o Quadro Comum Europeu, é uma pasta mantida pelos alunos em que se detalham as experiências com o inglês e o processo de aprendizagem. Ele inclui a língua nativa do aluno e qualquer outra língua com a qual o aluno tenha contato. Esse portfólio é formado por:

Biografia da língua

Listas para os alunos avaliarem a própria habilidade linguística em termos de o que se consegue fazer. Em *Teen2Teen*, os alunos respondem às afirmativas relacionadas ao Quadro Comum Europeu nas seções *All About You* e *Progress Check* no fim de cada unidade de revisão.

Passaporte da língua

Uma visão geral do nível de inglês obtido pelo aluno no final do ano.

Dossiê

Amostras do trabalho do aluno, incluindo testes, trabalhos escritos, projetos ou outros materiais produzidos durante as aulas.

Em resumo, a **Biografia** detalha a experiência do dia a dia da aprendizagem da língua. O **Passaporte** resume as experiências, e o **Dossiê** evidencia a experiência.

Para ajudar os alunos a montar um portfólio da língua, você pode orientá-los a responder as questões da lista de autoavaliação em uma folha de papel à parte e a guardá-la em uma pasta. Encoraje os alunos a escolher diversas amostras de seu trabalho em diferentes momentos do ano para compilar um dossiê de seu portfólio.

Student Record Sheet

Name _____

Class / Grade _____

				Skills				Test Results
Classwork: Continuous Assessment								
	Date	Grammar	Vocabulary	Reading	Listening	Speaking	Writing	
Unit 1								/ 50
Unit 2								/ 50
Unit 3								/ 50
Review: Units 1–3		Review Unit Test						/ 50
		Listening Test						/ 6
Unit 4								/ 50
Unit 5								/ 50
Unit 6								/ 50
Review: Units 4–6		Review Unit Test						/ 50
		Listening Test						/ 6
Mid-Year								/ 80
Unit 7								/ 50
Unit 8								/ 50
Unit 9								/ 50
Review: Units 7–9		Review Unit Test						/ 50
		Listening Test						/ 6
Unit 10								/ 50
Unit 11								/ 50
Unit 12								/ 50
Review: Units 10–12		Review Unit Test						/ 50
		Listening Test						/ 6
End-of-Year								/ 100

Learning Objectives

	Grammar	Vocabulary	Social language	Reading and Writing

	Grammar	Vocabulary	Social language	Reading and Writing
7. I have to get the tickets! *page 50*	• *have to / has to* • *must* and *must not*	• Some Olympic sports	• Adapt to rules	**Reading** • A newspaper article • **Skills / strategies:** Identify the main idea; Understand meaning from context; Confirm a text's content **Writing** *page 93* • Provide reasons to support an idea
8. That might be a good idea. *page 56*	• *be supposed to* • *might* for possibility	• Ways to protect the environment	• Remind someone of expected behavior	**Reading** • An informational leaflet • **Skills / strategies:** Identify the main idea; Confirm a text's content **Writing** *page 93* • Conclusions
9. Teen2Teen friends You don't believe that, do you? *page 62*	• Tag questions: present • Tag questions: past	• Personal care products	• Express disbelief	**Reading** • A report • **Skills / strategies:** Identify the main idea; Understand meaning from context; Confirm a text's content **Writing** *page 94* • Persuasion

Review: Units 7–9 *pages 68–69* All About You   Progress Check   **Cross-curricular Reading: History** *page 98*   Teen2Teen friends **Magazine 3** *page 102*

	Grammar	Vocabulary	Social language	Reading and Writing
10. We should say something. *page 70*	• Indefinite pronouns: *someone, no one, anyone* • Indefinite pronouns: *something, nothing, anything*	• Bullying	• Express regret about not speaking up	**Reading** • A teen magazine article • **Skills / strategies:** Confirm a text's content **Writing** *page 94* • Using *this* to refer to an earlier idea
11. My sister saw the guy who did it. *page 76*	• Relative clauses: *that* and *who*	• Verbs for crimes	• Insist emphatically • Make a suggestion	**Reading** • A crime prevention flier • **Skills / strategies:** Identify the main idea; Confirm a text's content **Writing** *page 95* • Agreement in number
12. Teen2Teen friends It's a day when we celebrate. *page 82*	• Relative clauses: *where* and *when* • Reflexive pronouns; *each other*	• Ways to celebrate a holiday	• Wish someone a happy holiday	**Reading** • Online encyclopedia entries • **Skills / strategies:** Classify information; Confirm a text's content **Writing** *page 95* • Agreement in person

Review: Units 10–12 *pages 88–89* All About You   Progress Check   **Cross-curricular Reading: Astonomy** *page 99*   Teen2Teen friends **Magazine 4** *page 103*

Reference *pages 104–106*

Workbook *pages W1–W37*

Welcome

Sugestões

A *Welcome* unit revê o vocabulário essencial e as áreas da gramática que os alunos estudaram no *Teen2Teen Three*. Se os alunos usaram um livro diferente, descubra que seções da *Welcome* unit deveriam ser revistas e quais talvez sejam novidade. Dessa forma, você pode planejar um uso apropriado desta *Welcome* unit.

O vocabulário e os exercícios de gramática nas páginas 4-8 do Student Book não necessitam de CD. Se não houver tempo suficiente em sala, esses exercícios podem ser usados como dever de casa.

Aquecimento

Escreva seu nome no quadro e diga *Hi! / Hello! I'm* (Nome). Então circule pela sala perguntando *What's your name?* e respondendo *Hi,* (Nome), ou *Hello,* (Nome). Se houver alunos novos, procure saber de onde são e os apresente dizendo *This is* (Nome). *He's / She's from* (Lugar).

Locations and directions in a building

Exercício 1

- Peça aos alunos que olhem para a figura. Pergunte *What is this?* (a school building).
- Leia o enunciado e o exemplo em voz alta. Se necessário, esclareça o significando de *across from* falando

---

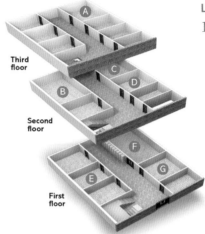

Welcome to Teen2Teen

Locations and directions in a building

1. **Read the locations and directions in a school building. Look at the picture and write the correct letter for each place.**

   1. The main office is on the first floor. Go down the hall. It's the second door on the left, across from the lockers. __E__
   2. Where's the auditorium? It's across from the main office. __F__
   3. Where's the library? It's on the second floor. Go down the hall. The library's on the left. __B__
   4. Where's the computer lab? Take the stairs to the third floor. It's at the end of the hall, on the right. __A__
   5. The science lab is on the second floor. It's on the right, across from the library. __C__
   6. Downstairs, the cafeteria is on the right, next to the auditorium. __G__
   7. Where's the gym? It's next to the science lab, on the second floor. You can't miss it! __D__

be going to for the future

2. **Write statements, using *be going to* for the future. Use contractions where possible.**

   1. I / clean up my room / after dinner   _I'm going to clean up my room after dinner._
   2. I / walk the dog, and my sister / feed the cat   _I'm going to walk the dog, and my sister's going to feed the cat._
   3. We / set the table for dinner / tonight   _We're going to set the table for dinner tonight._
   4. He / wash the dishes / three times a week   _He's going to wash the dishes three times a week._
   5. Dad / take out the garbage / before breakfast   _Dad's going to take out the garbage before breakfast._
   6. I / do the laundry / this weekend   _I'm going to do the laundry this weekend._
   7. I / not make my bed / today   _I'm not going to make my bed today._

3. **Write questions with *be going to*. Begin questions with a capital letter and use a question mark (?).**

   1. _Are you going to send out invitations?_ _____ (you / send out invitations)
   2. _Who's going to buy refreshments?_ _____ (who / buy refreshments)
   3. _When are you going to put up decorations?_ _____ (when / you / put up decorations)
   4. _Are they going to make a cake?_ _____ (they / make a cake)
   5. _How many cups are we going to need?_ _____ (how many cups / we / need)
   6. _Are there going to be enough forks or spoons?_ _____ (there / be enough forks or spoons)
   7. _How long are you going to stay at the party?_ _____ (how long / you / stay at the party)

4

---

sobre quais alunos ou objetos estão *across from* uns dos outros.

- Peça aos alunos que completem o exercício. Ande pela classe e os ajude, se necessário.
- Confira as respostas com a turma.
- **Opção:** Para revisar mais, escreva o seguinte vocabulário no quadro: *down the hall; on the left; on the right; at the end of the hall; next to; second, third floor; downstairs.* Os alunos podem fazer perguntas adicionais uns aos outros, como *What is across from the auditorium?* (the main office).

be going to for the future

Exercício 2

- Escreva no quadro:
  Lisa is going to eat pizza for lunch.
  Pergunte *Is Lisa eating pizza right now?* (no). Relembre que *be going to* para o futuro descreve o que uma pessoa fará em algum momento do futuro.

- Peça aos alunos que completem o exercício e confira as respostas com a turma.
- **Opção:** Concentre-se na sétima frase. Pergunte *Is it negative or affirmative?* (negative). Peça aos alunos que transformem cada frase afirmativa do exercício em negativa. Lembre-os de que devem usar contrações. (1. *I'm not going to clean…*; 2. *I'm not going to walk…*; 3. *We're not / We aren't going to set…*; 4. *He's not / He isn't going to wash…* 5. *Dad isn't / Dad's not going to take out…*; 6. *I'm not going to do…*).

Exercício 3

- Leia o enunciado em voz alta e peça a voluntários que leiam a primeira pergunta. Mostre que algumas perguntas terão respostas do tipo *sim / não* e outras serão perguntas com pronomes interrogativos.
- Peça aos alunos que completem o exercício e confira as respostas com eles.

Quantifiers: *a lot of, many, much, a few, a little*

4. Choose the correct quantifier to complete each statement.

1. There aren't (many) / much eggs on the table.
2. Can you bring (a lot of) / much napkins?
3. There isn't many / (much) cheese in this sandwich.
4. We don't have many / (much) bread.
5. We're going to need (a few) / much paper plates.
6. Is there many / (much) milk in the fridge?
7. We need (a few) / a little strawberries and a few / (a little) orange juice.

Superlative adjectives

5. Complete each statement, using a superlative form of the adjective.

1. These drawings are all great, but this one is _the nicest_ (nice).
2. That was _the funniest_ (funny) comedy on TV this week.
3. We study all kinds of things, but I think history is _the most interesting_ (interesting) subject.
4. I think *Titanic* is _the best_ (good) Leonardo DiCaprio movie.
5. Today was _the hottest_ (hot) day this year.
6. The hurricane in October was _the worst_ (bad) storm this year.

Action verbs for sports

6. Complete the statements, using the present continuous form of the verbs.

block	catch	hit	kick	pass	score	~~serve~~	throw

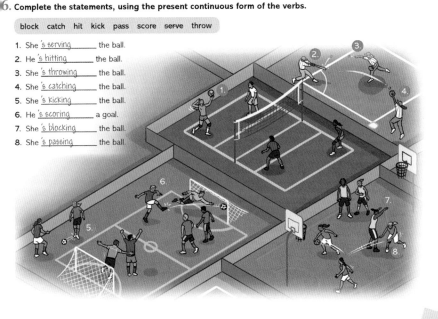

1. She _'s serving_ the ball.
2. He _'s hitting_ the ball.
3. She _'s throwing_ the ball.
4. She _'s catching_ the ball.
5. She _'s kicking_ the ball.
6. He _'s scoring_ a goal.
7. She _'s blocking_ the ball.
8. She _'s passing_ the ball.

Peça que repitam *Jane is more beautiful*. Por último, solicite *Tara is the most beautiful*. Relembre o uso de *most* + adjetivo para palavras de três sílabas.

- Peça aos alunos que completem o exercício e comparem as respostas em duplas. Ande pela classe e ajude-os, se necessário.
- Confira as respostas com a turma.
- Se os alunos tiverem dificuldade com algum item, concentre-se no adjetivo e determine quantas sílabas ele tem. Explique as regras de ortografia para cortar o *y* e adicionar *-iest* (por exemplo, *funniest*) ou para dobrar as consoantes (por exemplo, *tt* em *hottest*). Mostre exemplos de alguns adjetivos irregulares: *bad, worse, worst; good, better, best*.

Action verbs for sports

Exercício 6

- Escreva no quadro:
  I am teaching a class.
  Pergunte *Am I performing this action right now?* (*yes, you are*). Explique que o *present continuous* é utilizado para descrever uma ação que está acontecendo neste exato momento.
- Em duplas, os alunos tentam fazer a correspondência entre os verbos de ação e as ações praticadas nas figuras.
- Ao final, peça que completem o exercício. Ande pela classe e ajude-os, se necessário.
- Confira as respostas com a turma.

Quantifiers: *a lot of, many, much, a few, a little*

Exercício 4

- Revise substantivos contáveis e não contáveis escrevendo no quadro duas colunas intituladas *Count nouns* e *Non-count nouns*. Peça aos alunos que façam uma leitura de varredura para identificar quais substantivos após os quantificadores são contáveis e quais não são:
  Contáveis: 1, 2, 5, 7 (*strawberries*);
  Não contáveis: 3, 4, 6, 7 (*orange juice*).
- Pergunte *Which quantifier takes both count nouns and non-count nouns?* (*a lot of*); *Which one takes count nouns?* (*many / a few*) *And non-count nouns?* (*much / a little*).
- Peça aos alunos que completem os exercícios individualmente e comparem as respostas em duplas.
- Confira as respostas com a turma.

- **Opção:** Se os alunos tiverem dificuldades, peça que criem frases adicionais com os diversos quantificadores. Confira também os exemplos adicionais de substantivos contáveis e não contáveis.

Superlative adjectives

Exercício 5

- Para revisar formas comparativas, desenhe três pessoas-palito de alturas diferentes em ordem crescente. Dê um nome para cada um dos desenhos: *Lina, Jane, Tara*.
- Escreva no quadro:
  Lina is tall.
- Peça que repitam *Jane is taller*. Por último, solicite *Tara is the tallest*. Revise que a terceira frase é a superlativa. Saliente o artigo *the* e a terminação *-est*.
- Então escreva uma nova frase para a primeira pessoa-palito:
  Lina is beautiful.

will for the future, requests, and offers to help

Exercício 7

- Para revisar *will*, escreva no quadro:
  Jen will call you tomorrow.
  Peça que os alunos transformem frases afirmativas em negativas (*Jen won't call you tomorrow*). Em seguida, peça que as transformem em perguntas com respostas *sim / não* (*Will Jen call you tomorrow?*).
  Escreva *Who...* e peça aos alunos que transformem a frase em uma pergunta com o pronome interrogativo *Who* (*Who'll call you tomorrow?*). Então escreva *When* e peça que criem uma pergunta com pronome interrogativo utilizando *When* (*When will Jen call you?*).
- Os alunos completam o exercício individualmente. Lembre-os de atentarem se o item é uma pergunta ou uma frase afirmativa. Ande pela classe e ajude-os, se necessário.
- Peça que comparem as respostas.
- Confira as respostas com a turma.

Exercício 8

- Escreva no quadro:
  Maybe it will snow tonight.
  Em seguida, escreva:
  It will definitely snow tonight. Pergunte *What is the difference between these two statements?* (*the second is a lot more certain that it will snow*).
- Leia o enunciado em voz alta. Revise os graus de certeza: *maybe, probably, definitely.* Pergunte *Which word demonstrates the most certainty?* (*definitely*) *The least?* (*maybe*).
- Peça aos alunos que leiam as frases.
- Revise as respostas com a turma. Para cada item, pergunte *What is the degree of certainty that this will happen?* (1. *pretty certain*; 2. *absolutely certain*; 3. *not very certain*; 4. *pretty certain*).
- **Opção:** Se os alunos tiverem dificuldade com a posição dos advérbios de certeza, revise: *will + probably; definitely + will; Maybe* no começo da frase.

Exercício 9

- Leia o enunciado em voz alta. Revise que *offer to help* é quando alguém diz que vai fazer algo para ajudar, por exemplo, *I'll walk the dog for you.* É diferente do *request for help*, que é quando você pede a alguém que o ajude, por exemplo, *Will you walk the dog for me?*
- Peça aos alunos que completem o exercício e, em seguida, comparem as respostas.
- **Opção:** Reúna a turma e peça que voluntários leiam os diálogos. Pergunte *Is this a request or an offer for help?* (1. *request, offer*; 2. *request, offer*; 3. *offer*; 4. *offer*; 5. *offer, request*).

---

will for the future, requests, and offers to help

7. Complete the statements and questions with *will* or *won't*. Use contractions where possible.

1. We'll come _____ (we / come) to your house at 6:00.
2. Lara will do _____ (Lara / do) her homework before dinner.
3. Will you go _____ (you / go) surfing next month?
4. Where will the school band play _____ (where / the school band / play) tomorrow?
5. When will they finish _____ (when / they / finish) the repo
6. You won't see _____ (you / not see) me at the par next weekend.
7. The meeting won't be _____ (the meeting / not be at 3:00.

8. Write predictions, using *maybe*, *probably*, or *definitely*.

1. Our school orchestra will practice today. (probably)   Our school orchestra will probably practice today.
2. I won't go fishing next week. (definitely)   I definitely won't go fishing next week.
3. Your team will win the game tomorrow. (maybe)   Maybe your team will win the game tomorrow.
4. We'll see that new action movie this weekend. (probably)   We'll probably see that new action movie this weekend.

9. Complete each conversation, using *will* for requests and offers. Use contractions.

1. A: Nick, will you please set (please / set) the table?
   B: Sure, Mom. I 'll set _____ (set) it for you.
2. A: Hey, Brian. Will you please clean up (please / clean up) the mess in your room?
   B: Sure, Dad. And I 'll take out (take out) the garbage, too.
3. A: Can someone help me clean up after dinner?
   B: Of course! I 'll wash _____ (wash) the dishes.

4. A: This table is so big. I just can't move it!
   B: Mom, I 'll help _____ (help) you with that.
   A: Thank you!
5. A: Hey, I 'll do _____ (do) the laundry. OK?
   B: Thanks for offering! Actually, I'm really busy. Will you please walk (please / walk) the d too?
   A: No problem.

Object pronouns after prepositions

10. Replace each object with an object pronoun.

1. Let's buy a souvenir for ~~Mom and Dad~~.   them
2. Did you send e-mails to ~~me and my sister~~?   us
3. I'll make lunch for ~~you and your cousin~~ tomorrow.   you
4. I'm going to go kayaking with ~~my classmates~~.   them
5. Did you get a call from ~~our teacher, Mr. Frome~~?   him
6. Are you going to go snorkeling with ~~your aunt~~?   her

The real conditional

11. Choose the correct verb phrase in the following conditional statements and questions.

1. If we (go) / will go mountain biking this weekend, we'll need helmets.
2. Will they go skiing if they (visit) / will visit Chile?
3. Who will call us if there ('s) / will be no school tomorrow?
4. If the school orchestra won't meet / (doesn't meet) this afternoon, what will you do?
5. I'll go camping if the weather (isn't) / won't be too bad.
6. If the concert is boring, we don't stay / (won't stay).

6

Object pronouns after prepositions

Exercício 10

- Escreva os seguintes pronomes pessoais em uma lista vertical no quadro:
  I, you, he, she, it, we, you, they.
  Em seguida, peça a voluntários que listem os pronomes oblíquos ao lado dos pessoais: *me, you, him, her, it, us, you, them.*
- Leia o enunciado e o exemplo em voz alta. Peça aos alunos que completem o exercício.
- Confira as respostas com a turma.

The real conditional

Exercício 11

- Escreva a seguinte frase no quadro:
  If you call me, I will come.
  Explique que esse é um *real conditional*. A oração subordinada (*if-clause*) requer o presente simples, e a oração principal (*result clause*) traz *will* + a forma base do verbo. Reformule o exemplo *Will you come if I call you?* Faça com que os alunos percebam que a ordem das perguntas pode mudar, mas a forma permanece a mesma.
- Peça aos alunos que completem o exercício e que prestem atenção às frases interrogativas (2, 3, e 4).
- Depois, peça que comparem suas respostas.
- Confira as respostas com a turma.

The past tense of *be*

12. Complete the conversations with *was, were, wasn't,* or *weren't.*

1. A: <u>Was</u> that horror movie scary yesterday?
   B: No, it <u>wasn't</u>. It <u>was</u> pretty awful.
   But Nancy thought it <u>was</u> very funny.
   A: <u>Were</u> your parents at the movie, too?
   B: No, they <u>weren't</u>. They <u>were</u> too busy.

2. A: Why <u>weren't</u> you at the meeting last Saturday?
   B: There <u>was</u> traffic. <u>Was</u> it a good meeting?
   A: Yes, it <u>was</u>. There <u>were</u> some refreshments.
   B: Really? Why?
   A: It <u>was</u> Paul's birthday, so there <u>was</u> a nice cake.

The simple past tense

13. Complete each conversation, using the simple past tense.

1. A: <u>Did you finish</u> (you / finish) your homework?
   B: Yes, I <u>did</u>. I <u>finished</u> (finish) it in the computer lab.
2. A: <u>Did Mark and Linda go</u> (Mark and Linda / go) kayaking last weekend?
   B: No, they <u>didn't</u>. They <u>went</u> (go) hiking.
3. A: How <u>did you get</u> (you / get) to school today? By car?
   B: No. I <u>didn't get</u> (not / get) there by car. I <u>got</u> (get) there by bus.
4. A: <u>Did your father send</u> (your father / send) you a text?
   B: No, he <u>didn't</u>. He <u>sent</u> (send) me an e-mail.
5. A: How many games <u>did the school soccer team win</u> (the school soccer team / win) last month?
   B: Last month? Our team <u>won</u> (win) five games!
6. A: Who <u>made lunch</u> (make lunch) for you and your sister today?
   B: My brother. He <u>made</u> (make) a great lunch.

Injuries; Parts of the body

14. Complete the statements with the simple past tense. Use the correct body parts.

break hurt burn cut	arm back finger foot hand knee leg neck shoulder wrist

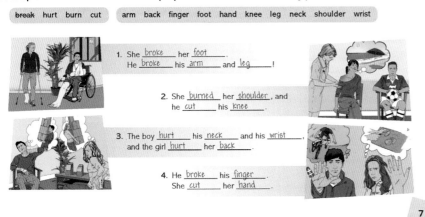

1. She <u>broke</u> her <u>foot</u>.
   He <u>broke</u> his <u>arm</u> and <u>leg</u>!

2. She <u>burned</u> her <u>shoulder</u>, and he <u>cut</u> his <u>knee</u>.

3. The boy <u>hurt</u> his <u>neck</u> and his <u>wrist</u>, and the girl <u>hurt</u> her <u>back</u>.

4. He <u>broke</u> his <u>finger</u>.
   She <u>cut</u> her <u>hand</u>.

7

The past tense of *be*

Exercício 12

- Escreva no quadro:
  I am at school.
  Pergunte *What verb is "am"?* (*to be*).
  Pergunte *What is the past form of "to be"?* (*was / were*). Peça que formulem frases com *was / were* (por exemplo, *She was here yesterday; Were they here?*).
- Os alunos completam o exercício individualmente. Em seguida, comparam as respostas com um colega.
- Confira as respostas com a turma.
- **Opção:** Se necessário, revise o passado do verbo *be*: *I was, you were, he / she / it was, we were, you were, they were.*

The simple past tense

Exercício 13

- Para revisar o *simple past*, escreva no quadro:
  A *Did you have pizza last night?*
  B *No, I didn't. I had Chinese food.*
  A *Where did you go?*
  B *I didn't go out. I got take out.*
- Peça a voluntários que identifiquem exemplos do *simple past* e os sublinhem. Mostre a pergunta com resposta *sim / não* e a resposta curta, a oração afirmativa, a pergunta com pronome interrogativo, a oração negativa e a oração afirmativa.
- Peça aos alunos que completem o exercício.
- Em seguida, peça que comparem suas respostas em duplas.
- Reúna a turma e peça que duplas leiam os diálogos.

- **Opção:** Peça aos alunos que identifiquem os tipos de perguntas (com resposta *sim / não*, com pronome interrogativo) e os tipos de oração (afirmativa, negativa) no exercício 1 (1. *"yes" / "no" question, affirmative short answer, affirmative statement*; 2. *"yes" / "no" question, negative short answer, affirmative statement*; 3. *information question, negative statement, affirmative statement*; 4. *"yes" / "no" question, negative short answer, affirmative statement*; 5. *information question, affirmative statement*; 6. *information question, affirmative statement*).

Injuries; Parts of the body

Exercício 14

- Para revisar as partes do corpo, aponte para cada parte do corpo listada no balão e peça que os alunos as identifiquem. Em seguida, fale sobre os quatro verbos. Explique que **break** *something*, significa separar em duas ou mais partes; **hurt** *a body part*, é machucar uma parte do corpo; **burn** *yourself* é queimar-se com fogo ou com alguma coisa quente; e *cut yourself* é quando você manuseia um objeto afiado que faz um corte na pele.
- Peça aos alunos que formem duplas para identificar o que ocorre em cada figura. Ande pela classe e ajude-os, se necessário.
- Verifique as dúvidas e dificuldades que surgiram durante o exercício.
- **Opção:** Você pode revisar formas verbais regulares e irregulares. Pergunte *Which of the four verbs are regular?* (*burn* – cujo passado é *burned*.) *Which of the verbs are irregular?* (*break – broke; hurt – hurt; cut – cut*).

The past continuous

Exercício 15

- Escreva no quadro:
  I was walking to school when the storm began.
  Pergunte *What form is "was walking"?* (*past continuous*). Revise o *past continuous,* que descreve uma ação contínua que ocorreu no passado.
- Leia o enunciado em voz alta e peça que os alunos completem o exercício.
- Os alunos devem comparar as respostas em duplas.
- Depois, confira as respostas com a turma.
- **Opção:** No item 3, pergunte *What happened first – "I was talking on the phone" or "my mom was making breakfast"?* (*the actions happened at the same time*).

Exercício 16

- Escreva no quadro:
  I walked e *I was walking.*
  Pergunte *How are the two statements different?* (*the first one focuses on the finished action; the second one focuses on the walking*).
- Peça aos alunos que escolham as figuras e os verbos corretos. Peça que tentem descobrir se a ação principal foi a terminada ou não.
- Confira as respostas com a turma.

Negative *yes / no* questions

Exercício 17

- Escreva no quadro:
  1. *You're a doctor, aren't you?*
  2. *This is a beautiful song, isn't it?*
  3. *Why aren't you eating? Don't you like pizza?*

  Revise que todos esses são exemplos de perguntas negativas com respostas *sim / não*. Explique que, no primeiro exemplo, a pergunta confirma se algo é verdade. No segundo exemplo, a pergunta confirma se a outra pessoa concorda com a sua opinião. A terceira pergunta mostra que você está surpreso com o que a outra pessoa acabou de falar.
- Após os alunos terem concluído o exercício, reúna-os e confira as respostas.
- **Opção:** Peça a voluntários que leiam os diálogos. Após cada um deles, pergunte *What is the function of the negative "yes" / "no" question?* (1. *confirming something is true;* 2. *voicing surprise;* 3. *confirming something is true;* 4. *confirming something is true;* 5. *confirming someone agrees with your opinion;* 6. *confirming something is true*).

Information questions with *Whose*

Exercício 18

- Escreva as seguintes frases no quadro:
  1. *Whose house is this?*
  2. *Who's home?*
  Mike's   Sandra
- Peça aos alunos que façam a correspondência entre cada pergunta e a resposta correta (1. *Mike's;* 2. *Sandra*). Revise que *whose* significa a quem pertence, enquanto *who's* é uma contração que significa *who is.*
- Leia o enunciado em voz alta e peça que os alunos completem o exercício.
- Depois, confira as respostas com a turma.

Possessive pronouns

Exercício 19

- Escreva os seguintes pronomes pessoais numa lista vertical no quadro:
  I, you, he, she, it, we, you, they.
  Peça a voluntários que listem os pronomes possessivos ao lado dos pronomes pessoais (*mine, yours, his, her, its, ours, yours, theirs*).
  Revise o uso, apontando para um livro e dizendo *This is mine.; Is it yours?; No, it's not, it's mine.*
- Leia o enunciado e o exemplo em voz alta e peça aos alunos que completem o exercício.
- Os alunos devem comparar as respostas.
- Confira as respostas com a turma.

The past continuous

15. Complete the statements and questions with the past continuous.

1. Last weekend, we went kayaking while we <u>were visiting</u> (we / visit) my cousins.
2. What <u>were you wearing</u> (you / wear) in this photo?
3. <u>I was talking</u> (I / talk) on the phone while <u>my mom was making</u> (my mom / make) lunch.
4. What <u>were you doing</u> (you / do) at 8:00 last night? I tried to call you.

16. Look at the pictures. Choose the past continuous or the simple past tense.

1. When Jay (got)/ was getting to the bus stop, the bus left /(was leaving).
2. Dad **texted** /(was texting) me when he(saw)/ was seeing the tornado.
3. We **hiked** /(were hiking) when the thunder and lightning(began)/ was beginning.
4. Luckily, my cousins **wore** /(were wearing) their seat belts when they(had)/ were having the accident.

Negative *yes / no* questions

17. Complete the conversations with negative *yes / no* questions and short answers.

1. A: <u>Aren't</u> you really into sci-fi movies?
   B: That's right. I am!
2. A: Don't you like jazz?
   B: <u>No, I don't.</u> I hate it. I love rock music.
3. A: <u>Wasn't</u> Liam on the soccer team last year?
   B: Yes, he was. He helped them win a lot of games.
4. A: <u>Didn't</u> your sister play in the school band?
   B: No, she didn't. You're thinking of my brother.
5. A: <u>Isn't</u> Taylor Lautner the greatest movie actor?
   B: Are you kidding? I think his movies are kind of silly.
6. A: Aren't you and your friends going skiing this year?
   B: <u>No, we aren't.</u> We're too busy.

Information questions with *Whose*

18. Write *Whose* or *Who's* to complete the statements and questions.

1. These photographs are beautiful! <u>Whose</u> are they?
2. This chicken is amazing. <u>Who's</u> the chef?
3. <u>Whose</u> snorkel and life vest are those?
4. That new movie sounds great. <u>Who's</u> in it?
5. <u>Whose</u> tablet is this? It looks new.
6. <u>Who's</u> on your team this year?

Possessive pronouns

19. Replace each noun phrase with a possessive pronoun.

1. Those sodas are ~~your sodas.~~ <u>yours</u>
2. This tablet is ~~my sister's.~~ <u>hers</u>
3. ~~Our photographs~~ are down the hall. <u>Ours</u>
4. Are these ~~your brother's shirts~~? <u>his</u>
5. Are those ~~your classmates' uniforms~~? <u>theirs</u>
6. Are those ~~my magazines~~? <u>mine</u>

8

14:31

1.02)) Connecting Teens Around the World!

Hi! My name's Abby Morgan, and I'm from Chicago, in the United States. Do you know anything about Chicago? It's an awesome city! I'll post something about it on Teen2Teen Friends.

Hey, nice to meet everyone! My name's Carmela Artuso, and I'm from Rome, the capital of Italy. We're studying a lot of interesting things in school this year. Don't miss my report on advertising techniques on Teen2Teen Friends.

Hey, guys! I'm Jose Luis Pedrosa. I'm from Quito, the capital of Ecuador. You should plan to visit Ecuador sometime. I'd love to show you around! I posted something about my beautiful country. Check it out!

I'm Chen Yi, from Shanghai, in China. Shanghai is the city that has the largest population in my country. I love practicing my English by sharing information about China. I'm going to post something about a Chinese holiday. Have fun studying English with Teen2Teen!

Hi, everyone! I'm Carlos Lombardi, from Mendoza in Argentina. Have you ever heard of Iguassu Falls? They're amazing! I'm planning to post some information about them on Teen2Teen Friends. Don't forget to look for my post!

Meet the Teen2Teen Friends in Units 3, 6, 9, and 12, and in the Teen2Teen Friends Magazine.

9

Teen2Teen Friends

Cross-curricular topics

A internet; Geografia; Língua estrangeira (comunicação internacional)

Objetivo

Introduzir os personagens do *Teen2Teen* e o contexto de comunicação internacional em inglês.

Aquecimento

Para turmas que utilizaram o *Teen2Teen Three* ou outros níveis:

- Os livros dos alunos permanecem fechados e você pergunta *Do you remember the Teen2Teen Friends from the previous books?* Explique que este nível apresentará cinco novos personagens. Dê aos alunos algum tempo para que façam uma leitura rápida da página 9.

Para turmas iniciantes nesta coleção de livros, mas que conhecem o *Teen2Teen*:

- Abra o livro na página 9 e peça à turma que explique o que é o *Teen2Teen Friends*. Então peça que olhem rapidamente os personagens e indiquem de que continente eles são.

Para turmas que nunca utilizaram esta coleção:

- Olhe a página 9 e explique que o *Teen2Teen Friends* é uma rede social, como o Facebook, que conecta alunos de todo o mundo para que possam conversar e fazer novos amigos.

- Explique que as fotos mostram cinco personagens que os alunos conhecerão no *Teen2Teen*. Explique que os pontos brancos mostram onde vivem esses personagens e pergunte aos alunos qual deles mora mais perto de onde vocês estão.

- Explique que os personagens têm uma primeira língua diferente, mas usam os balões de diálogo para mostrar que todos estão usando o inglês para se comunicar uns com os outros. Enfatize a importância de aprender novos idiomas, especialmente o inglês, para se comunicar com pessoas de todo o mundo.

- Concentre-se na barra azul, na parte inferior da página. Deixe claro que os alunos encontrarão com frequência os personagens do livro. Explique que a *Teen2Teen Friends Magazine* é uma seção que está nas páginas 100-103, e que cada página contém um texto escrito pelos personagens do *Teen2Teen*. Esses textos serão lidos um a cada três unidades.

Usando o mapa

- Peça aos alunos que olhem o mapa. Com base nas diferentes cores dos pontinhos, pergunte quais continentes eles conseguem nomear em inglês (eles já aprenderam *North America, South America, Europe* e *Asia,* na página 96 do *Teen2Teen* One).

- Ajude-os a pronunciar o fonema /θ/ em *North* e *South*, o ditongo em *Asia* /ˈeɪʒə/, e a primeira sílaba tônica em *Europe* /ˈyʊrəp/.

Sugestão

Sempre que encontrar o símbolo 🎧, você poderá tocar o CD ou ler em voz alta o texto do roteiro de áudio (disponível no *Student Book* ou nas páginas 105–108 deste livro). Os enunciados sempre trazem a referência da página do roteiro de áudio.

Recomendamos que o CD seja utilizado sempre que possível, para que os alunos se acostumem a ouvir diversas pessoas falando inglês com sotaques variados.

Connecting Teens Around the World! 🎧 1·02

- Oriente os alunos a ler e ouvir o texto dos balões de diálogo na horizontal.

- Toque o CD ou leia os balões de diálogo em voz alta; os alunos acompanham no próprio livro.

- Pergunte ou peça que tentem adivinhar os nomes dos países de origem dos personagens. Eles devem dizer o nome dos países em inglês, mas podem dizê-los em português, se necessário. Na *Unit 3*, eles conhecerão novos personagens (veja a página 22).

Unit 1

Grammar
Gerunds

Vocabulary
Talents and hobbies

Social language
Introduce two classmates

Suggest an activity

Values and cross-curricular topics
Hobbies e diversão

Reconhecendo o talento de outras pessoas

Índice de conteúdo da unidade

Para turmas que nunca utilizaram esta coleção:

- Explique que cada unidade do *Student Book* começa com uma lista de conteúdo, na parte superior da página. Concentre se na lista de conteúdo com os alunos, explique brevemente em português o que cada item significa e que os alunos irão avaliar seu progresso a cada três unidades, na seção *Review*.

Para as turmas que já utilizaram a coleção *Teen2Teen*:

- Examine a lista de conteúdo da unidade, na parte superior da página do *Student Book*. Lembre-os de que irão avaliar seu próprio desempenho ao final da seção *Review: Units 1–3*.

Topic Snapshots

Objetivo

Explorar o tema da unidade, fazendo uso dos exemplos de gramática, de vocabulário e de linguagem social em contexto.

Para professores que estão usando a coleção pela primeira vez:

- apesar de os exemplos de gramática, vocabulário e linguagem social estarem inclusos nos *Topic Snapshots*, dê prioridade à compreensão, e não à apresentação. O vocabulário novo será abordado ao longo da unidade.

Aquecimento

Peça que um voluntário leia o título da unidade. Pergunte *What is a hobby?* (*something you enjoy doing in your free time*). *What is a blog?* (*a web page consisting of information about a specific topic*). *What is blogging?* (*adding new material to a blog*). Pergunte *Is anyone here good at blogging?*

Pergunte a cada aluno individualmente *What are you good at?* Dê o exemplo *I'm good at…* Explique que *to be good at* significa fazer bem uma atividade.

---

1 My hobby is blogging.

Grammar: Gerunds
Vocabulary: Talents and hobbies
Social language: Introduce two classmates • Suggest an activity

Topic Snapshots

(1.03) **1.** [Snapshot 1] **Read and listen to the students talk about their talents and hobbies.**

Maria — Monterrey, Mexico
I'm a people person and a good listener. I love meeting new people and helping them with their problems. My hobby is blogging, and in fact I have an online advice column called Ask Maria. Kids write me, often about boyfriend and girlfriend problems, and I answer them.

Brian — Boston, U.S.
I'm pretty good at putting things together right out of the box. My little brother got a train set for his birthday. The set came in a lot of pieces, but the instructions weren't good. I put the set together for him. He said, "Thanks, Brian! You're the best." That made me feel terrific!

Claire — Vancouver, Canada
Some people are afraid of speaking in front of a lot of people, but not me. When there's a presentation in class, I'm usually the first one to stand up, and I enjoy helping my classmates. I also love acting in plays. After school I participate in the public speaking club and the drama club. They're both lots of fun.

2. Complete the statements about each person's abilities.
1. If you need to build some furniture, _Brian_ can help.
2. If you don't have many friends and don't know what to do, write to _Maria_.
3. If you like watching plays, go and see _Claire_ perform with her drama club this weekend.

(1.04) **3.** [Snapshot 2] **Read and listen to the conversation.**

Sophia: Hey, Sarah. This is Nick. He's a new student. Nick, this is my friend, Sarah.
Nick: Nice to meet you, Sarah.
Sarah: Same here. Welcome to our school.
Sophia: Nick's coming to karate club with me. He's got a black belt!
Sarah: Wow! That's incredible! But, Sophia, you're pretty good at karate, too.
Sophia: Not _that_ good.
Nick: So, Sarah, are you going to karate club, too?
Sarah: Actually, no. I'm going to drama club. I love acting in plays.
Nick: Afterschool clubs are so cool.
Sarah: Well, I don't want to be late. See you later, guys!

4. Answer the questions. Write *Sophia*, *Nick*, or *Sarah*.
1. Who's a new student? _Nick_
2. Who's taking someone to karate club? _Sophia_
3. Who's good at karate? _Sophia_ and _Nick_
4. Who's not going to karate club? _Sarah_
5. Who's going to drama club? _Sarah_

10

Exercício 1 Snapshot 1 🎧 1·03

- Leia o enunciado em voz alta.
- Toque o CD ou leia o primeiro trecho; os alunos acompanham no próprio livro. Tire dúvidas de vocabulário conforme a necessidade: *a people person* é alguém que gosta de convívio social; *in fact* significa *na verdade*. Pergunte *Is anyone here a people person?*
- Toque o CD ou leia o segundo trecho; os alunos acompanham no próprio livro. Explique que *to put things together* significa construir ou montar. Pergunte *Who is good at putting things together?*
- Por último, toque o CD ou leia o trecho final; os alunos acompanham no próprio livro. Pergunte *Is anyone good at speaking in front of a lot of people?*

Exercício 2

- Leia o enunciado em voz alta.
- Peça aos alunos que completem o exercício.
- Depois, confira as respostas com a turma.

Exercício 3 Snapshot 2 🎧 1·04

- Leia o enunciado em voz alta.
- Toque o CD ou leia o diálogo com um voluntário; os demais alunos acompanham no próprio livro.
- **Opção:** Mostre como Sophia apresenta seus dois colegas. Peça a voluntários que leiam esse trecho novamente. Em seguida, divida a turma em grupos de três para que pratiquem esse tipo de apresentação.

Exercício 4

- Leia o enunciado em voz alta.
- Peça aos alunos que formem duplas para completar o exercício.
- Depois, confira as respostas com eles.

Vocabulary Talents and hobbies

1.05 **1.** Look at the photos. Read and listen.

1. public speaking

2. solving puzzles

3. inventing things

4. meeting new people

5. putting things together

And don't forget …
- making things
- selling things
- fixing things
- designing things
- helping people

1.06 **2.** **Pronunciation** Listen and repeat.

1.07 **3.** **Listening comprehension** Listen to five students talk about themselves. Complete the chart with their talents or hobbies, and favorite subjects.

	Name	Talent or hobby	Favorite subject
1.	Arielle Novak	solving puzzles	math
2.	Lee Brody	putting things together	Spanish
3.	Celina Martinez	inventing things	art
4.	Kate Arnold	meeting new people	geography
5.	Sean Benson	public speaking	French

Vocabulary

Objetivo
Praticar frases para expressar talentos e *hobbies*

Exercício 1 🔊 1•05
- Escreva *talents and hobbies* no quadro. Certifique-se de que os alunos compreendem que um *talent* é a capacidade de fazer bem alguma coisa.
- Peça a eles que olhem as fotos. Fale sobre cada foto e cada frase. Verifique se os alunos compreendem o significado das frases. Pergunte *What does it mean to invent something?* (*to think up something new*).
- Peça a um voluntário que identifique os itens do quadro *And don't forget…*
- Toque o CD ou leia as frases em voz alta; os alunos acompanham no próprio livro.

- **Opção:** Pergunte *Is anyone good at doing any of these things?* Peça que eles falem mais sobre seus talentos ou *hobbies*.

Atividade prática extra (todas as turmas)
- Para revisar o vocabulário, fale sobre outros interesses e habilidades que os alunos possam ter. Utilize o gerúndio, por exemplo, *dancing, singing, playing the piano, kayaking, swimming.*

Exercício 2 🔊 1•06
- Toque o CD ou leia as frases em voz alta para que os alunos as repitam.
- Explique que última sílaba, com *-ing*, nunca é tônica; a tônica é a sílaba que a antecede: *speaking; solving; inventing; meeting; putting.*

Exercício 3 🔊 1•07
- Escreva a palavra *geography* no quadro. Pergunte *What is geography?* (*the study of the earth: countries, oceans, mountains,* etc.). Em seguida, escreva a expressão *How cool is that?* Explique que essa expressão é usada para que alguém concorde quando você acha que alguma coisa é muito legal. Traduza a expressão, se necessário. Explique que ela vai aparecer nos diálogos.
- Peça aos alunos que olhem a tabela. Um voluntário deve ler os títulos. Explique que *favorite subject* é sua matéria favorita.
- Leia o enunciado em voz alta. Explique aos alunos que eles irão ouvir o diálogo duas vezes. Oriente-os a usar um lápis para responder às perguntas na primeira vez.
- Toque o CD ou leia o roteiro de áudio em voz alta; os alunos escutam e escrevem as respostas a lápis. Toque o CD novamente para que verifiquem as respostas e façam as correções necessárias.
- Confira as respostas com a turma.
- **Opção:** Se eles precisarem de ajuda com a coluna *Favorite subject*, escreva cinco matérias no quadro para que sirvam de referência (*French, geography, math, Spanish, art*). Avise que é permitido consultar os talentos e *hobbies* listados no Exercício 1 para preencher a coluna *Talent or hobby*.

ROTEIRO DE ÁUDIO 1•07 PÁGINA 105

Atividade extra de extensão (turmas mais avançadas)
- Escreva *Do you think the talent or hobby connects to the person's favorite subject?* Os alunos discutem em duplas. Em seguida, toque o CD ou leia o texto do roteiro de áudio em voz alta, de maneira que eles possam ouvir mais detalhes.
- Peça a voluntários que respondam.

RESPOSTAS POSSÍVEIS
1. charadas com números têm a ver com matemática; 2. o aprendizado de idiomas tem a ver com regras e instruções e requer *"putting things together"*; 3. invenções precisam de criatividade, arte também; 4. o *hobby* da Kate de conhecer novas pessoas tem a ver com o interesse que ela tem por geografia e viagens; 5. o talento de Sean tem a ver com francês, porque ele fará uma apresentação em francês.

| Apoio complementar
Extra Practice CD-ROM

Grammar

Objetivo

Praticar verbos no gerúndio.

| Apoio de gramática
Interactive Grammar Presentation

Sugestão

Pode ser necessário revisar sujeitos e objetos diretos do livro *Teen2Teen Two*, *Unit 10*:
O sujeito realiza a ação do verbo. O objeto direto recebe a ação do verbo.

sujeito	verbo	objeto direto
Kurt	wants	the mug.
He	wants	it.

Exercício 1

- Concentre-se na foto. Peça a voluntários que leiam os balões de diálogo. Escreva a pergunta e a resposta no quadro. Sublinhe *speaking* e *being*. Pergunte *What form are these words?* (*gerunds*).

- Leia em voz alta as regras e exemplos de frases da tabela. Concentre-se nas duas frases do quadro. Pergunte *What is the function of the gerund in the first statement?* (*direct object after the verb "like"*) *And in the second statement?* (*adjective + preposition expression*).

- Peça exemplos de outras frases com verbos no gerúndio em funções sintáticas diferentes.

- Examine a *Language tip*. Relembre que o *present participle* é a forma do verbo principal no *present continuous* e no *past continuous*. Escreva no quadro: *I'm eating.; They were watching TV.* Esclareça que o gerúndio e o *present participle* são ambos derivados de formas-base do verbo e, embora possuam a mesma forma, têm funções sintáticas diferentes. Verbos no gerúndio funcionam como substantivos e verbos no *present participle* funcionam como verbos.

- **Opção:** Os alunos sublinham todos os usos de gerúndio nos três trechos da página 10 e identificam suas funções sintáticas (1. *meeting, helping – direct objects; blogging – after verb "be"*; 2. *putting – adj + prep expression*; 3. *speaking – adj + prep expression*; *helping, acting – direct objects*).

Exercício 2 🔊 1·08

- Toque o CD ou leia os exemplos de gramática em voz alta para que os alunos os repitam.

- Em seguida, toque ou leia novamente cada item. Peça aos alunos que identifiquem a função sintática de cada verbo no gerúndio (1. *is subject*; 2. *is direct object*; 3. *is after the verb "be"*; 4. *is after an adjective + preposition expression*).

Grammar Gerunds

1. Study the grammar.

> Do you like **speaking** in public?

A gerund is the *-ing* form of a verb that functions as a noun. Use a gerund:

- as a subject
  Biking is my favorite weekend activity.

- as the direct object after the verbs *like, love, enjoy, dislike, hate, can't stand, suggest, and stop*
  I **don't like speaking** in public.
  I'll never **stop doing** puzzles. I **love solving** them.

- after the verb *be*, to give information about the subject of a sentence
  My father's hobby is **playing** tennis.

- after an adjective + preposition expression such as *good at, bad at, happy about, crazy about,* and *afraid of*
  My boyfriend is **good at putting** things together.

> No way. I'm afraid of **being** in front of a lot of people!

Language tip

- Don't confuse gerunds with other words that end in *-ing*:
  – present participles: *playing* (*I'm playing tennis.*)
  – adjectives: *exciting* (*The movie was so exciting.*)

(1·08) **2.** **Pronunciation** Listen to the grammar examples. Repeat.

3. Circle the gerunds in the statements. Be careful! Not all the *-ing* words are gerunds.

1. Clark enjoys (playing) the drums, but his parents can't stand (hearing) them.
2. Selma is doing a crossword puzzle. She really enjoys (solving) them.
3. My hobby is (kayaking). It's so exciting.
4. (Watching) horror movies is way too scary for me. I'm afraid of those kinds of movies!
5. My friends are crazy about (surfing). They're going to the beach this weekend.

4. Complete the statements and questions with gerunds.

1. I don't like _going_ (go) to the beach when it's cloudy.
2. I can't stand _listening_ (listen) to hip-hop music when I have a headache.
3. My sister's favorite Sunday morning activity is _cooking_ (cook).
4. _Playing_ (play) the piano really makes me happy.
5. _Hiking_ (hike) can be really hard in hot weather.
6. My sister's friend Alison hates _practicing_ (practice) the piano.
7. My family is crazy about _watching_ (watch) old movies.

Biking is my favorite weekend activity.
I don't like speaking in public.
I'll never stop doing puzzles. I love solving them.
My father's hobby is playing tennis.
My boyfriend is good at putting things together.

| Apoio complementar
Referência Gramatical página 104

Exercício 3

- Leia o enunciado em voz alta. Mostre aos alunos a *Language tip* e peça que completem o exercício.

- Depois, confira as respostas com a turma.

Sugestão

Antes de começar o Exercício 4, pode ser necessário recordar as regras de ortografia do *present participle*. Mostre que a ortografia dos verbos no gerúndio é igual. As regras são as seguintes:
– Adicione *-ing* à forma-base do verbo:
sing → singing;

– Se a forma-base terminar em *-e*, corte o *-e* e acrescente *-ing*: *dance → dancing;*
– Se a forma-base do verbo terminar em uma vogal seguida de uma consoante, dobre a consoante e adicione *-ing*: *swim → swimming;*
– Se a consoante for *w*, *x*, ou *y*, não dobre a consoante. Simplesmente adicione *-ing*: *play → playing.*

Exercício 4

- Leia o enunciado em voz alta e peça aos alunos que completem o exercício individualmente.

- Depois, confira as respostas com a turma.

5. Can you identify the grammar? Choose the function of each gerund.

		subject	direct object	gives information about subject	follows an adjective + preposition
1.	I hate *shopping*.		✓		
2.	My mom is afraid of *flying*.				✓
3.	*Fixing* cars is hard.	✓			
4.	I don't like *public speaking*.		✓		
5.	*Swimming* is boring.	✓			
6.	The best part of art class is *painting*.			✓	

6. Write the correct gerunds and circle the correct Vocabulary to complete each conversation.

1. A: So, what do you enjoy __doing__ (do) on weekends?
   B: Me? I like __hanging out__ (hang out) with my friends or __going__ (go) to parties.
   A: You're so good at (meeting new people)/ putting things together! This is my first year in this school, and I don't have a lot of friends like you do.
   B: No problem. I'll introduce you to some of mine!

2. A: Hey! *Life of Pi* is on TV tonight. Let's watch it on the new flat-screen TV! I'm crazy about __watching__ (watch) movies with special effects on a big screen.
   B: Me, too! But the table for the TV is still in the box. You know I'm not very good at solving puzzles /(putting things together.)
   A: Don't worry. I'll help you after work.

3. A: Hi, Terry. Are you going to talk about the movie at tomorrow's school meeting? I love __listening__ (listen) to your opinions about movies.
   B: Thanks! Yes, I am. But I'm a little worried about it. I can't stand __talking__ (talk) in front of so many people.
   A: Really? I think you're great at (public speaking)/ meeting new people. Don't worry.

4. A: Sam, what's a nine-letter word for a scary pet with eight legs? The first letter is "T."
   B: Easy! Tarantula.
   A: Thanks! I'm really not good at (solving puzzles)/ inventing things.
   B: Well, crosswords are one of my favorite hobbies. I really like __doing__ (do) them.

5. A: I don't like __cooking__ (cook). It's too messy for me.
   B: Really? I like __making__ (make) cakes for my friends. Right now, I'm making some cupcakes that are going to look like volleyballs for the team party.
   A: Awesome! You're so good at (inventing things)/ meeting new people.

Do you have a special talent or hobby? Complete the statements with gerunds.
My hobby is _____. I love _____.

13

Exercício 5

- Leia o enunciado em voz alta. Peça a um aluno que identifique o gerúndio no exemplo (*shopping*). Pergunte *What verb is it a direct object of?* (*hate*).
- Peça aos alunos que completem o exercício em duplas.
- Depois, confira as respostas com a turma.

Atividade extra de extensão (turmas mais avançadas)

- Como desafio, os alunos devem reescrever as frases do Exercício 5 de modo que cada verbo no gerúndio passe a ter uma função sintática diferente.
- Peça a voluntários que escrevam as frases no quadro. Pergunte à turma qual a nova função sintática de cada verbo no gerúndio.
1. *Shopping isn't fun. (subject)*
2. *My mom hates flying. (direct object)*
3. *I'm not good at fixing cars. (adj + prep)*
4. *Public speaking is difficult. (subject)*
5. *I don't like swimming. (direct object)*
6. *Painting is the best part of art class. (subject)*

Sugestão

Exercícios do tipo pergunta e resposta (como o Exercício 6) são uma boa oportunidade para a prática oral e para fazer avaliações durante a verificação das respostas, mesmo que a parte escrita seja feita como dever de casa. Atividades em dupla aumentam o tempo de prática oral de cada aluno. Entretanto, se ela gerar muito barulho, peça que dois alunos em partes diferentes da sala participem da atividade, perguntando e respondendo cada enunciado.

Exercício 6

- Esta atividade contém duas partes: primeiro deve-se escrever a forma correta dos verbos no gerúndio; depois, deve-se escolher qual talento/*hobby* o verbo descreve.

- Peça aos alunos que completem o exercício individualmente. Lembre-os de que devem pensar primeiro na forma dos verbos no gerúndio, e só depois no significado. Ande pela sala e ajude-os, se necessário.
- Peça aos alunos que comparem as respostas.
- Depois, confira as respostas com a turma.
- **Opção:** Pergunte *What is the function of the gerunds in the multiple choice questions?* (*adjective + preposition expression*).
- **Opção:** Em duplas, os alunos praticam a leitura dos diálogos. Ande pela sala para ajudá-los com a pronúncia, se necessário. Em seguida peça a voluntários que leiam cada um dos diálogos. Anote os problemas de pronúncia mais comuns e depois fale sobre eles com toda a turma, explicando como corrigi-los.

Sugestão

O *About you* pode ser feito como uma atividade de conversação, nas turmas em que isso parecer apropriado. Como alternativa, você pode pedir que os alunos leiam o que escreveram no caderno.

About you!

- Peça aos alunos que preencham as lacunas com seus talentos e *hobbies*.
- Depois, peça a voluntários que leiam o que escreveram.
- **Opção:** Escreva no quadro: *I'm good at…* Pergunte aos alunos quais são as atividades em que eles se consideram bons, com base nas duas frases da seção *About you!* Se precisarem de apoio de vocabulário, eles podem consultar a página 11. Além disso, podem se inspirar com o quadro *And don't forget …* .

RESPOSTA
Resposta pessoal.

Atividade prática extra (todas as turmas)

- Os alunos devem trabalhar em duplas. Diga-lhes que utilizem as informações da seção *About you!* para criar diálogos. Como exemplo, indique o Exercício 6.
- Peça que algumas duplas apresentem seus diálogos para a turma.

| Apoio complementar
Extra Practice CD-ROM

Reading

Objetivo

Desenvolver habilidades de leitura: um artigo na internet com conselhos pessoais

Aquecimento

Diga aos alunos que eles lerão os artigos da coluna de conselhos pessoais da Maria. Pergunte *What is Maria probably good at?* (por exemplo, *helping people, giving advice, listening to people*).

Sugestão

Durante a leitura de um artigo, é interessante utilizar diferentes estratégias de leitura. Chame atenção para os enunciados destacados em azul nos exercícios 2, 3 e 4. *Recognize a point of view* ajuda a identificar a opinião do escritor sobre o assunto. *Find supporting details* significa encontrar informações no texto que embasam uma resposta. *Understand meaning from context* significa compreender o significado de algo examinando as palavras próximas.

Exercício 1 🔊 1•09

- Leia o enunciado em voz alta. Explique que eles devem responder após a leitura do artigo.
- Toque o CD ou leia o artigo em voz alta; os alunos acompanham no próprio livro.
- Tire dúvidas de vocabulário, se for necessário: *Why not start a puzzle club?* é uma maneira informal de dizer *Why don't you...*. Explique que *to have something in common with someone* significa ter o mesmo interesse que uma outra pessoa. Pergunte *What do all the students in this class have in common?* (everyone wants to learn English).
- Volte à pergunta do enunciado e peça a um voluntário que responda.

RESPOSTA

Tom is lonely. He is at a new school and he doesn't know many people.

Exercício 2

- **Skill / strategy:** *Recognize a point of view.* Concentre-se na estratégia de leitura. Explique que ponto de vista refere-se à opinião do escritor sobre o assunto.
- Leia o enunciado em voz alta. Pergunte *Whose point of view is the Exercise about?* (Maria's). Os alunos completam a atividade individualmente. Depois, confira as respostas com a turma.

Exercício 3

- **Skill / strategy:** *Find supporting details.* Explique que se trata da estratégia de procurar informações no texto que deem suporte a uma resposta.

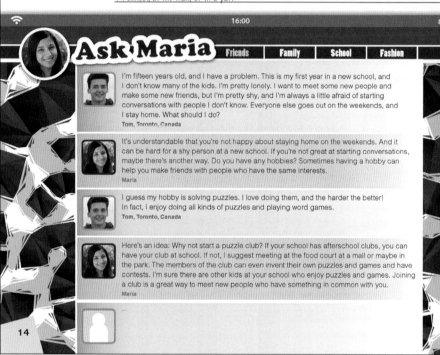

Reading An online advice column

1.09)) 1. **Read Maria's advice column. What's Tom's problem?**

2. (Recognize a point of view) **After reading the advice column, check the statements that represent Maria's point of view. Write an *X* next to the statements that do not.**

1. Making new friends is impossible for shy people. ☒
2. Tom should stop being so shy. ☒
3. A club can meet in school or outside of school. ☑
4. There are probably other students in Tom's school who like puzzles and games. ☑
5. Forming a club or a group is a good way to learn something new. ☒

3. (Find supporting details) **Answer the questions. Then underline information in the text that supports your answer.**

1. Why does Tom have difficulty making new friends?
   Because he's new and he's shy
2. Why does Maria think hobbies are a good idea?
   Tom can meet people with similar interests and make new friends
3. What places does Maria suggest having a puzzle club?
   At school, at the mall, or in a park

14

- Diga aos alunos que eles devem primeiro tentar responder sem consultar o artigo. Depois eles podem consultar o texto para encontrar e sublinhar as informações que dão suporte às respostas.
- Por fim, confira as respostas com a turma. (1. "I'm pretty shy, and I'm always a little afraid of starting conversations with people I don't know."; 2. "Sometimes having a hobby can help you make friends with people who have the same interests."; 3. "... you can have your club at school. If not, I suggest meeting at the food court at a mall or maybe in the park.")

Exercício 4

- **Skill / strategy:** *Understand meaning from context.* Para introduzir essa estratégia de leitura, explique que geralmente é possível descobrir o que uma palavra ou uma frase significam examinando as palavras próximas.

- Olhe o exemplo. Peça aos alunos que procurem a frase *"I'm pretty lonely."*. Então pergunte *Which of the two choices explains what the statement means?* (a).
- Peça aos alunos que tentem, individualmente, encontrar as outras frases no artigo. Em seguida eles devem escolher qual frase possui um significado parecido. Ande pela sala e ajude-os, se necessário.
- Depois, confira as respostas com a turma.

Sugestão

O *About you* pode ser feito como uma atividade de conversação, nas turmas em que isso parecer apropriado. Como alternativa, você pode pedir que os alunos leiam o que escreveram no caderno.

About you!

- Em duplas, os alunos discutem a respeito das ações que Tom deveria realizar. A partir disso eles decidem qual o melhor conselho para Tom.
- A turma toda pode opinar.

4. [Understand meaning from context] **Read each statement from Maria's column.**
Choose the sentence with the same meaning.

1. "I'm pretty lonely."
   ⓐ I'm sad because I don't have friends.
   b. I love figuring things out.

2. "I love doing them, and the harder the better!"
   a. I don't like trying to solve hard puzzles.
   ⓑ I enjoy trying to solve hard puzzles.

3. "Joining a club is a great way to meet new people who have something in common with you."
   ⓐ If you join a club, you can meet people who like the same things as you.
   b. A great way to join a club is to meet people who have something in common with you.

About you! **In your notebook, write what you think Tom should do.**

Teen2Teen | **Introduce two classmates;**
Suggest an activity

(1.10)) **1.** **Read and listen to the conversation.**

Ⓐ Nina, this is my friend, Jason. Jason, Nina.

Ⓑ Hi, Jason. Nice to meet you.

Ⓒ Same here. This is your first time at English club, right?

Ⓑ Yeah. It looks like fun. I love speaking English.

Ⓒ Me, too. So, what other things do you like doing?

Ⓑ Well, on weekends I like going to the movies and hanging out with my friends.

Ⓐ Hey, why don't we all go to the movies this weekend?

Ⓑ Great idea!

(1.11)) **2.** [Pronunciation] **Listen and repeat.**

3. [Guided conversation] **Choose a club, or create your own. On the notepad, write your three favorite activities, in gerund form. Then create a NEW conversation, using your club and the activities on the notepad.**

Ideas for clubs

- rama club
- hotography club
- ook club
- arate/yoga club
- ublic speaking club
- our own club:
_____

Ⓐ _____ , this is my friend, _____ . _____ , _____ .

Ⓑ Hi, _____ . Nice to meet you.

Ⓒ Same here. This is your first time at _____ , right?

Ⓑ Yeah. It looks like fun. I love _____ .

Ⓒ Me, too. So, what other things do you like doing?

Ⓑ Well, on weekends I like _____ .

Ⓐ Hey, why don't we all _____ this weekend?

Ⓑ Great idea!

ΓΓΓΓΓΓΓΓΓΓΓΓΓΓΓΓΓΓ
My favorite activities
hiking, doing karate,
playing video games
_____
My favorite activities

Read your new conversation with two partners.
Then take turns and read the conversation in your partners' books.

15

Teen2Teen

Objetivo

Praticar a linguagem social para apresentar dois colegas; sugerir uma atividade.

Aquecimento

Para turmas que nunca utilizaram esta coleção:

- Escreva *Teen2Teen* no quadro. Explique que esta seção dá oportunidade para que os alunos utilizem o inglês em um contexto social, falando de *teen "to" teen* (de um adolescente para outro).

As turmas que não utilizaram:

- Peça que expliquem o que acontece nessa seção (eles ouvem um diálogo, repetem-no e preparam uma versão própria com palavras diferentes).
Se você não foi o professor do nível anterior, pergunte se eles gostaram de representar os diálogos.

Exercício 1 🔊 1·10

- Concentre-se na foto. Pergunte *Where are the teens?* (*in a classroom*). *What are they doing?* (*talking*). *What do you think they are talking about?* (*it looks like one student is introducing another student*).
- Toque o CD ou leia o diálogo em voz alta; os alunos acompanham no próprio livro.
- **Opção:** Para revisar a gramática, peça aos alunos para encontrarem no texto três exemplos de gerúndio.

Exercício 2 🔊 1·11

- Toque o CD ou leia cada linha do diálogo em voz alta, dando tempo para que os alunos as repitam. Primeiro pratique cada linha com a turma inteira; depois, peça aos alunos que repitam individualmente.

Exercício 3

- Leia o enunciado em voz alta. Concentre-se no quadro *Ideas for clubs* e dê tempo para que os alunos escolham ou criem um clube. Leia as atividades no caderno e dê tempo para que os alunos escrevam suas atividades favoritas. Explique que agora criarão suas próprias atividades. Eles podem usar o Exercício 1 como modelo, mas não devem copiá-lo.
- Deixe claro que um amigo (A) é necessário para apresentar *você* (B) a outro amigo (C). As primeiras quatro lacunas devem seguir esta ordem: seu nome (B), nome do amigo (C), nome de C e seu nome (B). Consulte o Exercício 1, se necessário.
- Na quinta lacuna, você cumprimenta C e começa uma conversa.
- Você deve preencher a sexta lacuna com um clube, e, na sétima, escolher uma atividade favorita relacionada ao clube. Na oitava lacuna, você (B) deve escolher outra atividade favorita.
- A última lacuna deve ser preenchida com uma sugestão de A para uma atividade relacionada à lacuna da frase anterior.

Chat

- Os alunos trabalham com dois colegas para praticar a leitura dos diálogos que cada um escreveu.
- **Opção:** Peça a voluntários que leiam seus diálogos para toda a turma. Anote quem participou e faça com que todos os alunos leiam seus diálogos no decorrer das aulas.

Extensão
Writing página 90

Apoio complementar
Extra Practice CD-ROM
Workbook páginas W2–W4
Grammar Worksheet 1
Vocabulary Worksheet 1
Reading Worksheet 1
Video: Teen Snapshot Unit 1
Unit 1 Tests A and B

Unit 2

Grammar
Infinitives

Vocabulary
Good and bad habits

Social language
Compare your good and bad habits

Values and cross-curricular topics
Organização pessoal

Autoconhecimento

Habilidades de estudo

Índice de conteúdo da unidade
Examine o índice de conteúdo da unidade, na parte superior da página do Student Book. Lembre os alunos de que irão avaliar seu próprio desempenho ao final da *Review: Units 1–3*.

Vocabulary

Objetivo
Praticar frases para descrever bons e maus hábitos

Exercício 1 🎧 1·12
- Antes de os alunos abrirem os livros, faça duas colunas no quadro intituladas *good habits* e *bad habits*. Peça exemplos e escreva-os no quadro: *watching a lot of TV*; *being organized*, etc.
- Peça que os alunos abram os livros e verifique se as figuras mostram algum dos hábitos mencionados por eles.
- Fale sobre cada figura e cada frase. Verifique se os alunos compreendem o significado das frases. Se necessário, traduza a expressão.
- Toque o CD ou leia as frases em voz alta; os alunos acompanham no próprio livro.

Exercício 2 🎧 1·13
- Toque o CD ou leia as frases em voz alta e peça que os alunos as repitam.
- Revise o gerúndio. Pergunte *What is the gerund in each vocabulary item?* (1. *eating*; 2. *saving*; 3. *having*; etc.).

Exercício 3 🎧 1·14
- Escreva as seguintes expressões no quadro e peça que expliquem o que significam:
  That would be crazy (termo informal que significa *That wouldn't be a good idea*).
  Due date (o prazo ou data limite para a entrega de algo).
  Manage money (planejar como gastar o dinheiro).
  Se necessário, traduza a expressão.
  Explique que essas expressões

Grammar: Infinitives
Vocabulary: Good and bad habits
Social language: Compare your good and bad habits

Vocabulary Good and bad habits

🎧 1.12 **1.** Look at the pictures. Read and listen.

Some good habits

1. eating healthy food
2. saving money
3. having good study habits
4. getting plenty of exercise
5. getting enough sleep

Some bad habits

6. eating junk food
7. spending too much money
8. leaving things until the last minute
9. being lazy
10. staying up too late

🎧 1.13 **2.** Pronunciation Listen and repeat.

🎧 1.14 **3.** Listening comprehension Listen to the students talk about their good and bad habits. Complete the chart.

	has good habits	has bad habits	has a mixture of both
1.	✓		
2.		✓	
3.			✓
4.		✓	

16

aparecerão nos diálogos que vocês escutarão.
- Peça aos alunos que olhem a tabela e peça a um voluntário para ler os títulos.
- Leia o enunciado em voz alta. Os alunos devem dizer o que está sendo descrito: hábitos bons, ruins ou ambos. Encoraje-os a utilizar as figuras no Exercício 1 como referência, caso esqueçam uma palavra.
- Explique aos alunos que eles irão ouvir o diálogo duas vezes. Oriente-os a usar um lápis para responder às perguntas na primeira vez.
- Toque o CD ou leia o roteiro de áudio em voz alta e peça que os alunos escutem e escrevam as respostas a lápis. Depois, eles ouvem novamente e verificam as respostas, fazendo as devidas correções.
- Após os alunos completarem o exercício, peça que comparem as respostas em duplas. Circule pela sala e ajude-os, se necessário.

- Confira as respostas com a turma.
- **Opção:** Toque mais uma vez para os alunos anotarem quais os bons e maus hábitos do Exercício 1 estão sendo descritos. Pause após cada interlocutor. Confira as respostas com a turma (1. *Claire: item 3 – having good study habits*; 2. *Josh: item 7 – spending too much money*; 3. *Luisa: item 1 – eating healthy food – and item 9 – being lazy*; 4. *Duncan: item 10 – staying up too late*)

ROTEIRO DE ÁUDIO 1·14 PÁGINA 105

Apoio complementar
Extra Practice CD-ROM

Topic Snapshots

1.15 1. Snapshot 1 Read and listen to the conversation.

Mom: Are you OK? You look really tired!

Kevin: Yeah. I'm OK, Mom. I guess I stayed up too late last night. I was trying to finish my English homework. It's due today.

Mom: Kevin, it's important to get enough sleep. Next time you should start doing your homework after dinner instead of watching TV. Don't you have a math test today?

Kevin: Don't worry, Mom. It's on Wednesday. By the way, I'll be home a little late today.

Mom: Really? Why's that?

Kevin: I need to study for the math test. Some of my classmates and I plan to meet at the library after school. We're going to study together.

Mom: What a great idea! It's fun to study together.

Kevin: And tonight I'll get plenty of sleep. I promise!

2. Read the statements. Circle T (true) or F (false).

1. Kevin stayed up late last night. Ⓣ/ F
2. Kevin was up late because he was working on his homework. Ⓣ/ F
3. Kevin's mom thinks studying with his classmates is a bad idea. T /Ⓕ
4. Kevin doesn't plan to study for the test today. T /Ⓕ
5. Kevin is going to study for the test after school on Wednesday. T /Ⓕ

3. Snapshot 2 Take the survey. Complete the statements so that they are true about you. Write always, sometimes, or never.

Do you have good habits?

1. I _____ eat healthy food.
2. I _____ eat junk food.
3. I _____ save money.
4. I _____ spend too much money.
5. I _____ study before a test.
6. I _____ leave things until the last minute.
7. I _____ make plenty of time for exercise.
8. I _____ get plenty of sleep.

About you! Write about your good and bad habits. Use your survey for information.

I think I have pretty good habits. I don't eat a lot of junk food and I always get plenty of sleep.

_____

_____

17

Topic Snapshots

Objetivo
Explorar o tema da unidade, fazendo uso dos exemplos de gramática, de vocabulário e de linguagem social em contexto.

Aquecimento
Pergunte *Who here stays up late a lot?* Peça que falem mais a respeito. Pergunte *Do you stay up late to do school work? to watch TV? to play on the computer? Do you think staying up late is a bad habit? Why or why not?*

Exercício 1 Snapshot 1 🔊 1•15
- Concentre-se na foto. Pergunte *Who do you see in the photo?* (a mother and son). *What seems to be the problem?* (the boy looks tired). *Why do you think he is tired?* (maybe he was up late).
- Pergunte se eles se lembram da última vez em que foram dormir tarde. Pergunte *How did you feel the next day? Was it difficult to do things?*
- Toque o CD ou leia o diálogo em voz alta; os alunos acompanham no próprio livro.

Atividade prática extra (todas as turmas)
- Toque novamente. Chame atenção para a entonação.
- Depois, os alunos devem praticar a leitura do diálogo em duplas. Encoraje-os a perceber e usar a entonação correta, conforme escutaram no áudio.

Exercício 2
- Leia o enunciado e o exemplo em voz alta. Peça a um voluntário para encontrar o trecho do diálogo que corrobora a frase (linha 2).
- Peça aos alunos para completarem o restante do exercício.
- Depois, confira as respostas com a turma.
- **Opção:** Os alunos podem formar duplas para transformar cada frase falsa em verdadeira. Eles podem consultar o diálogo à vontade (3. *Kevin's mom thinks studying with his classmates is a great idea*; 4. *Kevin plans to study for the test today*; 5. *Kevin is going to study for the test after school today.*)

Exercício 3 Snapshot 2
- Pode ser necessário revisar advérbios de frequência do livro *Teen2Teen Two*, *Unit 6*.
  Escreva no quadro, na seguinte ordem:
  100% always
  sometimes
  0% never
  Desenhe uma seta indo de 100% a 0% para indicar a frequência. Explique que essas palavras expressam a frequência com que se faz alguma coisa. Dê um exemplo com *always*: *I always drive to work*. Peça exemplos com os outros advérbios. Diga aos alunos que eles utilizarão esses advérbios na pesquisa.
- Leia o enunciado em voz alta e veja se eles compreendem o significado de *survey*.
- Peça aos alunos que façam o exercício e comparem as respostas em duplas.
- Reúna a turma.
- **Opção:** Peça aos alunos para analisarem os resultados da pesquisa. Explique que dizer *always, sometimes,* ou *never* pode fazer com que um hábito seja interpretado como bom ou mau. Peça aos alunos para lerem a pesquisa e escreverem um sinal de mais (+) para bons hábitos e de menos (-) para maus hábitos.

Sugestão
O *About you* pode ser feito como uma atividade de conversação, nas turmas em que isso parecer apropriado. Como alternativa, você pode pedir que os alunos leiam o que escreveram no caderno.

About you!
- Peça aos alunos que escrevam algumas frases sobre seus hábitos, utilizando a pesquisa como referência.
- Peça a voluntários que leiam suas frases para a turma. Não obrigue os alunos a lerem se eles não se sentem à vontade falando de seus hábitos.

RESPOSTA
Resposta pessoal

Grammar

Objetivo
Praticar infinitivos

| Apoio de gramática
Interactive Grammar Presentation

Exercício 1
- Concentre-se na foto e peça a dois voluntários que leiam os balões de diálogo. Pergunte *What form is the verb "to go"?* (*infinitive*).
- Leia a primeira frase na tabela. Enfatize que embora tanto verbos no infinitivo como no gerúndio funcionem como substantivos, as regras são diferentes.
- Leia a primeira regra e os exemplos. Pergunte *Could you use a gerund instead of an infinitive in any of these statements?* (*no*).
- Leia a segunda regra e os exemplos. Pergunte *Could you say "It's fun studying together"?* (*no, you couldn't*). Enfatize que *it's* + adjetivo exige o verbo no infinitivo.
- Por fim, comente que há alguns verbos que podem ficar no gerúndio ou no infinitivo. Leia a última regra da tabela e os exemplos. Peça mais exemplos (por exemplo, *I like reading magazines; I can't stand to wait in line*).
- Examine as *Language tips*. Leia as dicas e os exemplos. Enfatize que mesmo que *enjoy* tenha um significado semelhante a *like* ou *love*, ele não pode ficar no infinitivo.
- **Opção:** Os alunos devem consultar o diálogo na página 17 e sublinhar seis exemplos de infinitivos (*to finish; to get; to study; to meet; to study*). Pergunte *Which of these follow "It's" + adjective form?* (*it's important to get; it's fun to study*). Chame atenção para a frase *"Next time you should start doing…"* Pergunte *Could you replace the gerund "doing" with an infinitive?* (*yes*).

Exercício 2 1·16
- Toque o CD ou leia os exemplos de gramática em voz alta para que os alunos os repitam.

ROTEIRO DE ÁUDIO 1·16

I want to get more exercise.
They need to save money.
We plan to meet after school.
Jake would like to have better study habits.
It's fun to study together.
It's important to get enough sleep.
It's better to exercise several times a week.
It isn't easy to change your habits!
I love to sleep late. I love sleeping late.
They started to learn Chinese this week.
They started learning Chinese this week.

| Apoio complementar
Referência Gramatical página 104

2

Grammar Infinitives

> Would you like **to go** to the movies?
>
> Sure!

1. Study the grammar.

An infinitive is *to* + the base form of a verb. Like a gerund, it functions as a noun in a sentence, often as a direct object.

- Always use an infinitive after these verbs: *choose, decide, learn, need, plan, want,* and *would like.*

  I **want to get** more exercise.   We **plan to meet** after school.
  They **need to save** money.   Jake **would like to have** better study habits.

- You can make general statements or express opinions using *It's* + adjective and an infinitive.

  It's fun **to study** together.   It's better **to exercise** several times a week.
  It's important **to get** enough sleep.   It isn't easy **to change** your habits!

- You can use an infinitive or a gerund after these verbs: *like, love, hate, can't stand, start, stop,* and *try.*

  I **love to sleep** late. = I **love sleeping** late.
  They **started to learn** Chinese this week. = They **started learning** Chinese this week.

Language tips
- Never use an infinitive after *enjoy*. Use a gerund.
  *My parents enjoy **eating** dinner early.* NOT *My parents enjoy ~~to eat~~ dinner early.*
- Never use a gerund after *want, decide, choose, need, learn, plan,* or *would like*. Use an infinitive.
  *I would like **to go** to the movies* NOT *I would like ~~going~~ to the movies.*

2. Pronunciation Listen to the grammar examples. Repeat.
(1·16)

3. Complete the statements and questions with infinitives.
1. My cousin Alice learned _to speak_ (speak) Russian last year.
2. Sometimes I want _to stay up_ (stay up) late because there's a good movie on TV.
3. Do you need _to study_ (study) for the test tonight?
4. I plan _to start_ (start) exercising three times a week.
5. Does your brother like _to play_ (play) basketball?
6. We would like _to introduce_ (introduce) you to our new teacher.
7. They decided _to play_ (play) in the school orchestra last year.

4. Write statements with infinitives. Begin each statement with a capital letter. Use contractions.
1. _It's really boring to eat_ (really boring / eat) beans all the time.
2. _It isn't / It's not smart to leave_ (not smart / leave) things until the last minute.
3. _It's pretty awesome to exercise_ (pretty awesome / exercise) early in the morning.
4. _It isn't / It's not great to stay up_ (not great / stay up) really late every night.
5. _It's better to save_ (better / save) some money every week.
6. _It's isn't / It's not cool to spend_ (not cool / spend) too much money.

18

Maneira de usar

Ao contrário dos verbos no gerúndio, verbos no infinitivo raramente são usados como sujeito. É mais comum que o sujeito seja um verbo no gerúndio ou que se utilize o sujeito impessoal *it*: *Singing in English is fun. = It is fun to sing in English.*
O verbo *stop* também pode ser acompanhado de um verbo no infinitivo, por exemplo, *We stopped to drink some water*. Essa estrutura é chamada de infinitivo de propósito (*We stopped in order to drink some water*), mas o assunto não faz parte desta unidade.

Exercício 3
- Leia o enunciado em voz alta.
- Os alunos completam o exercício em duplas e conferem as respostas também em pares.
- Depois, confira as respostas com a turma.

Exercício 4
- Peça aos alunos que olhem o exercício. Pergunte *What structure do we need to use in this exercise?* (*"It's" + adjective + infinitive*).
- Peça aos alunos que completem o exercício.
- Confira as respostas com a turma.

5. **Read about Solange. Circle the gerund or infinitive to complete the paragraph.**

Solange really enjoys (1) to eat /(eating) sweet foods, like candy, cake, and cookies, but she knows it's important (2) (to have)/ having good, healthy meals. She would like (3) (to change)/ changing her habits and stop (4) to eat /(eating) so much junk food. Solange plans (5)(to eat) eating only healthy foods on weekdays. She isn't crazy about (6) to eat /(eating) only healthy foods all week, so on the weekend, she plans (7) (to have)/ having some sweet foods. She's learning (8) (to change)/ changing her eating habits, but it isn't easy (9) (to do)/ doing. Even though she wants (10) (to eat)/ eating candy all the time, she knows it's better (11) choosing /(to choose) something healthy to eat.

6. **Rewrite each statement or question, using an infinitive instead of a gerund.**

1. I like to eat healthy foods.

2. When will you start to exercise regularly?

3. I really don't like to listen to loud music.

4. Don't you love to get up early in the morning?

5. I hate to leave things until the last minute!

6. Do you try to save money when you can?

7. **Listening comprehension** Listen to each conversation and complete the statements. Use a gerund or an infinitive after the verbs.

1. He plans to visit his grandparents this weekend.
2. She doesn't want to spend a lot of money.
3. He wants to stop watching TV all the time.
4. She enjoys exercising every day.
5. He would like to get enough sleep every night.

19

Exercício 5

- Leia o enunciado. Peça aos alunos para tentarem completar o exercício sem consultar a tabela de gramática.
- Os alunos devem comparar as respostas em duplas e, em seguida, as duplas conferem a tabela na página 18 e fazem as correções. Ande pela sala e ajude-os, se necessário.
- Depois, confira as respostas com a turma.
- **Opção:** Pergunte *Do any of the items have two possible answers? (no, each item either takes a gerund or an infinitive).*

Atividade extra de extensão (turmas mais avançadas)

- Peça a um voluntário que leia o parágrafo sobre Solange em voz alta. Em duplas, os alunos escrevem dicas para que Solange cumpra sua dieta. Escreva as seguintes expressões para que os alunos completem com verbos no infinitivo:

It's important to...
You should start to…
You need to…
It's better to...

- Dê exemplos: *It's important to have delicious healthy foods in the refrigerator; You should start to eat less junk food gradually; You need to be flexible – it's OK to cheat sometimes; It's better to eat an apple than a cupcake.*
- Peça para que comparem as respostas em duplas.

Exercício 6

- Leia o enunciado em voz alta e peça a um voluntário que leia a frase no balão de diálogo e a resposta.
- Peça aos alunos que completem os exercícios individualmente e comparem as respostas em duplas.
- Depois, confira as respostas com a turma.

- **Opção:** Para revisar perguntas negativas, escreva no quadro:
Don't you hate eating healthy foods all the time?
Circle *Don't you hate.* Pergunte aos alunos por que a pergunta está na negativa (*because the speaker thinks the listener has the same opinion*).

Atividade prática extra (todas as turmas)

- Escreva os seguintes verbos no quadro: *like, love, hate, can't stand, start* Peça aos alunos que escrevam cinco frases sobre os hábitos do Exercício 1, na página 16, utilizando os verbos do quadro, por exemplo, *I love eating healthy food. I can't stand not getting enough sleep.* Em duplas, os alunos trocam as respostas e reescrevem as frases utilizando verbos no infinitivo, como eles fizeram no Exercício 6.

Exercício 7 🎧 1•17

- Leia o enunciado em voz alta. Diga aos alunos que há um diálogo para cada item e que ouvirão cada diálogo duas vezes.
- Dê tempo para que eles leiam rapidamente os itens. Peça-lhes para sublinhar os verbos nos diálogos e determinar se eles podem ficar no gerúndio, no infinitivo ou em ambos. Avise que eles podem escrever *G* para *gerund, I* para *infinitive* ao lado de cada número (1. *I;* 2. *I;* 3. *G;* 4. *G;* 5. *I*). Pergunte *Can any of the verbs take both a gerund and infinitive? (no).*
- Toque o CD ou leia o roteiro de áudio em voz alta. Os alunos ouvem e preenchem as lacunas.
- Toque o áudio novamente antes de conferir as respostas com toda a turma.
- **Opção:** Chame atenção para a seguinte frase do Diálogo 2. Escreva no quadro:
I need _____ (start) _____ (save) money, and not _____ (spend) it.
Mostre que *need* concorda com um verbo no infinitivo (*to start*); *start* concorda com um verbo no gerúndio ou no infinitivo (*saving; to save*) (*spending; to spend*).
- Pergunte aos alunos o que eles precisam começar a fazer. Escreva no quadro:
I need to start…

ROTEIRO DE ÁUDIO 1•17 PÁGINA 105

Apoio complementar
Extra Practice CD-ROM

Reading

Objetivo

Desenvolver habilidades de leitura: um guia de estudo para novos alunos

Aquecimento

Antes de os alunos abrirem os livros, escreva *good study habits* no quadro. Peça exemplos (por exemplo, *do homework every day; not wait to last minute with assignments*, etc.). Pergunte a voluntários: *Do you have good study habits?* Peça aos alunos que abram seus livros e olhem as figuras. Pergunte *Does your study space look like this? Do you think such organization is necessary to be a successful student?*

Exercício 1 🔊 1·18

- Leia o enunciado e a pergunta em voz alta. Explique que eles devem responder após a leitura do guia.
- Toque o CD ou leia o guia em voz alta para os alunos acompanharem.
- Revise os itens do vocabulário conforme necessário. Mostre a primeira palavra. Pergunte *What is a tip?* (*a piece of advice*); *What kind of advice does the guide provide?* (*advice for successful studying*). Os alunos devem abrir o livro na página 18. Mostre as *Language tips*, após a tabela de gramática. Explique que "*tips*" são sugestões ou conselhos para utilizar os itens de gramática da tabela.
  Explique que *Let's face it* significa *Let's be realistic or practical.*
- Faça as perguntas do enunciado.

RESPOSTA
Resposta pessoal

Exercício 2

- **Skill / strategy:** *Understand meaning from context.* Pergunte *What does this strategy require you to do?* (*to figure out what an unknown word means by looking at the words around it*). Como exemplo, você pode mencionar as figuras em um artigo.
- Olhe o exemplo. Peça aos alunos para procurarem a palavra *distractions* (parágrafo 2, 4ª linha). Um voluntário deve ler a frase. Pergunte *What hint does the statement give about distractions?* (*it gives examples of distractions: loud music and TV; the next statement gives additional examples of distractions, the phone and computer*).
- Peça que os alunos sublinhem as dicas de contexto e respondam às perguntas.
- Depois, confira as respostas com a turma.

Exercício 3

- **Skill / strategy:** *Skim for content.* Leia a estratégia em voz alta. Escreva a palavra *skim* no quadro. Pergunte *What does this word mean?* (*to read a piece of writing without reading all the words*). Explique que *skimming* é o nome de um método que consiste em olhar rapidamente um texto e obter uma visão geral do seu conteúdo. Nesse método, não é necessário ler todas as frases.
- Leia o enunciado em voz alta. Modele o número 1. *What is the key word in this statement we should look for?* (*health*). Peça aos alunos que leiam rapidamente os títulos e tentem descobrir qual deles está falando sobre saúde (5). Pergunte-lhes se algum dos trechos fala de cuidar da saúde (*yes, there is*).
- Peça aos alunos que completem o exercício individualmente.
- Depois, confira as respostas com a turma.

Atividade prática extra (todas as turmas)

- Peça aos alunos que prestem atenção aos verbos no infinitivo utilizados em cada exercício. Pergunte *What form are all these infinitives?* ("*It's*" + *adjective* + *infinitive*). Pergunte *When do we use this form?* (*to make general statements or express opinions*).
- Para revisar ainda mais o conteúdo gramatical, peça aos alunos que encontrem mais nove casos de verbos no infinitivo no guia de estudo (*to develop; to remember; to pay attention; to write down; to write notes; to remember; to keep track; to remember; to study*).

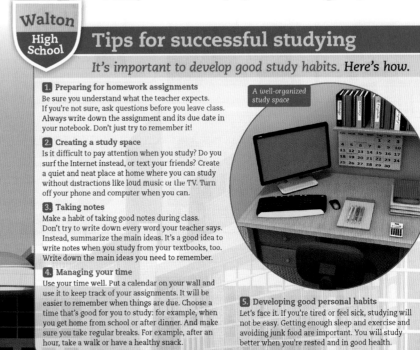

2

Reading A study guide for new students

(1.18) **1.** Read the study guide. Which study habits do you practice?

2. [Understand meaning from context] After reading the study guide, choose the word or phrase with a similar meaning.

1. <u>Distractions</u> are things that make studying …
   a. easier.　　　　　(b.) more difficult.　　　　c. more boring.

2. To <u>summarize</u> something means to …
   a. study it carefully.　　b. write down every word.　　(c.) write down only the main ideas

3. Being <u>organized</u> means …
   (a.) not being messy.　　b. being messy.　　　c. being tired.

4. <u>Taking a break</u> means …
   (a.) stopping for a short time.　b. continuing what you are doing.　c. choosing a time to study.

5. <u>Developing a habit</u> means … a new way to do something.
   a. teaching　　　b. forgetting　　　(c.) learning

Walton High School

Tips for successful studying

It's important to develop good study habits. **Here's how.**

1. Preparing for homework assignments
Be sure you understand what the teacher expects. If you're not sure, ask questions before you leave class. Always write down the assignment and its due date in your notebook. Don't just try to remember it!

2. Creating a study space
Is it difficult to pay attention when you study? Do you surf the Internet instead, or text your friends? Create a quiet and neat place at home where you can study without distractions like loud music or the TV. Turn off your phone and computer when you can.

A well-organized study space

3. Taking notes
Make a habit of taking good notes during class. Don't try to write down every word your teacher says. Instead, summarize the main ideas. It's a good idea to write notes when you study from your textbooks, too. Write down the main ideas you need to remember.

4. Managing your time
Use your time well. Put a calendar on your wall and use it to keep track of your assignments. It will be easier to remember when things are due. Choose a time that's good for you to study: for example, when you get home from school or after dinner. And make sure you take regular breaks. For example, after an hour, take a walk or have a healthy snack.

5. Developing good personal habits
Let's face it. If you're tired or feel sick, studying will not be easy. Getting enough sleep and exercise and avoiding junk food are important. You will study better when you're rested and in good health.

20

3. **Skim for content** Write the paragraph number where you can find the following ideas.

1. It's not a bad idea to pay attention to your health. __5__
2. It's better to pay attention to main ideas. __3__
3. It's a good idea to know what your teacher expects. __1__
4. It's smart to have a special place for studying. __2__
5. It's important to plan your study time. __4__

About you! In your notebook, write the suggestions you think are the most useful. Explain why.

Teen2Teen

Compare your good and bad habits

1.19 **1.** Read and listen to the conversation.

A Do you have any bad habits?

B Of course! Everyone has some bad habits.

A That's true. But what's your worst habit?

B Let me think. I eat too much junk food. What's yours?

A Well, I hate to say it, but I never save money.

B That's not so bad. I'm sure you have some good habits, too.

A I do. I always try to get plenty of exercise. What about you?

B Me? I have pretty good study habits.

1.20 **2.** **Pronunciation** Listen and repeat.

3. **Guided conversation** On the notepad, write one of your bad habits and one of your good habits. Then create a NEW conversation, using your own habits.

A Do you have any bad habits?

B Of course! Everyone has some bad habits.

A That's true. But what's your worst habit?

B Let me think. I _____. What's yours?

A Well, I hate to say it, but I _____ .

B That's not so bad. I'm sure you have some good habits, too.

A I do. I _____. What about you?

B Me? I _____ .

Your bad habits
I don't get enough sleep.

Your good habits
I have good study habits.

Your bad habits

Your good habits

A
B Read your new conversation with your partner. Then read the conversation in your partner's book.

21

Sugestão

O *About you* pode ser feito como uma atividade de conversação, nas turmas em que isso parecer apropriado. Como alternativa, você pode pedir que os alunos leiam o que escreveram no caderno.

About you!

- Peça aos alunos para marcarem quais hábitos de estudo eles praticam e falarem sobre isso com um colega.
- Em seguida, reúna a turma e pergunte quais hábitos eles acham mais proveitosos.
- Pergunte *Is it difficult to change study habits? E.g., to become organized if you are usually disorganized or try to write an assignment ahead of time if you usually do assignments at the last minute.* Convide-os a dar opiniões a respeito do tópico.

RESPOSTA
Resposta pessoal

Atividade extra de extensão (turmas mais avançadas)

- Os alunos devem criar uma sexta dica para ser acrescentada ao artigo. Primeiro, em duplas, eles discutem outros hábitos. Em seguida escrevem um parágrafo curto. Lembre-os de consultarem a tabela de gramática e encoraje-os a utilizar os verbos no infinitivo quando for apropriado. Ande pela sala e ajude-os, se necessário.

Teen2Teen

Objetivo

Praticar a linguagem social para comparar bons e maus hábitos.

Aquecimento

Como aquecimento, revise os bons e maus hábitos apresentados na unidade (por exemplo, *Good: eating healthy food, getting exercise; Bad: staying up late, being lazy*). Crie duas colunas intituladas *good habits*

e *bad habits* e peça que os alunos deem mais sugestões, que não tenham sido mencionadas na unidade, para acrescentar à lista. Não apague a lista do quadro, pois ela será utilizada posteriormente.

Exercício 1 🎧 1•19

- Toque o CD ou leia o diálogo em voz alta para que os alunos acompanhem.
- Ressalte que a expressão *Let me think* significa *give me a few minutes to think of something*. Quando A diz *I hate to say it*, significa que ela tem vergonha de admitir que não faz determinada coisa.
- **Opção:** Para revisar o conteúdo gramatical da unidade, peça aos alunos que encontrem dois exemplos de infinitivo no diálogo (*hate to say it, try to get*).

Exercício 2 🎧 1•20

- Toque o CD ou leia cada linha do diálogo em voz alta, dando tempo para que os alunos as repitam. Faça isso primeiro com a turma inteira, depois peça aos alunos que repitam o exercício individualmente.

Exercício 3

- Leia o enunciado em voz alta. Dê tempo para que os alunos escrevam. Diga-lhes que podem consultar o quadro.
- Esclareça que a primeira lacuna deve ser preenchida com um mau hábito para B, e a segunda lacuna com um mau hábito para A. A terceira lacuna deve ser preenchida com um bom hábito para A, e a quarta com um bom hábito para B.
- Enquanto os alunos preenchem as lacunas, ande pela sala e ajude-os, se necessário.

Chat

- Os alunos trabalham em duplas para praticar a leitura dos diálogos que escreveram juntos.
- **Opção:** Peça a voluntários que leiam seus diálogos para toda a turma. Anote quem participou e faça com que todos os alunos leiam seus diálogos no decorrer das aulas.

Extensão
Writing página 90

Apoio complementar
Extra Practice CD-ROM
Workbook páginas W5–W7
Grammar Worksheet 2
Vocabulary Worksheet 2
Reading Worksheet 2
Video: Teen Snapshot Unit 2
Unit 2 Tests A and B

Unit 3

Grammar
Comparisons with *as … as*

used to / didn't use to

Vocabulary
Expressions for talking about the past

Social language
Compare how you were when you were little

Values and cross-curricular topics
Sociedade

Índice de conteúdo da unidade
Examine o índice de conteúdo da unidade, na parte superior da página do Student Book. Lembre os alunos de que irão avaliar seu próprio desempenho ao final da *Review: Units 1–3*.

Topic Snapshot

Objetivo
Explorar o tema da unidade, fazendo uso dos exemplos de gramática, de vocabulário e de linguagem social em contexto.

Aquecimento
Diga aos alunos para abrirem o livro na página 9 para que se lembrem dos personagens da *Welcome* unit. Peça-lhes que olhem o mapa e identifiquem a cidade e o país de origem de cada personagem:

Abby: Chicago, United States
Carmela: Rome, Italy
Jose Luis: Quito, Ecuador
Sebastian: Cordoba, Argentina
Chen: Shanghai, China

Enfatize que todos utilizam o inglês para escrever no blog *Teen2Teen* Friends.

Exercício 1 🔊 1·21
- Pergunte *Does anyone here have a blog?* Se a resposta for positiva, pergunte *what kind*. Caso ninguém tenha um blog, pergunte *Who here reads blogs? What kind?* Dê exemplos de diferentes tipos de blogs no quadro (*news*, *travel*, *personal*, *educational*, *hobby*, etc.).
- Peça aos alunos para examinarem a foto e identificarem quem está escrevendo no *Teen2Teen Friends* hoje (*Abby*).
- Chame atenção para o termo *open question*, no blog. Explique que uma pergunta aberta não pede uma resposta do tipo *sim* ou *não*. Nesses casos, a resposta pode variar.
- Concentre-se nas fotos. Pergunte *What is the blog probably about?* (*Chicago*). *Has anyone here ever been to Chicago?*

Things used to be different.

Grammar: Comparisons with *as … as* • *used to / didn't use to*
Vocabulary: Expressions for talking about the past
Social language: Compare how you were when you were little

Topic Snapshot

1. **Read and listen to the post.**

Open question: What was your city like years ago?

Abby Morgan Hi, everyone! I'm new to Teen2Teen Friends. I'm posting from Chicago, in the United States. I asked my dad that question. Here's what he told me.

My dad says when he was a boy, Chicago used to have the second biggest population in the U.S., after New York City. That's why people gave Chicago the nickname "Second City." Today, the population is getting smaller, and Chicago isn't as big as Los Angeles, the new "number two." But people still call Chicago "Second City."

My dad also says Chicago wasn't as awesome as it is now. For example, it didn't use to have Millennium Park. Today, the park is one of Chicago's greatest tourist attractions. It's huge and has incredible sculptures, like the famous Cloud Gate. I posted a picture. Is that cool or what?

Our city's tallest building, the Willis Tower, used to be the tallest building in the world. However, today it isn't as tall as some skyscrapers in other countries.

One thing that's still the same, though, is the weather. In the winter, Chicago can get very, very cold and windy. That's because it's next to a huge lake called Lake Michigan. As a matter of fact, Chicago has another nickname in addition to "Second City." Everyone calls it the "Windy City." But in the summer, when it's really hot, the wind from the lake helps keep things cooler!

Chicago is on Lake Michigan – beautiful!

Cloud Gate in Millennium Park

The Willis Tower used to be the world's tallest skyscraper.

2. **Read each statement. Write *In the past*, *Today*, or *Both*.**

1. Chicago is the second largest city in the U.S. _In the past_
2. People call Chicago "Second City." _Both_
3. Chicago has the tallest skyscraper in the world. _In the past_
4. Chicago is very cold in the winter. _Both_
5. Los Angeles has more people than Chicago. _Today_
6. People visit Cloud Gate in Millennium Park. _Today_

22

- Toque o CD ou leia o artigo em voz alta; os alunos acompanham no próprio livro.
- Tire dúvidas de vocabulário, se necessário. Explique que no inglês falado, especialmente entre jovens, exclamações costumam tomar o seguinte formato: *Is that cool or what? / Is that bad or what? / Is that stupid or what?* O formato é semelhante ao da pergunta negativa, que presume que a outra pessoa vai concordar com você.
- Pergunte *What is a skyscraper?* Encoraje-os a olharem a foto e o contexto do terceiro parágrafo. Se tiverem dificuldade, pergunte *Is a skyscraper a building or a city?* Se responderem *building*, pergunte *Is it a tall building or a short building?* Explique que a palavra *scrape* significa *scratch*. A skyscraper is so tall it scratches the sky.

Exercício 2
- Pergunte *Does the post describe the past?* (*yes*) *The present?* (*yes*).

- Leia o enunciado em voz alta. Diga aos alunos que eles precisam indicar se a frase foi verdade no passado, é verdade hoje, ou ambos. Peça a um aluno que leia o exemplo. Os alunos devem consultar o artigo e encontrar o trecho que embasa a resposta (primeira e segunda frase do primeiro parágrafo.).
- Diga aos alunos que eles devem tentar responder sem consultar o blog. Depois eles podem consultá-lo para tirar as duvidas.
- Peça aos alunos que completem os exercícios e comparem as respostas em duplas.
- Depois, confira as respostas com a turma.

Grammar Comparisons with *as … as*

1. Study the grammar.

Use *as* + adjective + *as* to say that two things are equal or the same.
My classmates this year **are as nice as** my classmates last year.
Miami **is as hot as** New Orleans in August.

Use *not as* + adjective + *as* to say that two things are not equal or not the same.
Willis Tower in Chicago **isn't as tall as** One World Trade Center.
Jazz and classical music **aren't as popular as** hip-hop music.

Reminder

Comparative adjectives also show that things are not equal.

One World Trade Center is taller than Willis Tower.

🔊 **2.** **Pronunciation** Listen to the grammar examples. Repeat.

3. Look at the pictures. Write statements with *as … as* or *not as … as* and the adjective.

1. The U.S. state of Texas _isn't as large as_ the state of Alaska. (large)

2. The red motorcycle _isn't as modern as_ the blue one. (modern)

3. Michelle Williams, the movie actor, _is as tall as_ the actor Mila Kunis. (tall)

4. Playing golf _isn't as exciting as_ playing soccer. (exciting)

5. The weather in Montreal _is as cold as_ the weather in Edmonton this week. (cold)

6. Basketball player Jeremy Lin _isn't as big as_ player Kobe Bryant. (big)

4. Combine the statements with *as … as* and the correct form of *be*.

1. John's party on Friday was awesome. Peter's party on Saturday was awesome, too.
   Peter's party on Saturday _was as awesome as John's party on Friday_.

2. Nick's new dog is cuter than Mona's dog.
   Mona's dog _isn't as cute as Nick's new dog_.

3. Riding a bike in the street is more dangerous than riding a bike in the park.
   Riding a bike in the park _isn't as dangerous as riding a bike in the street_.

4. Drinking juice is healthier than drinking soda.
   Drinking soda _isn't as healthy as drinking juice_.

23

My classmates this year are as nice as my classmates last year.
Miami is as hot as New Orleans in August.
Willis Tower in Chicago isn't as tall as One World Trade Center.
Jazz and classical music aren't as popular as hip-hop music.

Apoio complementar
Referência Gramatical página 104

Atividade prática extra (todas as turmas)

- Os alunos devem consultar novamente o blog na página 22 e sublinhar três comparativos com *as … as* (*…Chicago isn't as big as Los Angeles…; …Chicago wasn't as awesome as it is now; …it isn't as tall as some skyscrapers…*).

Exercício 3

- Leia o enunciado em voz alta. Olhe o exemplo. Pergunte *What adjective are we going to use in the comparison?* (*large*) Pergunte *Which state is larger – Texas or Alaska?* (*Alaska*). Um voluntário deve ler a frase. Pergunte *Why do we need a negative here?* (*if we didn't use negative, the statement would mean that Texas and Alaska are the same size*).

- Peça que olhem as figuras e completem as frases.

- Confira as respostas com a turma e pergunte *Which ones are the same?* (*3 and 5*). *Which are different?* (*2, 4, 6*).

Exercício 4

- Leia o enunciado em voz alta. Peça a um voluntário que leia as duas frases. Pergunte *Was one party more awesome than the other?* (*no*).

- Para cada item, faça uma pergunta e peça que os alunos circulem a resposta: 2. *Which dog is cuter?* (*Nick's*); 3. *Which is more dangerous?* (*riding a bike in the street*); 4. *Which is healthier?* (*drinking juice*).

- Em seguida, peça aos alunos que escrevam suas frases.

- Eles devem comparar as respostas em duplas. Ande pela classe e ajude-os, se necessário.

- Depois, confira as respostas com a turma.

Apoio complementar
Extra Practice CD-ROM

Grammar

Objetivo

Praticar comparações utilizando *as … as*

Apoio de gramática
Interactive Grammar Presentation

Exercício 1

- Antes de os alunos abrirem os livros, desenhe dois bonecos palito chamados *Mike* e *Peter*. Eles devem ter a mesma altura. Desenhe Mike sorrindo e Peter com uma carinha triste. Pergunte *Who is taller?* (*they are both the same height*). Escreva no quadro: *Mike is as tall as Peter.* Pergunte *Who is happier?* (*Mike*). Escreva no quadro, para completar: _____ *isn't as happy as* _____ (*Peter, Mike*). Explique que vocês aprenderão a fazer comparações com *as … as*.

- Leia a primeira regra gramatical. Sugira e peça mais exemplos, como, *This classroom is as big as the classroom across the hall.*

- Leia a segunda regra gramatical. Sugira e peça mais exemplos, como, *The weather isn't as warm as it was yesterday.*

- Leia a observação no tópico *Reminder*. Revise formas de comparação entre duas coisas diferentes. Mostre novamente a figura no quadro. Diga *Mike is happier than Peter.*

Exercício 2 🔊 1•22

- Toque o CD ou leia os exemplos de gramática em voz alta para que os alunos os repitam.

- Em seguida, toque ou leia novamente cada item. Mostre que, em comparações com *as … as,* a ênfase está no adjetivo que fica entre os dois *as*: *as nice as; isn't as tall as; as popular as.*

Grammar

Objetivo

Praticar *used to / didn't use to*

| Apoio de gramática
| Interactive Grammar Presentation

Exercício 1

- Concentre-se na foto. Peça a um voluntário que escreva a frase no balão de diálogo. Pergunte *Is his favorite sport now volleyball?* (no). *Was his favorite sport volleyball in the past?* (yes) *What is his favorite sport now?* (soccer).

- Leia a primeira regra gramatical e o exemplo. Pergunte *Is Chicago still the second biggest city in the U.S.?* (no). Leia a segunda regra e o exemplo. Pergunte *Did the person like fish in the past?* (no). Leia a terceira regra e o exemplo.

- Leia as *Language tips* e os exemplos. Para avaliar os alunos, escreva a seguinte frase no quadro:
  I used to live in Paris.
  Peça a um voluntário que escreva a frase na negativa (*I didn't use to live in Paris*) e a outro, que escreva a interrogativa *Did you use to live in Paris?* Enfatize que as formas negativa e interrogativa sempre utilizam *use to*, e não *used to*.

Exercício 2 🔊 1·23

- Toque o CD ou leia os exemplos de gramática em voz alta para que os alunos os repitam.

- Em seguida, toque ou leia novamente cada item. Mostre que, diferente do verbo *use*, em que o "s" tem som de /z/, em *used to* e *didn't use to* o "s" tem o som /s/. Você pode mostrar que /'juːst tu/, em inglês falado informal, costuma virar /'juːst tə/:

| ROTEIRO DE ÁUDIO 1·23 |

Chicago used to be the second biggest city in the U.S.
I didn't use to like fish, but now I love it.
Did you use to take the bus to soccer games?

| Apoio complementar
| Referência Gramatical página 104

Atividade prática extra (todas as turmas)

- Peça aos alunos que voltem ao diálogo da página 22 e sublinhem quatro exemplos de *used to* (...*Chicago used to have...; ...it didn't use to have...; ...used to be the tallest building; The Willis Tower used to be...*).

Atividade extra de extensão (turmas mais avançadas)

- Peça aos alunos que olhem o Exercício 2, na página 22, e reescrevam as frases 1, 3, 5 e 6 com *used to* ou *didn't use to*, dependendo do que era verdade

no passado (1. *used to be*; 3. *used to have*; 5. *didn't use to have*; 6. *didn't use to visit*).

- Depois, confira as respostas com a turma.

Exercício 3

- Leia o enunciado em voz alta. Diga aos alunos que devem tomar cuidado com as formas afirmativas e interrogativas.

- Após completarem o exercício, peça que comparem suas respostas em duplas.

- Depois, confira as respostas com a turma.

Exercício 4

- Leia o enunciado em voz alta. Pergunte *Which of the items are affirmative statements?* (1, 6). *Which are questions?* (2, 4, 5). *Which are negative?* (3, 5).

- Dê alguns minutos para que completem o exercício. Em seguida, peça que comparem as respostas em duplas. Lembre-os de corrigirem os erros, se houver.

- Depois, confira as respostas com a turma.

Exercício 5

- Diga aos alunos que eles terão que ler a frase, pensar sobre o significado dela e então decidir qual a forma correta, *used to* ou *didn't use to*.

- Peça aos alunos para olharem o exemplo. Diga-lhes que terão de perceber que antes dos carros, as pessoas se locomoviam em cavalos, de modo que a forma correta aqui é a afirmativa.

- Eles trabalham em duplas para interpretar as perguntas e escrever as respostas.

- Depois, confira as respostas.

| Apoio complementar
| Extra Practice CD-ROM

3

Grammar *used to / didn't use to*

1. **Study the grammar.**

> Use *used to* + a base form of a verb for things in the past that are different now.
> Chicago **used to be** the second biggest city in the U.S.

> Use *didn't use to* + a base form for negative statements.
> I **didn't use to like** eating fish, but now I love it.

> Use *Did* + *use to* + a base form for questions.
> **Did** you **use to take** the bus to soccer games? (Yes, I did./No, I didn't.)

> I **used to love** volleyball. But now my favorite sport is soccer.

Language tips

- Write *used to*, not *use to*, for affirmative statements.
  I used to play soccer. NOT *I use to play soccer.*
- Write *use to*, not *used to*, for negative statements and questions.
  She didn't use to wear jeans. NOT *She didn't used to wear jeans.*
  Did you use to go running every day? NOT *Did you used to go running every day?*

(1·23) 2. **Pronunciation** Listen to the grammar examples. Repeat.

3. **Circle the correct answers to complete the statements.**

  1. Mexico City use to / used to be the largest city in the world, but now Tokyo is the largest.
  2. There use to / used to be a lot more fish in the ocean than there are now.
  3. I didn't use to / used to have good study habits, but now I do.
  4. Brasilia didn't use to / used to be the capital of Brazil. Until 1960, the capital was Rio de Janeiro.
  5. People didn't use to / used to have computers in their homes.
  6. Did computers use to / used to be a lot bigger than they are now?

4. **Read the statements and questions with *used to*. Write a check mark for the correct statements. Write an X for the incorrect ones. Correct the errors.**

  1. The weather use to [used to] be cooler than it is today. [X]
  2. Did your grandma used to [use to] wear pants to school? [X]
  3. The school band didn't used to [didn't use to] wear special uniforms, but now they do. [X]
  4. Did your parents use to save money when they were young? [✓]
  5. Didn't you use to like vegetables when you were little? [✓]
  6. Their family use to [used to] live in Italy, but now they live here. [X]

5. **Complete the statements, using *used to* or *didn't use to*.**

  1. Before there were cars, many people <u>used to ride</u> (ride) horses.
  2. Most kids <u>didn't use to have</u> (have) smartphones. Now a lot of people do.
  3. In the past, most people <u>didn't use to live</u> (live) in cities, but now a lot of people do.
  4. Before e-mail and texting, people <u>used to write</u> (write) letters to their friends by hand.
  5. Outside Japan, most people <u>didn't use to eat</u> (eat) sushi. Now it's popular everywhere.

24

Vocabulary Expressions for talking about the past

(1.24)) 1. Look at the photos. Read and listen.

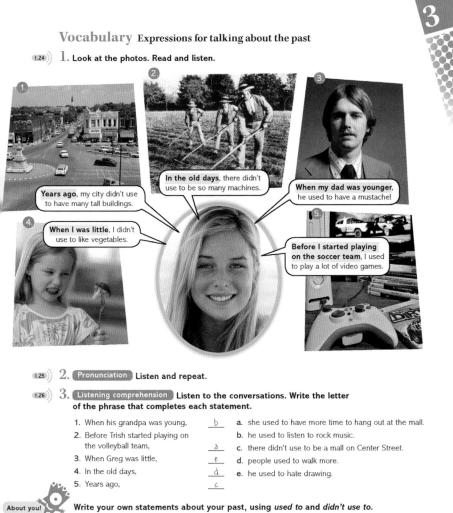

Years ago, my city didn't use to have many tall buildings.

In the old days, there didn't use to be so many machines.

When my dad was younger, he used to have a mustache!

When I was little, I didn't use to like vegetables.

Before I started playing on the soccer team, I used to play a lot of video games.

(1.25)) 2. Pronunciation Listen and repeat.

(1.26)) 3. Listening comprehension Listen to the conversations. Write the letter of the phrase that completes each statement.

1. When his grandpa was young,	b	a. she used to have more time to hang out at the mall.
2. Before Trish started playing on the volleyball team,	a	b. he used to listen to rock music.
3. When Greg was little,	e	c. there didn't use to be a mall on Center Street.
4. In the old days,	d	d. people used to walk more.
5. Years ago,	c	e. he used to hate drawing.

About you! Write your own statements about your past, using *used to* and *didn't use to.*

1. When I was little, _____ .
2. When my _____ was younger, _____ .
3. In the old days, _____ .
4. Years ago, _____ .
5. Before I started going to school, _____ .

25

Vocabulary

Objetivo
Praticar expressões para falar sobre o passado.

Aquecimento
Como aquecimento, os alunos abrem o livro na página 22 e leem a pergunta no blog: *What was your city like years ago?* Pergunte *What does "years ago" mean?* (*It means many years in the past*). Explique que é uma expressão utilizada ao falar sobre o passado. Solicite respostas para essa pergunta e encoraje-os a utilizar *used to / didn't use to* (por exemplo, *Years ago, my city* (Nome) *didn't use to have any malls or supermarkets*).

Exercício 1 (1·24)
• Peça aos alunos para procurarem, no Exercício 1, mais expressões sobre o passado.

• Toque o CD ou leia as frases em voz alta e peça que os alunos acompanhem.

• Em seguida, peça aos alunos que olhem as figuras e produzam frases adicionais, por exemplo, 1. *Buildings didn't use to have more than a few floors*. Solicite que voluntários sugiram mais frases com *use to / didn't use to* para as próximas expressões.

Exercício 2 (1·25)
• Toque o CD ou leia as frases em voz alta para que os alunos as repitam.

• Ressalte a pausa após cada expressão em negrito. Mostre a vírgula após a expressão escrita no livro.

• **Opção:** Você pode dizer aos alunos que as expressões em negrito também podem aparecer ao final de cada frase sem a vírgula. Solicite que alguns voluntários invertam a ordem, por exemplo, *My city didn't use to have any tall buildings **years ago***.

Exercício 3 (1·26)
• Leia o enunciado em voz alta. Diga aos alunos que há uma pergunta para cada diálogo. Explique que ouvirão o diálogo duas vezes, para que confiram as respostas. Lembre-os de prestarem atenção nas expressões que apareceram no Exercício 1.

• Toque o CD uma vez ou leia o roteiro de áudio em voz alta. Tire dúvidas de vocabulário conforme a necessidade. Em seguida, os alunos devem ouvir mais uma vez e checar as respostas.

• **Opção:** Os alunos ouvem o Diálogo 4 novamente e respondem:
– *Did there use to be buses and cars when Tina's mom was young?* (*yes*).
– *How did people use to get everywhere a hundred years ago?* (*by walking or using horses*).

ROTEIRO DE ÁUDIO 1·26 PÁGINA 105

Sugestão
O *About you* pode ser feito como uma atividade de conversação, nas turmas em que isso parecer apropriado. Como alternativa, você pode pedir que os alunos leiam o que escreveram no caderno.

About you!
• Leia o enunciado em voz alta e peça para os alunos fazerem uma leitura rápida (*skim*) dos enunciados. Esclareça que, no item 2, os alunos devem preencher a primeira lacuna com um membro da família, idealmente alguém de uma geração diferente (por exemplo, *my mother, grandfather, great-uncle*). Encoraje-os a utilizar as formas afirmativa e negativa de *used to*. No entanto, explique que essas expressões também poderiam ser utilizadas com outras formas do passado (por exemplo, *When my dad was younger, he was very thin*).

• Peça que comparem as respostas em duplas.

• Por fim, reúna a turma e peça que compartilhem as respostas.

RESPOSTA
Resposta pessoal

| Apoio complementar
Extra Practice CD-ROM

Reading

Objetivo

Desenvolver habilidades de leitura: linha do tempo.

Aquecimento

Pergunte *Who's writing on the Teen2Teen blog?* (*Abby again*). *Where is she from?* (*Chicago*).

Lembre aos alunos que uma pergunta aberta não pede uma resposta *sim / não*. A resposta pode variar.

Exercício 1 🎵 1·27

- Leia o enunciado e a pergunta em voz alta. Explique que eles devem responder após a leitura do blog.
- Toque o CD ou leia o blog em voz alta; os alunos acompanham no livro.
- Tire as dúvidas de vocabulário que eles tiverem: *trends* (a direção em que alguma coisa muda ou se desenvolve); *bell-bottom pants* (calças cujas pernas ficam mais largas a partir do joelho até o calcanhar); *platform shoes* (sapatos com solas altas); *hoodies* (casacos com capuzes); *a decade* (um período de dez anos); *an app* (um programa que pode ser utilizado em um *smartphone* ou *tablet*).
- Pergunte *Which decades does this article talk about?* (*the 60s, 70s, 80s, 90s, and now*) e escreva essas décadas no quadro, verticalmente. Peça aos alunos que acrescentem alguns detalhes sobre cada década. Por exemplo, 60s: *clothes with wild colors*. Em seguida, volte à pergunta do enunciado.

RESPOSTA

People now wear fashions from the last six decades, and technology is becoming smaller and more portable.

Exercício 2

- **Skill / strategy:** *Skim for content.* Para revisar essa estratégia de leitura, pergunte *What is skimming?* (to quickly read a piece of writing to get *the general overview of the content*).
- Leia o enunciado em voz alta. Faça o número 1 para exemplificar. Pergunte *What are the key words in this statement we should skim for?* (*baggy clothes*). Peça aos alunos para lerem rapidamente (*skim*) os trechos e identificarem qual menciona roupas largas (*the 90s*).
- Os alunos devem completar o exercício individualmente.
- Depois, confira as respostas com a turma.

Reading A timeline

1. **Read the timeline. What are the main differences in fashion and technology now, compared with the past?**

2. **Skim for content** **After reading the timeline, write the letter of the decade to complete each statement.**

1. People used to wear baggy clothes … d	a. in the sixties.
2. Computers in people's homes were bigger than they are now … c	b. in the seventies.
3. People started listening to disco music … b	c. in the eighties.
4. Long hair for men became popular … a	d. in the nineties.

💡 **Open question:** How was life different in the past?

Abby: Hey, guys. Abby here again. Sometimes I think things aren't as interesting today as they were back in the 20th century. Check out this timeline of changing trends in fashion and technology!

The 60s
In the 1960s, men and women wore clothes with wild colors, and it was fashionable for men to have beards and mustaches and long hair. Computers were huge, and no one had one at home.

The 70s
In the 1970s, disco music was popular, and people wore bell-bottom pants and platform shoes, and men wore colorful suits. People didn't have cell phones, so they used to talk to their friends on the phone at home.

The 80s
In the 1980s, the decade of "big hair," young people started watching music videos on TV. People started buying computers for their homes, but they were much bigger than computers today.

The 90s
In the 1990s, young men and women started wearing baggy jeans and hoodies. People started using the Internet, and laptops started to become popular. People started to buy music on CDs, and they also used CDs to save documents on their computers.

FLOWER POWER

Now
Young people are wearing fashions from the last six decades. More and more people are using smartphones for communicating and apps for entertainment. People use flash drives with their computers instead of CDs. And computers are getting smaller and smaller. Tablet computers are becoming more popular than laptops.

26

Exercício 3

- **Skill / strategy:** *Scan for information.* Explique que essa estratégia de leitura consiste em encontrar informações sem ter de ler ou reler todo o texto, apenas buscando informações específicas nele.
- Mostre o exemplo. Diga que a primeira dica nas frases é *the seventies* – isso indica que se deve procurar pelo trecho *The 70s.* Peça que busquem, no trecho, as palavras *bell-bottom* e *platform* para encontrarem as demais.
- Sugira que, conforme o exemplo de *seventies,* os números podem não estar escritos por extenso no blog, por isso devem prestar atenção a isso quando estiverem buscando as informações.
- Os alunos devem buscar as respostas no blog. Instrua-os a sublinharem o local onde encontram as respostas. Ande pela classe e ajude-os, se necessário.
- Depois, confira as respostas com a turma.

Atividade prática extra (todas as turmas)

- Para praticar mais, diga aos alunos para buscarem palavras específicas no blog. Se necessário, escreva cada palavra no quadro. Dê a eles alguns minutos para encontrarem e circularem cada item:
  - *big computers*
  - *big hair*
  - *colorful suits*
  - *hoodies*
  - *huge computers*
  - *laptops*
  - *mustaches*
  - *tablet computers*
- Em seguida, confira as respostas.

3. [Scan for information] Complete each statement with the correct word or phrase.

1. In the seventies, people wore bell-bottom _pants_ and platform _shoes_ .
2. People now use _apps_ on their smartphones for entertainment.
3. People in the nineties started using _laptops_ and _the Internet_ . In the 21st century, tablet computers are becoming more popular.
4. People in the seventies started liking _disco_ music.
5. In the eighties, people started to watch _music videos_ on TV.

About you! In your notebook, write about some things that used to be different in the past.

Teen2Teen

Compare how you were when you were little

(1.28) **1. Read and listen to the conversation.**

- (A) So, what were you like when you were little?
- (B) Well, I used to be pretty shy.
- (A) You mean you weren't as talkative as you are now?
- (B) No, I wasn't. What about you? What were you like?
- (A) Me? I used to be kind of serious.
- (B) Really? Well, you're pretty funny now!

(1.29) **2. [Pronunciation] Listen and repeat.**

3. [Guided conversation] Choose a time in the past. Write it on the notepad. Then write two statements about yourself then and now. Use *used to* or *didn't use to*. Use your notepad to create a NEW conversation.

Adjectives

talkative
shy
funny
serious
good at …
bad at …

- (A) So, what were you like when you were little?
- (B) Well, I used to be pretty _____ .
- (A) You mean you weren't as _____ as you are now?
- (B) No, I wasn't. What about you? What were you like?
- (A) Me? I used to be kind of _____ .
- (B) Really? Well, you're pretty _____ now!

Time expression	THEN	NOW
When I was young	I used to be very funny.	I'm more serious.

(A)
(B)
Read your new conversation with your partner.
Then read the conversation in your partner's book.

27

Sugestão

O *About you* pode ser feito como uma atividade de conversação. Como alternativa, você pode pedir que os alunos leiam o que escreveram no caderno.

About you!

- Leia o enunciado em voz alta. Dê tempo para que anotem outras coisas que eram diferentes no passado. Diga-lhes que podem escrever sobre o passado ou sobre uma época antes de terem nascido: *People used to put film in cameras and develop it.*
- Desenhe uma linha do tempo:
  ← *60s 70s 80s 90s now*
- Os alunos compartilham ideias com a turma. Todos dão opiniões sobre em qual década cada ideia deve ficar. Observe que algumas sugestões podem abranger diversas décadas.

[RESPOSTA]
Resposta pessoal

Teen2Teen

Objetivo

Praticar a linguagem social para comparar suas características quando era pequeno.

Aquecimento

Escreva no quadro:
When I was little…
Continue a frase com uma lembrança da sua vida: *I used to live in a small apartment.* Esclareça dúvidas de vocabulário.
Pergunte *Do I still live in a small apartment?* (no). Confirme que *used to* expressa que algo era verdade no passado.

Exercício 1 (◉) 1·28

- Toque o CD ou leia o diálogo em voz alta; os alunos acompanham no próprio livro.
- Pergunte *What does "shy" mean?* (not talkative). Mostre a definição de *shy* na próxima linha. O termo *kind of* em *kind*

of serious é uma maneira informal de dizer *somewhat*.

- **Opção:** Para revisar o conteúdo gramatical da unidade, peça que os alunos encontrem dois exemplos de *used to* (*used to be pretty shy*; *used to be kind of serious*) e um exemplo de comparação utilizando *as … as* (*as talkative as*).

Exercício 2 (◉) 1·29

- Toque o CD ou leia cada linha do diálogo em voz alta, para que os alunos as repitam. Primeiro pratique cada linha com a turma inteira, depois peça que os alunos repitam individualmente.

Exercício 3

- Leia o enunciado e a lista de adjetivos em voz alta. Peça mais exemplos e escreva-os no quadro (por exemplo, *active, quiet, lazy*, etc.).
- Peça a um voluntário que leia os exemplos que escreveu no caderno. Ressalte que aquilo escrito após *Now* é o oposto do que está escrito após *Then*. Dê tempo para que os alunos escrevam.
- Estabeleça que a primeira e a segunda lacuna devem ser preenchidas com adjetivos que descrevam B. Explique que a primeira lacuna fala sobre o passado. Lembre-os de que a segunda lacuna deve estar no presente, e vem depois de uma negativa. A terceira e a quarta lacunas devem ser preenchidas com adjetivos que descrevam A. Mostre que a terceira lacuna fala sobre o passado, e a quarta, sobre o presente.
- Os alunos devem preencher as lacunas.
- Circule pela sala e ajude-os, se necessário.

Chat

- Os alunos devem trabalhar com um colega para praticar a leitura dos diálogos escritos por eles.
- **Opção:** Peça a voluntários que leiam seus diálogos para toda a turma.

| **Extensão**
Writing página 91

| **Apoio complementar**
Extra Practice CD-ROM
Workbook páginas W8–W10
Grammar Worksheet 3
Vocabulary Worksheet 3
Reading Worksheet 3
Video: Teen Snapshot Unit 3
Unit 3 Tests A and B

Review: Units 1–3

Objetivo

Revisar e personalizar a linguagem abordada nas *Units 1–3* e avaliar o progresso em relação aos objetivos propostos.

Sugestão

Explique que as próximas duas páginas revisarão o vocabulário que eles aprenderam até este ponto. Ao final da seção *Review*, eles terão uma ideia do progresso que fizeram nas diferentes categorias.

Explique que as observações a seguir dão dicas de como completar os exercícios de revisão em sala de aula. Sugira que outra opção seria completar os exercícios de revisão em casa. Você pode dar as respostas para que os alunos confiram se acertaram.

Exercício 1

- Leia o enunciado em voz alta. Peça aos alunos que leiam o diálogo individualmente, ou peça a dois alunos mais avançados para lerem para a turma.
- Os alunos devem completar a atividade individualmente. Encoraje-os a sublinhar os trechos que embasam suas respostas.
- Confira as respostas com a turma. Se alguém errar, ajude-o a encontrar o trecho com a resposta correta.
- **Opção:** Peça aos alunos que sublinhem todos os exemplos de verbos no infinitivo (*to start, to watch*) e circule todos os exemplos de verbos no gerúndio (*getting, feeling, doing, shopping, spending*). Pergunte:
  – *Can any of the infinitives be replaced by gerunds?* (yes – *"love watching"*).
  – *Can any of the gerunds be replaced with infinitives?* (yes – *"start to do"; "like to do"*).
  – *Why can't the gerund in the statement "I should stop spending all my money" be changed to an infinitive?* (the meaning would change – it would mean I need to physically stop and then spend all my money).

Exercício 2

- Leia o enunciado em voz alta.
- Dê tempo para que os alunos façam a correspondência entre o vocabulário e as figuras, e escrevam as formas corretas dos verbos no gerúndio.
- Confira as respostas com a turma.
- **Opção:** Pergunte *Which of the exercise items could take an infinitive form?* (3. *the verb "like" can take a gerund or an infinitive*).

Exercício 3

- Para revisar o gerúndio, escreva os verbos *sit, give* e *think* no quadro e peça

que voluntários preencham os verbos no gerúndio (*sitting, giving, thinking*).

- Peça aos alunos que completem o exercício. Certifique-se de que os alunos cortam o *e* em *have* e dobram o *t* em *get*.
- **Opção:** Revise a função sintática do gerúndio. Escreva *subject, direct object, after the verb "be", adjective + preposition expression* para que os alunos consultem. Então, peça a voluntários que identifiquem o uso do gerúndio em cada frase (1. *subject*, 2. *adjective + preposition expression*; 3. *subject*; 4. *direct object*; 5. *adjective + preposition expression*).

Exercício 4

- Dê tempo para que os alunos olhem cada frase e sublinhem as palavras que antecedem as opções. Isso os ajudará a escolherem as respostas corretas.
- Dê o seguinte exemplo: *want* é o verbo que antecede os itens. Pergunte *What form follows "want" – a gerund or an infinitive?* (*an infinitive*). Se necessário, os alunos devem consultar as tabelas nas páginas 12 e 18 para conferir as regras de gerúndio e infinitivo.
- Depois, confira as respostas com a turma.
- **Opção:** Pergunte *Can any items here take both a gerund and an infinitive?* (no).

Review: Units 1–3

1. Read the conversation. Choose the correct answer to each question.

Allie: I really need to start getting more sleep. I can't stand feeling tired all the time.
Scott: You should just go to bed earlier.
Allie: I can't. I have so much homework.
Scott: Do you start doing your homework as soon as you come home?
Allie: Not really. I usually leave it until the last minute. I know it's a bad habit, but I just like doing other things.
Scott: Like what?
Allie: Well, I love to watch TV, and I'm crazy about shopping online. But, actually, I know I should stop spending all my money on clothes. That's another bad habit!

1. What does Allie say she needs?
   a. To feel tired all the time.
   b. To get more sleep.
2. Who goes to bed too late?
   a. Scott.
   b. Allie.
3. Why can't Allie get to bed earlier?
   a. She comes home too late.
   b. She does her homework too late.
4. What does she love to buy online?
   a. Clothes.
   b. Computers.

2. Look at the pictures. Complete the statements with the gerund forms of the Vocabulary below.

put things together   invent things   solve puzzles   eat a lot of junk food

1. She's awesome at _inventing things_.
2. They're good at _solving puzzles_.
3. Amy and Emma like _eating a lot of junk food_.
4. They're great at _putting things together_.

3. Complete the statements with gerunds.

1. _Eating_ (eat) a lot of junk food is a bad habit.
2. My parents are great at _saving_ (save) money.
3. _Having_ (have) good study habits helps you do well at school.
4. We started _getting_ (get) plenty of exercise this year.
5. I'm not afraid of _speaking_ (speak) in front of a large audience.

4. Choose the correct verb phrases in each of the following statements.

1. If you want _to be_/ being an engineer, it's important _to be_/ being good at to put / _putting_ things together.
2. It's good _to get_/ getting enough sleep, especially if you need _to get_/ getting up early in the morning.
3. It's best _to be_/ being friendly if you want _to meet_/ meeting lots of new people.
4. I enjoy to travel / _traveling_, but I know it's ridiculous _to spend_/ spending a lot of money on trips.

28

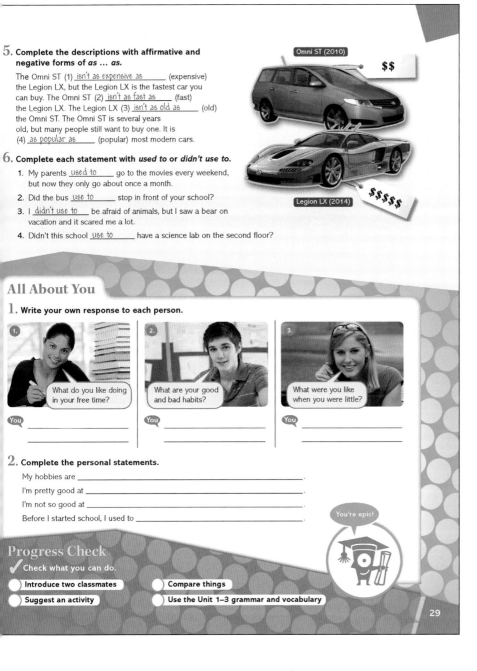

5. Complete the descriptions with affirmative and negative forms of *as … as*.

Omni ST (2010) $$

The Omni ST (1) _isn't as expensive as_ (expensive) the Legion LX, but the Legion LX is the fastest car you can buy. The Omni ST (2) _isn't as fast as_ (fast) the Legion LX. The Legion LX (3) _isn't as old as_ (old) the Omni ST. The Omni ST is several years old, but many people still want to buy one. It is (4) _as popular as_ (popular) most modern cars.

Legion LX (2014) $$$$$

6. Complete each statement with *used to* or *didn't use to*.

1. My parents _used to_ go to the movies every weekend, but now they only go about once a month.

2. Did the bus _use to_ stop in front of your school?

3. I _didn't use to_ be afraid of animals, but I saw a bear on vacation and it scared me a lot.

4. Didn't this school _use to_ have a science lab on the second floor?

All About You

1. Write your own response to each person.

1. What do you like doing in your free time?
You _____

2. What are your good and bad habits?
You _____

3. What were you like when you were little?
You _____

2. Complete the personal statements.

My hobbies are _____ .
I'm pretty good at _____ .
I'm not so good at _____ .
Before I started school, I used to _____ .

You're epic!

Progress Check
✓ Check what you can do.

- Introduce two classmates
- Suggest an activity
- Compare things
- Use the Unit 1–3 grammar and vocabulary

29

- Dê algum tempo para os alunos lerem os balões de diálogo e responderem. Se necessário, explique que o item 1 deve ser preenchido com talentos e *hobbies* e utilizando verbos no gerúndio e no infinitivo; o item 2 deve ser preenchido com bons e maus hábitos, também utilizando o gerúndio e o infinitivo; e o item 3 deve ser preenchido com expressões para falar do passado, utilizando *used to*.

RESPOSTA
Resposta pessoal

Exercício 2

- Peça que olhem para as frases incompletas. Mostre as duas frases do meio e pergunte *What form will follow "good at" and "not so good at"?* (*gerund*).
- Peça aos alunos que completem as frases.
- Em seguida, reúna a turma e peça a voluntários que compartilhem suas respostas. Veja se houve respostas diferentes para os últimos dois itens.

RESPOSTAS
Resposta pessoal

Progress Check

- Discuta em português as competências, revisando o conteúdo das *Units 1–3* nas páginas 10, 16 e 22, para verificar se todos compreendem cada um dos termos.
- Os alunos marcam os itens que conseguem fazer em inglês.
- Peça a um voluntário para ler a frase no balão de diálogo na parte inferior direita da página. Pergunte *What does it mean?* (*You're impressive*).

Sugestão

Para professores que estão usando a coleção pela primeira vez:

Como professor, você terá oportunidades mais formais de comentar o progresso dos alunos. Para estimular a responsabilidade, é melhor não corrigir a autoavaliação dos alunos, mesmo que você ache que deva fazê-lo, pois assim eles podem achar que a tarefa foi inútil. No entanto, você pode circular pela sala durante a atividade e fazer perguntas de maneira descontraída, para demonstrar que eles são capazes de realizar tudo o que marcaram.

Extensão
Cross-curricular Reading: Units 1–3 página 96
Teen2Teen Friends Magazine página 100

Apoio complementar
Video: Report Units 1–3

Exercício 5

- Antes de começar o exercício, diga-lhes para olharem a foto. Peça que comparem os dois carros (por exemplo, *the Omni isn't as attractive as the Legion LX; The Legion isn't as affordable as the Omni*).
- Leia o enunciado e peça aos alunos que completem o exercício. Diga-lhes para lerem o contexto do parágrafo para saber se devem usar a forma afirmativa ou a negativa. Ande pela sala e ajude-os, se necessário.
- Peça que comparem as respostas em duplas.
- Depois, confira as respostas com a turma. Pergunte *How do we know that the Omni is as popular as the Legion LX?* (*because the paragraph says "many people still want to buy one"*).

Exercício 6

- Leia o enunciado em voz alta. Aconselhe que leiam a frase inteira e pensem sobre o significado dela. Lembre-os de que a ortografia muda de acordo com as formas interrogativa e negativa.
- Confira as respostas com a turma.

All About You

Exercício 1

- Concentre-se no título. Explique que nesse trecho os alunos deverão responder com informações pessoais e utilizar o inglês para falar sobre si.

Unit 4

Grammar

The present perfect for indefinite past: statements

The present perfect: *yes / no* questions; *ever* and *never*

Vocabulary

Personality

Social language

Ask about and react to someone's experience

Values and cross-curricular topics

Personalidade

Índice de conteúdos da unidade

Examine o índice de conteúdos da unidade, na parte superior da página do Student Book. Lembre os alunos de que irão avaliar seu próprio desempenho ao final da seção *Review: Units 4–6*.

Vocabulary

Objetivo

Praticar substantivos e adjetivos para descrever a personalidade.

Exercício 1 ⊛ 1·30

- Se necessário, lembre-os de que um substantivo é o nome de uma pessoa, um lugar, ou uma coisa, e que um adjetivo descreve um substantivo.
- Explique que o primeiro grupo de palavras contém substantivos – eles identificam pessoas com certo tipo de personalidade. Mostre os artigos *a* e *an* ao lado dos substantivos.
- Peça a voluntários que leiam as frases. Pergunte *Which words describe you?*
- Explique que o segundo grupo de palavras contém adjetivos; eles descrevem substantivos.
- Peça a um voluntário que leia os itens 5 e 6. Pergunte *Which word does "calm" describe?* (person). *And the word "nervous"?* (person). Em seguida, peça a um voluntário que leia as últimas duas frases. Mostre que na segunda frase o adjetivo aparece no final da frase, após o verbo *is*.
- Concentre-se no quadro *And don't forget...* Um voluntário deve ler os adjetivos. Tire dúvidas de vocabulário conforme a necessidade. Pergunte *What is the opposite of "neat"?* (messy) *"Serious"?* (funny) *"Talkative"?* (shy).
- Toque o CD ou leia as frases em voz alta; os alunos acompanham no próprio livro.

Have you ever gone paragliding?

Grammar: The present perfect for indefinite past: statements • *yes / no* questions • *ever* and *never*
Vocabulary: Personality
Social language: Ask about and react to someone's experience

Vocabulary Personality

And don't forget ...
- neat
- serious
- talkative
- messy
- funny
- shy

(1·30)) 1. **Look at the pictures. Read and listen.**

Nouns

1. Nick is **an optimist**. He usually thinks things will be OK.
2. Olivia is **a pessimist**. She usually thinks things won't be OK.
3. Grace is **an extrovert**. She likes socializing with her friends.
4. Ryan is **an introvert**. He enjoys being alone.

Adjectives

5. Natalie is a **calm** person. She likes to sit quietly.
6. Andrew is a **nervous** person. It's hard for him to sit quietly.
7. Chris is a **cautious** person. He's not very adventurous and is afraid of new things.
8. David is pretty **brave**. He's usually not afraid of new or strange experiences.

(1·31)) 2. **Pronunciation** Listen and repeat.

(1·32)) 3. **Listening comprehension** Listen to the conversations. Circle the correct Vocabulary words.

1. She's pretty cautious / (brave) but he's (cautious) / brave.
2. She's calm / (nervous) but he's (calm) / nervous.
3. Lauren is an (extrovert) / introvert, but Emily is an extrovert / (introvert).
4. He's an optimist / (pessimist) but she's an (optimist) / pessimist.

4. **Complete each profile with the correct noun or adjective from the Vocabulary.**

1. Vanessa likes to eat the same thing every day. She's not very _brave_ when it comes to food!
2. Winston always makes his teammates feel better when they lose a game. He says "Don't worry! I'm sure we'll do great next time." He's such _an optimist_.
3. Fran is almost always _calm_. She's definitely not a nervous person.
4. Oscar is a good biker, but he has his first long bike ride tomorrow, so he's a little worried. He's always _cautious_ about new experiences.

30

Maneira de usar

Calm e *nervous* podem ser usados para descrever características de personalidade ou um estado temporário de humor. Você pode se sentir calmo (*calm*) ou ansioso (*nervous*), ou você pode ser uma pessoa calma ou ansiosa.

Exercício 2 ⊛ 1·31

- Toque o CD ou leia as palavras em voz alta para que os alunos as repitam.
- Mostre que cada um dos quatro substantivos tem três sílabas. A sílaba tônica é a primeira de cada palavra: *optimist*; *pessimist*; *extrovert*; *introvert*.

Exercício 3 ⊛ 1·32

- Leia o enunciado em voz alta. Explique aos alunos que eles irão ouvir o diálogo duas vezes. Oriente-os a usar um lápis para responder às perguntas na primeira vez.

- Toque o CD ou leia o roteiro de áudio em voz alta; os alunos escutam e escrevem as respostas a lápis. Então eles ouvem novamente e verificam as respostas, fazendo as devidas correções.
- Depois, confira as respostas com a turma.

ROTEIRO DE ÁUDIO 1·32 PÁGINA 105

Exercício 4

- Leia o enunciado em voz alta e peça aos alunos que completem as frases.
- Depois, confira as respostas com a turma. Para reforçar o conceito de substantivos e adjetivos, certifique-se de que os alunos usaram o artigo *an* no item 2.
- **Opção:** Mostre que muitas vezes os substantivos possuem uma forma adjetiva: *an optimist = optimistic; a pessimist = pessimistic; an extrovert = extroverted; an introvert = introverted*.

Apoio complementar
Extra Practice CD-ROM

Topic Snapshots

1.33 1. **Snapshot 1** Read and listen to the conversation in an English class in Bogota, Colombia.

Mr. Pinto: Diana, have you ever spoken English outside of English class?

Diana: Actually, no, Mr. Pinto. I haven't. It's not easy to find teenaged English speakers here!

Mr. Pinto: Well, have you met Soojin, the new student from South Korea? She just got here last week. She speaks English.

Diana: I've seen her. But I haven't spoken to her.

Mr. Pinto: Well, she doesn't speak much Spanish yet, but her English is pretty good. I'm sure she'd like to meet some people here.

Diana: Well, I'd like to speak to her, but speaking English is a little scary for me. I'm afraid of making mistakes.

Mr. Pinto: Diana, your English is excellent. And you're not a shy person. Be brave! Soojin won't care if you make a few mistakes. Believe me. She'll make some, too! Everything will be fine.

2. **Answer each question, according to the conversation.**

1. Does Diana usually speak English with people outside of class? _No_
2. Where is the new student from? _South Korea_
3. Has Diana seen her? _Yes_
4. What's Diana afraid of? _Making mistakes_
5. Is Diana an introvert? _No_
6. Is Mr. Pinto an optimist or a pessimist? _An optimist_

3. **Snapshot 2** How brave are **you**? Take the quiz and find out. Check *Yes* or *No*.

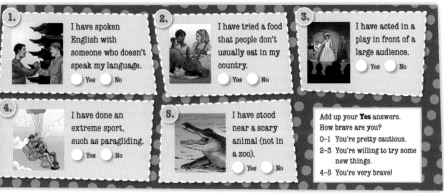

1. I have spoken English with someone who doesn't speak my language. ○ Yes ○ No
2. I have tried a food that people don't usually eat in my country. ○ Yes ○ No
3. I have acted in a play in front of a large audience. ○ Yes ○ No
4. I have done an extreme sport, such as paragliding. ○ Yes ○ No
5. I have stood near a scary animal (not in a zoo). ○ Yes ○ No

Add up your **Yes** answers. How brave are you?
0–1 You're pretty cautious.
2–3 You're willing to try some new things.
4–5 You're very brave!

About you! How many *yes* answers did you have? Do you think you are brave? _____

31

Topic Snapshots

Objetivo
Explorar o tema da unidade, fazendo uso dos exemplos de gramática, de vocabulário e de linguagem social em contexto.

Aquecimento
Para aquecer, pergunte *Where do you speak English? Do you ever speak English outside of class? Do you write English outside of class? For example, online?*

Exercício 1 Snapshot 1 🎧 1·33
- Toque o CD ou leia o diálogo em voz alta; os alunos acompanham no próprio livro.
- Concentre-se no termo *English speakers* (*people who speak English*). Explique a frase *Her English is pretty good* (*Her knowledge of the English language is pretty good*).

- Pergunte *Are you ever afraid of making mistakes in English?*

Exercício 2
- Leia o enunciado em voz alta.
- Os alunos devem completar a atividade individualmente. Encoraje-os a tentar responder sem consultar o diálogo. Em seguida, peça que preencham as lacunas.
- Reúna a turma e pergunte *Why is Mr. Ruiz an optimist?* (*because he assures Diana everything will be fine*).

Sugestão
Em um mundo onde mais de 80% das pessoas que falam inglês não são nativas, o idioma é frequentemente utilizado como o meio de comunicação entre dois falantes não nativos. Você pode usar esse diálogo para mostrar como o inglês pode conectar pessoas que não falam o mesmo idioma. Para muitos alunos, o inglês é algo de que vão precisar seja qual for a profissão ou a ocupação que escolherem, em seu país ou no exterior.

Exercício 3 Snapshot 2
- Pergunte *Do you think you are brave?* Pergunte à turma. Em seguida, peça a um voluntário que leia o enunciado *How brave are you?* Assegure-se de que os alunos compreendam que *how + brave* é uma pergunta sobre o grau de coragem, sobre o quão corajoso alguém é. Desenhe uma longa linha no quadro. Na extremidade da esquerda, escreva *not brave at all*, no meio, escreva *somewhat brave*, na extremidade da direita, *very brave*. Peça a cada aluno para escrever o nome em algum ponto da linha. Deixe a linha no quadro para consultar na seção *About you*, a seguir.
- Peça aos alunos para completarem o questionário.
- Em seguida, eles devem comparar as respostas em dupla.

Sugestão
O *About you* pode ser feito como uma atividade de conversação, nas turmas em que isso parecer apropriado. Como alternativa, você pode pedir que os alunos leiam o que escreveram no caderno.

About you!
- Faça a pergunta individualmente aos alunos. Anote os resultados e escreva no quadro.
- **Opção:** Peça aos alunos que revejam onde colocaram o nome na linha desenhada no quadro durante o aquecimento.

RESPOSTA
Resposta pessoal

Atividade prática extra (todas as turmas)
- Pergunte *What other situation, other than those listed in the quiz, could determine braveness?* (Por exemplo, *Walking up to someone to ask for or offer help*).
- Peça às duplas que criem mais quatro perguntas para o questionário. Então as duplas devem trocar os cadernos e responder às perguntas.
- Pergunte *How brave are you? Did your level of braveness change at all after answering these additional questions?* Convide-os a dar opiniões a respeito do tópico.

Grammar

Objetivo

Praticar o presente perfeito para falar de um passado indefinido: afirmações.

Apoio de gramática
Interactive Grammar Presentation

Exercício 1 🎧 1·34 / 1·35

- Desenhe no quadro um boneco-palito que está dizendo *I have visited New York*. Pergunte *Is he in New York now?* (*no*). *Do we know when he was in New York?* (*no*). Explique que utilizamos o presente perfeito para falar sobre uma época indefinida, não específica, do passado. Não apague o desenho do quadro.

- Leia a primeira regra e o exemplo. Escreva-a no quadro. Mostre que *has + acted* é a forma do presente perfeito.

- Leia a segunda regra e consulte o exemplo da primeira regra. Mostre que *acted* é o particípio do verbo *act*. Relembre que os verbos regulares têm o particípio terminado em *-ed*. Peça a alguns voluntários que leiam as frases afirmativas e negativas na tabela.

- Leia a última regra gramatical e os exemplos com particípios de verbos irregulares. Concentre-se nos *Irregular verbs* e em seus particípios, bem como nas *Contractions*. Peça aos alunos que leiam em voz baixa. Em seguida, toque o CD ou leia em voz alta, pedindo que eles repitam.

- Em seguida, toque ou leia novamente cada item.

ROTEIRO DE ÁUDIO 1·34
be → been, come → come, do → done, eat → eaten, get → gotten, go → gone, have → had, meet → met, see → seen, speak → spoken, take → taken, win → won

ROTEIRO DE ÁUDIO 1·35
We've gone. She's won.

- Por último, leia a observação em *Reminder* e o exemplo. Mostre novamente o boneco-palito no quadro. Escreva *He visited New York in 2005*. Pergunte *Do we know when specifically he visited New York?* (*yes, in 2005*). Explique que nesse caso deve-se utilizar o *simple past*. O presente perfeito é utilizado quando o tempo é indefinido.

- **Opção:** Os alunos sublinham todos os usos do presente perfeito no Exercício 3, Snapshot 2, página 31 (1. *have spoken*; 2. *have tried*; 3. *have acted*; 4. *have done*; 5. *have stood*). Pergunte quais são verbos regulares (*acted, tried*) e quais são irregulares (*spoken, done, stood*).

4

Grammar The present perfect for the indefinite past: statements

1. Study the grammar.

- Use the present perfect for actions that occurred and ended at an *indefinite time* in the past.
  Greg **has acted** in three plays. (indefinite time = we don't know exactly when)
- Form the present perfect with *have* or *has* and the past participle of a verb.
  For regular verbs, the past participle is the same form as the simple past tense.

Affirmative statements	Negative statements
I You We They **have chatted** with her before.	I You We They **haven't watched** many movies.
She **has looked** at the photos.	He **hasn't visited** Peru.

Many verbs have irregular past participles.

We've **eaten** snails.	We **haven't eaten** peanut butter.
He's **gone** paragliding.	He **hasn't gone** snorkeling.

1·34 Irregular verbs past participles

be	→ been	have	→ had
come	→ come	meet	→ met
do	→ done	see	→ seen
eat	→ eaten	speak	→ spoken
get	→ gotten	take	→ taken
go	→ gone	win	→ won

See page 114 for a complete list.

1·35 Contractions
We have gone. → We've gone.
She has won. → She's won.

Reminder

We use the simple past tense for actions that occurred and ended at a *definite* time in the past.

I posted a comment yesterday. (yesterday = a definite time)

1·36 **2.** **Pronunciation** Listen to the grammar examples. Repeat.

3. Choose the correct past participle of the irregular verb to complete the statements.

1. Our friends have (come)/ came to all our basketball games.
2. Matt's mom and dad have (gone)/ went kayaking once or twice, but I'm not sure when.
3. Your class hasn't took /(taken) the English test, right?
4. Melanie's family hasn't ate /(eaten) at the new American restaurant in town, but they are planning to.
5. All my classmates have (seen)/ saw the new *Transformers* movie. They say it's great.
6. I've spoke /(spoken) English to visitors to my country, but only a few times.

4. Complete the statements with the present perfect. Write full, not contracted, forms.

1. Our team _has scored_ (score) only two goals in the last three games.
2. My friend Len _has played_ (play) the piano in a few school concerts.
3. My sister _has written_ (write) several text messages to Laura, but
   Laura _hasn't gotten_ (get) any of them.
4. I _have chatted_ (chat) online with all of my friends this week.
5. Claire _has shopped_ (shop) at the downtown mall a few times this month.
6. My dad _has burned_ (burn) his hands in the kitchen two or three times.

32

Exercício 2 🎧 1·36

- Toque o CD ou leia os exemplos de gramática em voz alta para que os alunos os repitam.

- Em seguida, toque ou leia novamente cada item.

ROTEIRO DE ÁUDIO 1·36
Greg has acted in three plays.
You have chatted with her before.
She has looked at the photos.
You haven't watched many movies.
He hasn't visited Peru.
We've eaten snails.
He's gone paragliding.
We haven't eaten peanut butter.
He hasn't gone snorkeling.

Apoio complementar
Referência Gramatical página 105

Exercício 3

- Leia o enunciado em voz alta e peça para os alunos completarem o exercício individualmente. Consulte a tabela de gramática e a lista de verbos irregulares se for necessário.

- Depois, confira as respostas com a turma.

Exercício 4

- Leia o enunciado em voz alta e peça a um voluntário que leia o exemplo. O exercício pede que escrevam o particípio dos verbos entre parênteses e usem a forma correta de *have*.

- Peça para os alunos fazerem o exercício e compararem as respostas em duplas.

- Depois, confira as respostas com a turma.

Apoio complementar
Extra Practice CD-ROM

5. Circle the correct verbs. Choose the present perfect for indefinite times and the simple past tense for definite times.

1. I've gone / went camping twice. I have gone / went in 2013 with my aunt and uncle, and then I have gone / went again last weekend.
2. My parents haven't eaten / didn't eat snails. But I have eaten / ate them on Friday when I have gone / went to a French restaurant with my French class.
3. We have gone / went kayaking on our school trip two years ago. My brother hasn't gone / went kayaking, but he has gone / went mountain biking on his trip last year.
4. My cousin Tim has asked / asked his parents for a bike last year. They have given / gave him one on his birthday.
5. I have posted / posted on Teen2Teen Friends many times. But my sister hasn't ever done / didn't ever do that.

Grammar The present perfect: *yes* / *no* questions; *ever* and *never*

1. Study the grammar.

yes / no questions			Short answers					
Have	I you we they	ever **taken** this bus?	Yes,	I you we they	**have**.	No,	I you we they	**haven't**.
Has	he she it	**been** late a lot?	Yes,	he she it	**has**.	No,	he she it	**hasn't**.

We often use *ever* when we ask about someone's life experiences, especially to mean "in your entire life." You can answer with or without *never*.

Have you **ever** seen a grizzly bear?   No, I haven't. OR No, I **never** have.

 **Language tip** • Place *ever* before the past participle. Place *never* before *have* or *has*.

2. Unscramble the *yes* / *no* questions and complete the short answers.

1. **A:** Has your country ever won the World Cup? (the World Cup / your country / Has / won / ever)
   B: Yes, it has. (Yes)
2. **A:** Have you ever taken the train to the city? (the train / Have / taken / ever / to the city / you)
   B: Yes, I have. (Yes)
3. **A:** Has your teacher ever been to Europe? (to Europe / your teacher / Has / been / ever)
   B: No, she never has. (No / never)
4. **A:** Have you ever cooked for your parents? (cooked / you / ever / Have / for your parents)
   B: No, I haven't. (No)
5. **A:** Have you ever touched a tarantula? (a tarantula / touched / ever / Have / you)
   B: No, I never have. (No / never) I'm not brave enough! Have you?

(1.37) **3.** **Pronunciation** Listen to questions and answers from Exercise 2. Repeat.

33

Exercício 2

- Leia o enunciado em voz alta. Os alunos devem olhar as palavras fora de ordem no item 1 e o exemplo. Mostre como a pergunta começa com *Has*. Sugira que, em cada pergunta, *Has* ou *Have* é sempre a primeira palavra.
- Ande pela classe e ajude-os, se necessário. Diga aos alunos que podem consultar a tabela de gramática e a *Language tip*, se necessário.
- Depois, confira as respostas com a turma.

Exercício 3 🎧 1·37

- Toque o CD ou leia as perguntas e respostas em voz alta para que os alunos os repitam.
- Enfatize a entonação ascendente em perguntas com resposta do tipo *sim / não*.
- **Opção:** Em duplas, os alunos praticam a leitura das perguntas e respostas. Eles devem perguntar e dar respostas reais às perguntas. Lembre-os da entonação ascendente que deve ser utilizada para fazer perguntas.

ROTEIRO DE AUDIO 1·37

1. **A:** *Has your country ever won the World Cup?*
   B: *Yes, it has.*
2. **A:** *Have you ever taken the train to the city?*
   B: *Yes, I have.*
3. **A:** *Has your teacher ever been to Europe?*
   B: *No, she never has.*
4. **A:** *Have you ever cooked for your parents?*
   B: *No, I haven't.*
5. **A:** *Have you ever touched a tarantula?*
   B: *No, I never have. I'm not brave enough! Have you?*

Atividade prática extra (todas as turmas)

- Peça aos alunos que escrevam oito perguntas começando com *Have you ever...* (por exemplo, *Have you ever been in a play?; eaten squid?;* etc.) Em seguida, eles devem formar duplas e cada um faz as perguntas ao outro. Diga que eles podem pedir mais detalhes utilizando o *simple past*. Por exemplo, *When did you go there? Where did you eat it?* Reúna a turma e peça aos alunos que falem sobre as coisas que ouviram durante o exercício.

Apoio complementar
Extra Practice CD-ROM

Exercício 5

- Leia o enunciado e o exemplo em voz alta. Pergunte *What is the specific time in the past in this statement that indicates definite time?* (*in 2013, last weekend*).
- Os alunos devem fazer o exercício individualmente. Peça que embasem suas escolhas identificando referências temporais específicas que indiquem tempo definido e uso do *simple past* (2. *on Friday*; 3. *two years ago, last year*; 4. *last year, on his birthday*).

Grammar

Objetivo

Praticar o presente perfeito: respostas *sim / não; ever* e *never*.

Apoio de gramática
Interactive Grammar Presentation

Exercício 1

- Escreva no quadro:
  Have you ever eaten octopus?
  Pergunte *What form is this?* (*present perfect*). Peça aos alunos que respondam.
- Depois, peça que leiam as informações na tabela e, em seguida, leia a regra na parte inferior. Cada aluno deve fazer a segunda pergunta a um outro. Então reúna a turma e pergunte *Has anyone here ever seen a jaguar?* Se alguém responder afirmativamente, escreva no quadro: *Yes, I have.*
- Leia a *Language tip*.
- **Opção:** Peça aos alunos que sublinhem exemplos de perguntas com respostas do tipo *sim / não* e as respostas curtas no presente perfeito no Snapshot 1, página 31 (1....*have you ever spoken...*; 2....*no...I haven't*; 3....*have you met...*).

Apoio complementar
Referência Gramatical página 105

Reading

Objetivo

Desenvolver habilidades de leitura: uma entrevista no jornal da escola.

Aquecimento

Leia o título da entrevista. Pergunte *What do you think students do in an English club?* (por exemplo, *speak English; talk about English-speaking countries*). Não apague as respostas do quadro.

Exercício 1 ⊙ 1·38

- Leia o enunciado e a pergunta em voz alta. Explique que eles devem responder após a leitura da entrevista.
- Toque o CD ou leia a entrevista em voz alta; os alunos acompanham no próprio livro.
- Tire dúvidas de vocabulário conforme seja necessário: *on behalf of* significa que você está falando em nome de alguém (no caso, Ivan está falando em nome do English Club quando dá boas-vindas a Soojin); *baby of the family* refere-se ao caçula da família.
- Volte à pergunta do enunciado. Peça a um voluntário que a responda.
- Por último, pergunte *According to Soojin, what do students do in the English club?* (*they practice their English and have fun at the same time*).

RESPOSTA

Because Soojin doesn't speak much Spanish; it's a good opportunity to meet some people.

Atividade prática extra (todas as turmas)

- Os alunos leem a entrevista e sublinham todos os usos do presente perfeito (*Soojin has recently moved…; Have you ever traveled…; My parents have always been cautious; And have you made any new friends here?; Actually, I have; …she's introduced me…; Have you learned…?*).

Exercício 2

- **Skill / strategy:** *Confirm a text's content.* Apresente a estratégia de leitura. Explique que *to confirm something* significa mostrar que algo é verdade. Leia o enunciado em voz alta. Diga aos alunos que, ao completar o exercício, eles confirmarão que entenderam completamente a entrevista.
- Primeiro, eles devem tentar completar o exercício sem consultar a entrevista. Em seguida, peça que olhem a entrevista e confirmem as respostas. Peça aos alunos que sublinhem e numerem as seções que correspondem aos números dos itens (1. *She started here* (in Colombia) *at our school two weeks ago*; 2. …*my two older brothers*; 3. *I'm the baby*

Reading An interview in a school newsletter

1·38)) **1.** Read the interview. Why is English Club a good club for Soojin?

2. [Confirm a text's content] After reading the interview, circle T (true) or F (false).

1. This year, Soojin is studying at college in Seoul. T /**F**
2. Soojin has three brothers. T /**F**
3. She is the youngest child in the family. **T**/ F
4. Soojin's parents are in South Korea right now. T /**F**
5. Soojin hasn't met any new friends in Colombia. T /**F**
6. Soojin hasn't joined the English Club. T /**F**

Get to know Soojin Kim from Seoul, South Korea

English Club *Newsletter* March 25

Soojin has recently moved here with her family. Her father works at the South Korean consulate, so her family will live here for a few years. She started here at our school two weeks ago. Here's Ivan's interview with Soojin about her experiences.

Ivan: On behalf of English Club, Soojin, welcome to our school!

Soojin: Thanks! It's great to be here. Colombia is so cool!

Ivan: I'm glad you like it! So, Soojin, have you ever traveled outside of South Korea before?

Soojin: Actually, no. My parents have always been cautious about letting me travel. They're pretty nervous in general.

Ivan: Why do you think that is?

Soojin: Well, I'm the baby of the family. I think that's why they usually worry about me more than about my two older brothers. But because I came here with them, there's nothing for my parents to worry about now!

Ivan: That's good! Are your brothers here with you, too?

Soojin: No. They stayed in Seoul. They're both in college now.

Ivan: And have you made any new friends here?

Soojin: Actually, I have. Diana Ortiz invited me to English Club, and she's introduced me to a couple of the kids. It's great for all of us because we can practice our English and have fun at the same time!

Ivan: Have you learned any Spanish?

Soojin: A little. I started studying Spanish back in Seoul. But I'm more comfortable speaking in English. But it's still a little scary to use it in "real life." I'm not much of an extrovert, so it's hard, especially when I'm talking to new people!

Ivan: Well, it sounds to me like you're doing really well. We wish you the best, Soojin!

34

---

of the family; 4. *Soojin has recently moved here* (Colombia) *with her family*; 5. *And have you made any new friends here? Actually, I have. Diana Ortiz…*; 6. *Diana Ortiz invited me to English Club*).

- Depois, confira as respostas com a turma.
- **Opção:** Peça aos alunos que transformem as frases falsas em verdadeiras (1. …*at school in Colombia*; 2. *two brothers*; 3. *in Colombia*; 5. *has met*; 6. *has joined*).

Exercício 3

- **Skill / strategy:** *Find supporting details.* Primeiro, os alunos tentam completar o exercício sem consultar a entrevista. Em seguida, para ajudá-los a desenvolver a habilidade de encontrar trechos que corroboram as respostas, peça que apontem qual parte do texto pode embasar as respostas que deram. Olhe o exemplo. Peça-lhes para procurarem na entrevista palavras relacionadas à família (por exemplo, *children, brothers,*

---

sisters). A entrevista menciona dois irmãos mais velhos que Soojin, isto é, três filhos.

- Confira as respostas com a turma e peça que apontem os trechos (2. *Soojin mentions being the baby of the family and having two older brothers;* 3. *Soojin says her parents have always been very cautious;* 4. *Soojin says she is not much of an extrovert*).

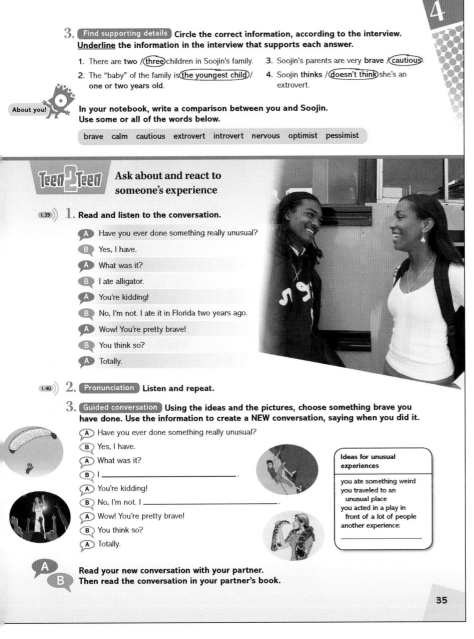

3. `Find supporting details` **Circle the correct information, according to the interview.**
<u>Underline</u> the information in the interview that supports each answer.

1. There are two /(three)children in Soojin's family.
2. The "baby" of the family is(the youngest child)/ one or two years old.
3. Soojin's parents are very brave /(cautious).
4. Soojin thinks /(doesn't think)she's an extrovert.

About you!

In your notebook, write a comparison between you and Soojin. Use some or all of the words below.

brave calm cautious extrovert introvert nervous optimist pessimist

Teen2Teen **Ask about and react to someone's experience**

1. Read and listen to the conversation.

A Have you ever done something really unusual?
B Yes, I have.
A What was it?
B I ate alligator.
A You're kidding!
B No, I'm not. I ate it in Florida two years ago.
A Wow! You're pretty brave!
B You think so?
A Totally.

2. `Pronunciation` **Listen and repeat.**

3. `Guided conversation` **Using the ideas and the pictures, choose something brave you have done. Use the information to create a NEW conversation, saying when you did it.**

A Have you ever done something really unusual?
B Yes, I have.
A What was it?
B I _____ .
A You're kidding!
B No, I'm not. I _____ .
A Wow! You're pretty brave!
B You think so?
A Totally.

Ideas for unusual experiences

you ate something weird
you traveled to an unusual place
you acted in a play in front of a lot of people
another experience:
_____

Read your new conversation with your partner.
Then read the conversation in your partner's book.

35

Sugestão

O *About you* pode ser feito como uma atividade de conversação, nas turmas em que isso parecer apropriado. Como alternativa, você pode pedir que os alunos leiam o que escreveram no caderno.

About you!

• Leia o enunciado em voz alta.
• Primeiro, peça aos alunos que desenhem duas colunas. Dê o exemplo no quadro. Em seguida, copie palavras da lista sob o nome correto (*Soojin: cautious, introvert, nervous, optimist*).
• Peça aos alunos que compartilhem suas comparações.
• **Opção:** Os alunos podem usar as listas para se compararem entre si.

`RESPOSTA`
Resposta pessoal

Teen2Teen

Objetivo

Perguntar sobre as experiências de alguém e reagir.

Aquecimento

Escreva no quadro:
A: *Have you ever done anything really brave?*
B: *Yes, I have. I saved a man's life!*

Peça a dois voluntários que leiam o exemplo acima. Explique que nesse diálogo alguém pergunta sobre a experiência de uma outra pessoa. Peça que os alunos demonstrem uma reação (por exemplo, *Really? Wow! You're kidding*).

Exercício 1 1•39

• Toque o CD ou leia o diálogo em voz alta; os alunos acompanham no próprio livro. Explique que *You're kidding* é uma maneira de demonstrar surpresa; *Totally* é um modo informal de concordar ou dizer que *sim*.

• **Opção:** Chame atenção para o passado perfeito no diálogo (*Have you ever done something really unusual?*; *Yes, I have*). Concentre-se na frase *I ate it in Florida two years ago*. Escreva *I have eaten it in Florida*. Pergunte *Does this sentence mean the same thing?* (*no, it's doesn't; it doesn't specify when*).

Exercício 2 1•40

• Toque o CD ou leia cada linha do diálogo em voz alta, dando tempo para que os alunos repitam. Primeiro pratique cada linha com a turma inteira, depois peça que os alunos repitam o diálogo individualmente.
• Revise a entonação ascendente para perguntas com resposta do tipo *sim / não*. Compare com a entonação descendente em *What was it?*.

Exercício 3

• Leia o enunciado em voz alta e explique aos alunos que agora eles irão criar seus próprios diálogos utilizando o Exercício 1 como modelo.
• Peça que olhem as figuras. Pergunte *Has anyone ever gone hang-gliding? Sung in front of an audience?* Peça a um voluntário que leia as *Ideas for unusual experiences*.
• Explique que a primeira lacuna deve ser preenchida com uma atividade peculiar; o momento específico em que isso ocorreu deve constar na segunda lacuna. Lembre-os de que na segunda lacuna eles devem utilizar o *simple past* com uma referência temporal.
• Peça aos alunos que completem as lacunas.

Chat

• Peça aos alunos para praticarem a leitura dos novos diálogos em duplas.
• **Opção:** Peça às duplas que leiam seus diálogos para toda a turma. Encoraje-os a escutar com atenção e peça que anotem a atividade peculiar e o momento em que ocorreu. Após cada diálogo, peça mais detalhes.

┃ Extensão
Writing página 91

┃ Apoio complementar
Extra Practice CD-ROM
Workbook páginas W11–W13
Grammar Worksheet 4
Vocabulary Worksheet 4
Reading Worksheet 4
Video: Teen Snapshot Unit 4
Unit 4 Tests A and B

Unit 5

Grammar
The present perfect: *already*, *yet*, and *just*
The present perfect with superlatives

Vocabulary
At the doctor or dentist
Ailments

Social language
Show concern

Values and cross-curricular topics
Saúde
Cuidar da saúde física

Índice de conteúdos da unidade
Examine o índice de conteúdos da unidade, na parte superior da página do Student Book. Lembre os alunos e que irão avaliar seu próprio desempenho ao final da seção *Review: Units 4–6*.

Vocabulary

Objetivo
Praticar frases usadas quando se vai ao médico ou ao dentista. Doenças.

> **Maneira de usar**
> *Been* e *gone* poderiam ser usados no título da unidade, ambos estão corretos. *Been* é mais coloquial. Outra maneira de dizer a mesma coisa seria: *Have you seen the doctor?*

Exercício 1 🔊 1·41
- Toque o CD ou leia as frases em voz alta; os alunos acompanham no próprio livro.
- Peça-lhes para olharem as fotos e fale sobre cada foto e cada frase. Verifique se eles compreendem o significado das frases. Pergunte *What is a rash?* (*a lot of red spots on the skin*).
- Peça a um voluntário que leia o quadro *And don't forget…* Explique que *to feel dizzy* significa sentir-se tonto.
- **Opção:** Pergunte *Has anyone had any of these ailments lately? Did you go to a doctor or dentist?*

> **Maneira de usar**
> Embora *have* e *get* sejam intercambiáveis quando se referem a procedimentos médicos, (*have an X-ray*, etc.), apenas *get* é utilizado para *get braces* e *get a filling*. *Check-up* é utilizando tanto para exames médicos quanto odontológicos.

---

5 / Have you been to the doctor yet?

Grammar: The present perfect: *already, yet,* and *just* • The present perfect with superlatives
Vocabulary: At the doctor or dentist; Ailments
Social language: Show concern

Vocabulary Going to the doctor or dentist

🔊 1·41 **1. Look at the photos. Read and listen.**

Ailments

And don't forget ...
- have a cold
- have a fever
- have the flu
- have a backache
- have a headache
- have a stomachache
- feel dizzy
- feel nauseous

1. have a sore throat   2. have a cough   3. have a rash   4. have a toothache

At the doctor or dentist

5. have a check-up   6. have a vaccination / have a shot   7. have an X-ray   8. take medicine

9. have a cleaning   10. get a filling   11. get braces

🔊 1·42 **2. Pronunciation Listen and repeat.**

🔊 1·43 **3. Listening comprehension Listen to the conversations. Complete each statement with the Vocabulary words.**
1. Naomi has an appointment for a _check-up_ .
2. Ellis has a bad _cough_ .
3. She has a _rash_ on her arms.
4. Clare needs one _shot_ today.
5. The _X-ray_ shows that he didn't break his arm.
6. He's not going to school because he has a _sore throat_ .

36

Exercício 2 🔊 1·42
- Toque o CD ou leia as frases em voz alta para que os alunos as repitam.
- Ressalte o som "f" em *cough*. Pergunte *Do you know any other words like this?* (*enough, laugh*).

> **Maneira de usar**
> A expressão formal para *shot* é *injection*, mas *shot* é mais coloquial. Um *shot* pode se referir a injeções ou a vacinas. A palavra *shot* significa utilizar uma agulha para injetar medicamentos. Não é utilizada para exames de sangue, porque nesse caso o sangue é extraído do corpo sem que nada lhe seja administrado. Outra palavra para *vaccination* é *inoculation*. Um sinônimo de *a check-up* é *a physical*.

Exercício 3 🔊 1·43
- Leia o enunciado em voz alta. Explique aos alunos que eles irão ouvir o diálogo duas vezes. Oriente-os a usar um lápis para responder às perguntas na primeira vez.
- Toque o CD ou leia o roteiro de áudio em voz alta; os alunos devem escutar e escrever as respostas a lápis. Então eles ouvem novamente e verificam as respostas, fazendo as devidas correções.
- Após completarem o exercício, os alunos devem comparar suas respostas em duplas.
- Depois, confira as respostas com a turma.

ROTEIRO DE ÁUDIO 1·43 PÁGINA 106

| Apoio complementar
Extra Practice CD-ROM

Topic Snapshots

1. **Snapshot 1** Read Dylan's form. Why has he come to see the doctor?

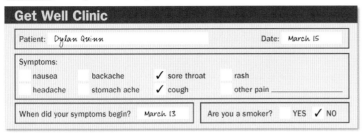

Get Well Clinic

| Patient: *Dylan Quinn* | Date: *March 15* |

Symptoms:

| ☐ nausea | ☐ backache | ✓ sore throat | ☐ rash |
| ☐ headache | ☐ stomach ache | ✓ cough | ☐ other pain _____ |

| When did your symptoms begin? *March 13* | Are you a smoker?   YES ✓ NO |

2. Answer each question about Dylan's form with a statement.

1. What's the date of Dylan's appointment? _It's March 15._
2. What are Dylan's symptoms? _He has a sore throat and a cough._
3. How many days ago did he get sick? _He got sick two days ago._

(1•44) **3.** **Snapshot 2** Read and listen to the conversation between Dylan and Dr. Jones.

Dr. Jones: Good morning, Dylan. Are you here for your yearly check-up today?

Dylan: No, actually, I'm not. I have a really bad sore throat and a cough. It's about the worst sore throat I've ever had.

Dr. Jones: Oh, I'm sorry to hear that. Let's have a look. Open wide and say "AH."

Dylan: AH.

Dr. Jones: Yeah, your throat is a little red. Have you taken any medicine?

Dylan: No, not yet.

Dr. Jones: OK, Dylan. I don't think you need to take any medicine. Stay home from school for a few days. Stay warm and drink a lot of liquid. Call me if you're not better in a day or two.

4. Read the conversation again. Circle T (true) or F (false).

1. Dylan came for a check-up. T /**F**
2. Dylan has no symptoms. T /**F**
3. The doctor looked at Dylan's throat. **T**/ F
4. She gave Dylan some medicine. T /**F**
5. She told Dylan to call if he's better. T /**F**

5. Correct the statements in Exercise 4 that are not true.

a. _1 – Dylan came because he has a bad sore throat._
b. _2 – Dylan has a sore throat and a cough._
c. _4 – The doctor didn't give Dylan any medicine._
d. _5 – She told Dylan to call if he's not better._

37

Topic Snapshots

Objetivo

Explorar o tema da unidade, fazendo uso dos exemplos de gramática, de vocabulário e de linguagem social em contexto.

Aquecimento

Escreva *clinic* no quadro. Se necessário, explique que *clinic* é um lugar onde as pessoas recebem tratamento médico, e às vezes fica dentro de um hospital. Pergunte *Where do you usually go for medical treatment?*

Exercício 1 Snapshot 1

- Leia o enunciado e a pergunta em voz alta.
- Dê tempo aos alunos para que leiam o formulário. Pergunte *What does the heading "symptom" mean?* (*something wrong that shows you have a specific medical problem*).

- Peça a um voluntário que leia a pergunta no enunciado.

RESPOSTA
He has had a sore throat and a cough for two days.

Exercício 2

- Leia o enunciado e o exemplo em voz alta.
- Peça aos alunos que completem o exercício.
- Por fim, confira as respostas com a turma.

Atividade prática extra (todas as turmas)

- Peça aos alunos que inventem seus próprios formulários para ir ao médico, de acordo com o exemplo. Então, as duplas devem trocar os formulários. Diga-lhes para responderem às perguntas do Exercício 2 utilizando as informações do colega. Ande pela sala para ajudar.

Exercício 3 Snapshot 2 (◉) 1•44

- Leia o enunciado em voz alta.
- Toque o CD ou leia o diálogo em voz alta; os alunos acompanham no próprio livro. Repita a frase *I have a really bad sore throat*. Explique que você pode utilizar a expressão *really bad* com outros sintomas, por exemplo, *a stomachache, cough, cold* etc.
- Chame atenção para a tônica em *a really bad sore throat* e *it's about the worst sore throat I've ever had*. Explique que na frase *Your throat is a little red*, a tônica fica no *is* porque o médico está confirmando que há algo causando a dor de garganta dele.
- **Opção:** Leitura do diálogo em duplas.

Atividade prática extra (todas as turmas)

- Peça a um voluntário que leia a segunda frase do diálogo, em que Dylan descreve seus sintomas. Desenhe uma linha horizontal no quadro. Na extremidade esquerda, escreva *healthy throat* e, na direita, *extremely sore throat*. Mostre que primeiro ele diz *I have a really bad sore throat*. Pergunte *Where on this line would you put Dylan's throat pain?* (*close to the right end*). Depois, mostre a frase *It's about the worst sore throat I've ever had*. Pergunte *Where on the line would you put his pain?* (*at the right end if not past it*).

Atividade prática extra (todas as turmas)

- Escreva no quadro:
  I remember the worst _____ I've ever had. It was …
  Peça a alguns voluntários para preencherem a lacuna com palavras retiradas da seção de vocabulário da página 36, por exemplo, *the worst toothache*. Solicite que contem mais detalhes (por exemplo, *My tooth hurt really bad. I had a fever…*).

Exercício 4

- Leia o enunciado e o exemplo.
- Peça aos alunos que completem o exercício.
- Por fim, confira as respostas com a turma.

Exercício 5

- Leia o enunciado em voz alta e repita o item 1 do Exercício 4. Pergunte *What is incorrect in the statement?* (*He went to the doctor because he wasn't feeling well*).
- Peça aos alunos que completem o exercício.
- Depois, confira as respostas com a turma.

Grammar

Objetivo

O presente perfeito: *already, yet,* e *just.*

| Apoio de gramática
| Interactive Grammar Presentation

Exercício 1

- Escreva no quadro.
  Have you done your homework already?
  Pergunte *What form is this?* (*present perfect*). Lembre os alunos de que o presente perfeito é utilizado para falar de um passado indefinido.

- Circule *already* na frase e leia a primeira regra e o exemplo.

- Leia a segunda regra gramatical e o exemplo. Peça a um voluntário que reescreva a frase no quadro utilizando *yet* (*Have you done your homework yet?*).

- Leia a terceira regra gramatical e o exemplo. Escreva a resposta da pergunta no quadro:
  I've already done my homework.

- Em seguida, leia a quarta regra gramatical e o exemplo. Escreva a resposta negativa da pergunta no quadro:
  I haven't done my homework yet.

- Concentre-se em *just* na última regra gramatical. Reescreva a resposta no quadro para utilizar *just: I have just done my homework.* Pergunte *When did I do my homework?* (*very recently*).

- Finalmente, chame atenção para a observação presente em *Reminder* e para as *Language tips.*

- **Opção:** Peça aos alunos para voltar ao diálogo da página 37. Concentre-se no seguinte trecho:
  A: *Have you taken any medicine?*
  B: *No, not yet.*
  Esclareça que *No, not yet* é a forma curta de *No, I haven't taken any medicine yet.*

Maneira de usar

Não é errado colocar *yet* antes do particípio (*He hasn't yet had the X-ray*). Contudo, com ele o período fica muito mais formal.

No inglês coloquial, é correto e comum utilizar o *simple past* com *just* (*I just saw the dentist*).

Exercício 2 1·45

- Toque o CD ou leia os exemplos de gramática em voz alta para que os alunos os repitam.

- Em seguida, toque ou leia novamente cada item.

Grammar The present perfect: *already, yet,* and *just*

1. Study the grammar.

Questions

- Use *already* and *yet* with the present perfect to ask questions about recent actions or experiences. Place *already* before the past participle or at the end of the question.
  Have you **already** seen the doctor? OR Have you seen the doctor **already**?
  (Yes, I have. / Yes, I already have. / No, I haven't.)

- Always place *yet* at the end of the question.
  Have you been to the clinic **yet**? (Yes, I have. / No, not yet.)

Statements

- Use *already* in affirmative statements. Place *already* before the past participle or at the end of the statement.
  I've **already** had my shots OR I've had my shots **already**.

- Use *yet* in negative statements. Place *yet* at the end of the statement.
  He hasn't had the X-ray **yet**.

- You can use *just* when you describe an extremely recent action. Place *just* before the past participle.
  I've **just** spoken to the doctor. (He says I don't need an X-ray.)

*I've **just** had my teeth cleaned!*

Reminder
We use the simple past tense for actions that occurred and ended at a definite time in the past.
I had my yearly check-up yesterday.

Language tips
- Don't use *already* in negative statements.
  She hasn't spoken to me yet. NOT ~~She hasn't spoken to me already.~~
- Don't use *yet* in affirmative statements.
  My brother has gotten his braces already. NOT *My brother has gotten his braces ~~yet~~.*

(1·45) **2.** **Pronunciation** Listen to the grammar examples. Repeat.

3. Unscramble the statements and questions with *already, yet,* and *just.*

1. **A:** <u>Have you been to the doctor yet</u> (yet / you / have / to / doctor / the / been)? Your mom said you were getting your vaccinations today.
   B: Actually, <u>I've just been there</u> (there / just / I've / been). I'm on my way home now.
2. **A:** <u>I've already done</u> (done / I've / already) the science project for Monday. Have you?
   B: No, <u>I haven't done it yet</u> (yet / haven't / I / it / done). Was it hard?
3. **A:** Hey, Sue. <u>Have the kids gotten home yet</u> (home / yet / the kids / gotten / have)?
   B: Yes, <u>they've just arrived</u> (arrived / they've / just). They're in the kitchen.
4. **A:** The doctor gave you some medicine for your sore throat this morning.
   <u>Have you taken it yet</u> (you / taken / yet / have / it)?
   B: Yes, <u>I already have</u> (have / I / already). It's almost time to take it again.

4. Complete each statement or question with *already* or *yet.*

1. I haven't had the flu <u>yet</u> this year, but a lot of my classmates have had it <u>already</u>.
2. Has your sister <u>already</u> gotten her braces?
3. They've <u>already</u> seen the doctor, but he hasn't given them any medicine <u>yet</u>.
4. We haven't gotten our shots <u>yet</u>, but we've <u>already</u> had our X-rays.

38

Have you already seen the doctor?
Have you seen the doctor already?
Have you been to the clinic yet?
I've already had my shots.
I've had my shots already.
He hasn't had the X-ray yet.
I've just spoken to the doctor. He says I don't need an X-ray.

| Apoio complementar
| Referência Gramatical página 105

Exercício 3

- Leia o enunciado e o exemplo em voz alta. Pergunte *Is it a statement or a question?* (*a question – there is a question mark at the end*). *What is the rule for "yet"?* (*it has to be at the end of a question or negative statement*).

- Peça aos alunos que circulem cada ocorrência de *already, yet* e *just* no exercício. Depois, eles devem reler as *Language tips* e colocar as frases afirmativas e interrogativas na ordem correta. Chame a atenção deles para a pontuação.

- Peça que comparem as respostas em duplas.

- Depois, confira as respostas com a turma.

Exercício 4

- Leia o enunciado e o exemplo em voz alta. Pergunte *Why is "yet" used in the first blank?* (*it's a negative statement*). *Why is "already" used in the second blank?* (*because it's an affirmative sentence; "just" can't appear at the end of the sentence*).

- Confira as respostas com a turma.

| Apoio complementar
| Extra Practice CD-ROM

---

5. Circle *already* or *yet* and the correct verb phrase. Remember to use the simple past for completed actions in the past.

1. **A:** I haven't gotten my class schedule **already** /(yet) Have you?

   B: Yes, I **have gotten** /(got) it yesterday.

2. **A:** Has the dentist (already)/ **yet** called you?

   B: No, he (hasn't)/ **didn't** yet.

3. **A:** I haven't seen the new doctor **already** /(yet) Have you?

   B: No, but I've (just)/ **yet** made an appointment. I'm seeing her this afternoon.

4. **A:** I've had all my vaccinations (already)/ **yet**.

   B: Me, too. I **have had** /(had) the last one this morning.

(1.46) 6. [Listening comprehension] Listen to the conversations. Then listen again and complete each statement with a verb phrase in the present perfect and *already* or *yet*.

1. She _hasn't called_ the doctor _yet_.
2. Nicole _has seen_ the doctor _already_.
3. He _hasn't taken_ any medicine _yet_.
4. Miles _has had_ his check-up _already_.
5. Her dad _hasn't had_ an X-ray _yet_.

Grammar The present perfect with superlatives

1. Study the grammar.

- It's common to express an opinion with the present perfect and superlative adjectives. To strongly emphasize your opinion, you can use *ever*.

> She's **the best** dentist I**'ve been** to.
> My mom says this is **the worst** headache she**'s** ever **had**.
> This science project is **the hardest** one we**'ve** ever **done**.

(1.47) 2. [Pronunciation] Listen to the grammar examples. Repeat.

3. Use the cues to write opinions, using superlatives and the present perfect.

1. Ms. Hamilton is _the best_ (good) English teacher _we have ever had_ (we / ever / have).
2. Dr. Ort is _the most nervous_ (nervous) dentist _I've ever gone to_ (I / ever / go to). His hands shake!
3. My mom says my room is _the messiest_ (messy) room _she's ever seen_ (she / ever / see).
4. I'm not _the most talkative_ (talkative) person _you've ever met_ (you / ever / meet), but I'm not really an introvert.
5. This month's *Bike Magazine* has _the best_ (good) article on mountain bikes _I've ever read_ (I / ever / read).

About you!

Write three statements with your own opinion, using the present perfect with *the best, the worst, the most difficult*.

Frozen is the best animated movie I've ever seen.

(the best) _____

(the worst) _____

(the most difficult) _____

Exercício 5

- Leia o enunciado em voz alta. Para fazer uma revisão rápida, pergunte *When do we use the present perfect and when do we use the simple past?* (*we use the simple past when there is a definite past time marker; the present perfect is used to talk about indefinite time*).
- Peça aos alunos que completem o exercício.
- Depois, confira as respostas com a turma. Concentre-se nos usos do *simple past* nos itens 1 e 4. Pergunte *What are the past time markers?* (1. *yesterday*; 4. *this morning*).

Exercício 6 (1.46)

- Leia o enunciado em voz alta. Diga aos alunos que há um diálogo para cada item. Eles ouvirão cada um duas vezes.

- Dê algum tempo para que eles leiam os itens do exercício e pensem em qual verbo pode ser usado nas frases (por exemplo, itens 1 e 2: *you can see / call / talk to a doctor*; item 3: *you can take / buy medicine*; 4. *you can have a check-up*; 5. *you can have / get an X-ray*).
- Toque o CD ou leia o roteiro de áudio em voz alta. Os alunos devem escutar novamente e preencher as lacunas.
- Confira as respostas com a turma.

ROTEIRO DE ÁUDIO 1•46 PÁGINA 106

Grammar

Objetivo

Praticar o presente perfeito com superlativos.

Apoio de gramática
Interactive Grammar Presentation

Exercício 1

- Como aquecimento, escreva *This is the best / funniest / loudest class I've ever*

taught. Pergunte *What forms do you see?* (*superlative, present perfect*). Explique que você nunca deu aulas a uma turma tão boa (*good*) / engraçada (*funny*) / barulhenta (*loud*).

- Leia a regra gramatical e os exemplos. Reitere que o *ever* é utilizado para dar ênfase a uma opinião.
- **Opção:** Os alunos podem consultar o diálogo na página 37 buscando um exemplo de presente perfeito com superlativo: *It's about the worst sore throat I've ever had.* Pergunte *What does this mean?* (*That in all his life he doesn't remember having a worse sore throat*).

Exercício 2 (1.47)

- Toque o CD ou leia os exemplos de gramática em voz alta para que os alunos os repitam. Chame atenção para a tônica em *the + superlative* e *ever* nas frases.
- Em seguida, toque ou leia novamente cada item.

ROTEIRO DE ÁUDIO 1•47
She's the best dentist I've been to.
My mom thinks this is the worst headache she's ever had.
This science project is the hardest one we've ever done.

Apoio complementar
Referência Gramatical página 105

Exercício 3

- Leia o enunciado em voz alta. Peça aos alunos que olhem os adjetivos. Lembre-os de que se um adjetivo possui duas ou mais sílabas, você deve usar *most +* adjetivo. A forma dos superlativos foi ensinada no *Teen2Teen* Three *Unit 3*.
- Peça aos alunos que completem o exercício. Se eles tiverem dificuldade para formar superlativos irregulares, revise *good, better* e peça que deem o exemplo de *best*. Verifique também se eles cortam o *y + -iest* no item 3.

Sugestão

O About you pode ser feito como uma atividade de conversação. Como alternativa, você pode pedir que os alunos leiam o que escreveram.

About you!

- Leia o enunciado e dê tempo para que os alunos escrevam três frases.
- Peça que discutam em duplas.
- Depois, reúna a turma e compartilhe as frases.

Apoio complementar
Extra Practice CD-ROM

Reading

Objetivo

Desenvolver habilidades de leitura: um panfleto de saúde pública.

Aquecimento

Chame atenção para a palavra *pamphlet*. Explique que se trata de um folheto bem fino ou uma folha de papel dobrada (como o panfleto da ilustração, na mesma página) que traz informação a respeito de algo.

Exercício 1 🔊 1·48

- Leia o enunciado e a pergunta em voz alta. Pergunte *Based on the question, what do you think is the point of view of the pamphlet?* (*smoking is bad*).
- Explique que os alunos irão responder à pergunta após lerem o panfleto.
- Toque o CD ou leia o panfleto em voz alta, para que os alunos acompanhem.
- Revise os itens do vocabulário conforme a necessidade. *To irritate* significa machucar ou sentir dor em uma parte do corpo. Explique que *buddy* é uma expressão informal para tratar um amigo.
- Ao final, volte à pegunta no enunciado e peça respostas.

RESPOSTA

Smoking damages your heart and lungs. It can become an addiction.

Exercício 2

- **Skill / strategy:** *Identify the main idea.* Explique que essa estratégia ajuda o leitor a compreender a ideia principal de um artigo e a manter o foco nos trechos que embasam o conteúdo.
- Leia o enunciado em voz alta. Peça que os alunos pensem sobre os itens e completem o exercício. Depois, eles devem comparar as respostas em duplas.
- Reúna a turma e analise todos os itens: a opção 1 é verdadeira, mas não é o foco do artigo. A opção três é uma dica para se parar de fumar, mas também não é a ideia principal.

Atividade prática extra (todas as turmas)

- Peça aos alunos que encontrem um exemplo do presente perfeito com superlativo (*Stopping is the hardest thing I've ever done*). Pergunte a voluntários *What is the hardest thing you've ever done?*

Exercício 3

- **Skill / strategy:** *Scan for information.* Apresente esta estratégia de leitura. Explique que *to scan* significa ler rapidamente, e que é possível encontrar detalhes em um texto sem ter de lê-lo ou relê-lo inteiramente. Basta procurar palavras ou números específicos.

Reading A public health pamphlet

1·48)) 1. **Read the public health pamphlet. Why is smoking a serious health problem?**

2. **Identify the main idea** **After reading the pamphlet, choose the statement that expresses its main idea.**

1. Most cigarette smokers start smoking when they are teenagers.
② Smoking is harmful and hard to stop.
3. Quitting with a buddy is the best way to stop smoking.

3. **Scan for information** **Read the article again and look for numbers to answer the questions.**

1. Out of every 10 smokers, how many started smoking before they were 18?   9
2. How many young people in the U.S. start smoking every day?   3,800
3. How many of those become daily cigarette smokers?   over 1,000
4. How many years of life do smokers lose on average?   14

Smoking and you

How does smoking harm your body?

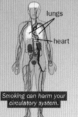

lungs

heart

Smoking can harm your circulatory system.

- When you smoke a cigarette, the smoke irritates your lungs and can make you cough.
- The chemicals in cigarette smoke can also affect your heart and your entire circulatory system.
- Because smoking damages your lungs, it makes it harder to breathe when you do exercise. And exercise is important for your health.
- Smoking can also affect your social life. For one thing, it makes you, your clothes, and your hair smell like smoke, and it makes your teeth yellow. Not very attractive!

Smoking can become an addiction. That means it's hard to stop smoking, even if you want to. Here are some tips:

- Find a new activity to do whenever you want to smoke. Starting an exercise program can help.
- Keep healthy snacks nearby and eat them instead of smoking a cigarette.
- Find a "quitting buddy" – a friend who wants to stop smoking, too. Remind each other not to smoke.
- Put the money you usually spend on cigarettes in a box. You will be surprised how much money you can save by not buying cigarettes. Spend the money on something you have wanted for a long time.
- Practice saying, "No thank you. I don't smoke" and say it every time someone offers you a cigarette.

Smoking can make you smell bad.

Did you know ...?

- Most smokers start smoking when they are in their teens. Almost 9 out of every 10 smokers start smoking by the age of 18, and almost no one starts smoking after age 25.
- Each day in the U.S., over 3,800 young people under 18 years of age smoke their first cigarette, and over 1,000 youths under age 18 become daily cigarette smokers.
- On average, smokers die 14 years earlier than non-smokers.

I smoked for a year, and I had a real "smoker's cough." Stopping is the hardest thing I've ever done. But I've succeeded. I'll never touch a cigarette again.
Natalia Barbosa, Belo Horizonte, Brazil

40

- Olhe o exemplo. Pergunte *What should you scan the text for?* (*the phrase "out of every 10 smokers"*).
- Peça aos alunos que olhem para o restante das perguntas e sublinhem, nas perguntas, a informação que devem buscar no texto (2. *young people;* 3. *daily cigarette smokers;* 4. mostre que neste item o exercício parafraseia a informação que deve ser encontrada; explique que *to lose years of life* significa morrer – os alunos devem procurar *die*.). Circule pela sala para ajudá-los, se necessário.
- Peça aos alunos que completem os exercícios e comparem as respostas em duplas.
- Depois, confira as respostas com a turma.

Exercício 4

- **Skill / strategy:** *Confirm a text's content.* Explique que confirmar o conteúdo de um texto permite aos alunos compreender totalmente do que o texto trata.

- Leia o enunciado. Explique que verificar e marcar as informações incluídas no panfleto é uma boa maneira de confirmar seu conteúdo, pois faz pensar sobre o que foi lido.
- Encoraje os alunos a tentarem completar o exercício sem consultar o artigo. Em seguida, eles devem comparar as respostas com as de um colega.
- Em duplas, peça que consultem o texto e confirmem cada dica presente no panfleto (mostre os tópicos destacados no meio do panfleto). Ande pela sala e ajude-os, se necessário.
- Por fim, confira as respostas com a turma.

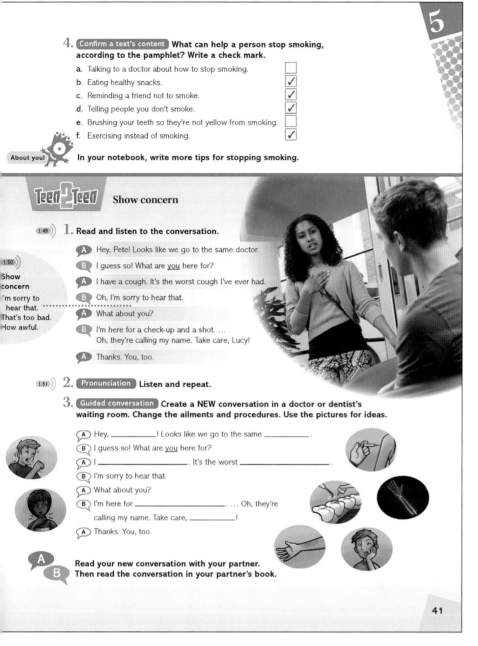

4. Confirm a text's content **What can help a person stop smoking, according to the pamphlet? Write a check mark.**

a. Talking to a doctor about how to stop smoking. ☐

b. Eating healthy snacks. ☑

c. Reminding a friend not to smoke. ☑

d. Telling people you don't smoke. ☑

e. Brushing your teeth so they're not yellow from smoking. ☐

f. Exercising instead of smoking. ☑

About you! In your notebook, write more tips for stopping smoking.

Teen2Teen Show concern

(1.49) **1. Read and listen to the conversation.**

A Hey, Pete! Looks like we go to the same doctor.

B I guess so! What are *you* here for?

A I have a cough. It's the worst cough I've ever had.

B Oh, I'm sorry to hear that.

A What about you?

B I'm here for a check-up and a shot. … Oh, they're calling my name. Take care, Lucy!

A Thanks. You, too.

Show concern
I'm sorry to hear that.
That's too bad.
How awful.

(1.51) **2.** Pronunciation **Listen and repeat.**

3. Guided conversation **Create a NEW conversation in a doctor or dentist's waiting room. Change the ailments and procedures. Use the pictures for ideas.**

A Hey, _____! Looks like we go to the same _____.

B I guess so! What are *you* here for?

A I _____. It's the worst _____.

B I'm sorry to hear that.

A What about you?

B I'm here for _____. … Oh, they're calling my name. Take care, _____!

A Thanks. You, too.

A
B **Read your new conversation with your partner. Then read the conversation in your partner's book.**

41

Sugestão

O *About you* pode ser feito como uma atividade de conversação, nas turmas em que isso parecer apropriado. Como alternativa, você pode pedir que os alunos leiam o que escreveram no caderno.

About you!

- Leia o enunciado em voz alta. Peça que os alunos escrevam no caderno algumas sugestões além das presentes no panfleto.
- Em seguida, eles devem compartilhar o que escreveram em duplas ou com toda a turma.
- **Opção:** Pergunte *Does anyone disagree with any of these tips? Does anyone think smoking is actually not that bad?*

Teen2Teen

Objetivo

Praticar linguagem social para demonstrar preocupação.

Aquecimento

Escolha um voluntário e diga *My tooth really hurts*. Peça que o voluntário esboce uma reação. Escreva no quadro (por exemplo, *I'm sorry to hear that*). Pergunte aos alunos que outras maneiras de responder são possíveis (*That's terrible; I'm sorry*).

Pergunte *In what other situations might you show concern?* (*If someone is sad or hurt*).

Exercício 1 🎧 1•49 / 1•50

- Concentre-se na foto. Pergunte *How does the girl look?* (*worried; ill*).
- Toque o CD ou leia o diálogo em voz alta; os alunos acompanham no próprio livro. Tire dúvidas de vocabulário. A expressão *I guess so* significa *it appears to be the case*.

- **Opção:** Peça aos alunos que procurem um exemplo de presente perfeito com superlativo no diálogo: *It's the worst cough I've ever had*.
- Na seção *Show concern*, toque o CD ou leia as expressões em voz alta para que os alunos acompanhem.

Exercício 2 🎧 1•51

- Toque o CD ou leia cada linha do diálogo em voz alta, dando tempo para que os alunos as repitam. Primeiro pratique cada linha com a turma inteira, depois peça que os alunos as repitam individualmente.
- Chame atenção para a tônica em *What are you here for?*

Exercício 3

- Leia o enunciado em voz alta. Peça aos alunos que identifiquem as doenças e os procedimentos ilustrados na página (*a cough, a sore throat, a rash, a toothache, get a filing, have an X-ray, have a vaccination*). Explique que um *procedure* é um tratamento ou exame médico. Avise que eles podem consultar o vocabulário na página 36, caso necessitem de ajuda.
- Explique que a primeira lacuna deve ser preenchida com um nome para B. A segunda lacuna deve ser preenchida com *dentist* ou *doctor*, de acordo com a preferência de cada um. A terceira e a quarta lacunas devem ser preenchidas com uma doença para A. A quinta lacuna, com uma doença para B. E a última lacuna deve ser preenchida com um nome para A.
- Enquanto os alunos completam as lacunas, circule pela sala para ajudá-los, se necessário.

Chat

- Os alunos trabalham com um colega para praticar a leitura dos diálogos que escreveram juntos.
- **Opção:** Peça a voluntários que leiam seus diálogos para toda a turma. Encoraje-os a escutar com atenção, pedindo que anotem duas doenças. Após cada diálogo, peça mais detalhes.

Extensão
Writing página 91

Apoio complementar
Extra Practice CD-ROM
Workbook páginas W14–W16
Grammar Worksheet 5
Vocabulary Worksheet 5
Reading Worksheet 5
Video: Teen Snapshot Unit 5
Unit 5 Tests A and B

Unit 6

Grammar
The present perfect: *for* and *since*

Information questions with *How long*

Vocabulary
Geographical features

Social language
Apologize for being late

Accept an apology

Values and cross-curricular topics
O meio ambiente

Turismo e viagens

Férias

Índice de conteúdo da unidade
Examine o índice de conteúdo da unidade, na parte superior da página do Student Book. Lembre-os de que irão avaliar seu próprio desempenho ao final da seção *Review. Units 4–6.*

Topic Snapshot

Objetivo
Explorar o tema da unidade, fazendo uso dos exemplos de gramática, vocabulário e linguagem social em contexto.

Observação
Se não houver um mapa na sala, traga um mapa da América do Sul que mostre o Equador, incluindo as Ilhas Galápagos e o Oceano Pacífico. Se possível, traga também um mapa detalhado do Equador que mostre os nomes da capital, Quito, da cidade de Cuenca e do Parque Nacional Sangay.

Aquecimento
Peça aos alunos para encontrarem o Equador no mapa. Pergunte *What ocean is it next to?* (*The Pacific*); *Which Teen2Teen character is from Ecuador?* (*Jose Luis*); *Is Jose Luis posting today?* (*yes, he is*).

INFORMAÇÕES CULTURAIS
Explique que UNESCO é a sigla de *United Nations Educational, Scientific, and Cultural Organization.* Trata-se de uma parte das Nações Unidas que busca oferecer ajuda a países mais pobres, nas áreas de educação, ciência e cultura. Sua sede fica em Paris, na França.

Exercício 1 🎵 2•02
• Concentre-se nas fotos da publicação. Identifique qualquer item desconhecido de vocabulário representado nas fotos e aponte-o. Por exemplo, *cathedral, tortoise, volcano.*

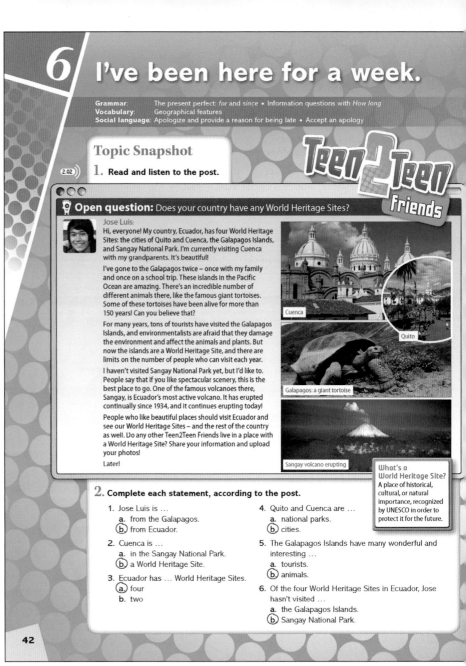

• Revise o termo *Open question*: não exige resposta do tipo *sim* ou *não*; aceita opiniões diferentes. Explique que, na publicação, Jose Luis responderá à *Open question.*

• Peça para um voluntário ler a definição de *World Heritage Site.*

• Toque o CD ou leia o artigo em voz alta; os alunos acompanham no próprio livro.

• Tire dúvidas de vocabulário se for necessário: *an incredible number of different animals* significa uma grande quantidade de animais diferentes; *tons of tourists* significa muitos turistas. Chame atenção para a palavra *Later*, ao final da publicação. Pergunte *What does this mean?* (registro informal para *See you later*).

• Faça a *Open question* individualmente aos alunos.

• **Opção:** Como dever de casa, diga que os alunos devem pesquisar sobre um *World Heritage Site* no Brasil.

RESPOSTA
Resposta pessoal

Exercício 2
• Leia o enunciado em voz alta e encoraje os alunos a tentarem completar o exercício sem consultar a publicação.

• Depois, peça-lhes para compararem suas respostas em duplas e consultarem a publicação, caso necessário.

• Por fim, confira as respostas com a turma.

Vocabulary Geographical features

(2.03) 1. Look at the photos. Read and listen.

1. a glacier   2. a volcano   3. an island   4. a waterfall   5. a river

6. a jungle   7. a valley   8. a canyon   9. a desert   10. a forest

(2.04) 2. **Pronunciation** Listen and repeat.

3. Match the places with the definitions.

1. a place where a lot of water falls down from a high place — a. a volcano
2. a place you need a boat or an airplane to get to — b. a desert
3. a place where there is snow and ice — c. a glacier
4. a mountain that can erupt — d. a waterfall
5. a place that is very hot and has very little water — e. a jungle
6. a kind of forest in a place that is hot and rainy — g. an island

4. Complete the chart with geographical features from the Vocabulary.

places that are hot	places that are cold	places with very little water
a desert a jungle	a glacier	a desert

good places for hiking	good places for rock climbing	places with lots of water
a valley an island a forest a jungle	a canyon a volcano	a waterfall a river

(2.05) 5. **Listening comprehension** Listen to the tour guides. Circle the correct geographical feature from the Vocabulary.

1. They're visiting a glacier /(jungle)
2. They won't see the forest /(volcano) today.
3. The (waterfall)/ valley is beautiful.
4. They are visiting a (canyon)/ glacier.
5. They're going to see a (river)/ waterfall.

43

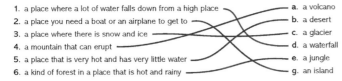

Vocabulary

Objetivo
Praticar frases para descrever elementos geográficos.

Exercício 1 🔊 2•03
- Para aquecer, escreva a palavra *geography* no quadro. Pergunte qual o significado da palavra (*the study of the countries, oceans, rivers, mountains, cities*).
- Toque o CD ou leia as frases em voz alta; os alunos acompanham no próprio livro.
- Pergunte *Which of these features were mentioned in Jose's post?* (*an island, a volcano*).

Exercício 2 🔊 2•04
- Toque o CD ou leia as frases em voz alta para que os alunos as repitam.

- Mostre como a palavra *glacier* é pronunciada /ˈɡleɪʃər/. O *a* em *volcano* é pronunciado como o *a* em *name*. Em *island*, o *s* é mudo. A palavra *desert* tem a primeira sílaba tônica: *desert*, ao contrário da palavra *dessert* (sobremesa), que tem a última sílaba tônica: *dessert*.
- **Opção:** Os alunos aprenderam alguns desses termos nas *Cross-curricular readings* de livros anteriores da coleção *Teen2Teen*.

Maneira de usar
Se for difícil explicar a diferença entre *forest* e *jungle*, você pode dar exemplos de florestas e selvas. *Jungle* geralmente se refere a uma área de floresta densa, geralmente nos trópicos.

Exercício 3
- Leia o enunciado em voz alta e encoraje os alunos a tentarem fazer a correspondência dos itens sem consultar as fotos.
- Confira as respostas com a turma.
- **Opção:** Pergunte *Which of these features have you seen in your life? Where?*
- **Opção:** Divida a turma em grupos para façam perguntas entre eles. Um grupo dá as definições e outro descobre qual a palavra do vocabulário; ou, para um exercício mais desafiador, eles podem pedir as definições de diversas palavras.

Atividade extra de extensão (turmas mais avançadas)
- Os alunos podem consultar um dicionário para os quatro itens do vocabulário que não foram incluídos no Exercício 3 (*a river, a valley, a forest, a canyon*).

Exercício 4
- Leia o enunciado e a primeira linha da tabela em voz alta.
- Peça que os alunos façam o exercício individualmente, consultando o vocabulário no Exercício 1 para aprender a ortografia de diversas palavras.

Sugestão
Aceite todas as respostam que forem razoáveis no Exercício 4. Elas podem ser variadas ou se repetir. Os alunos também podem discordar entre si a respeito de algumas delas. Por exemplo, podem afirmar que um *canyon* possui pouca água. Isso geralmente é verdade, mas nem sempre. Alguns podem dizer que uma selva é um bom lugar para fazer caminhadas. Você pode pedir que os alunos corroborem as respostas com nomes de lugares, e que justifiquem suas opiniões.

Exercício 5 🔊 2•05
- Leia o enunciado em voz alta. Explique que vocês ouvirão cada diálogo duas vezes e decidirão qual elemento geográfico está sendo descrito.
- Toque o CD ou leia o roteiro de áudio em voz alta; os alunos escutam e circulam as respostas. Em seguida, os alunos podem ouvir mais uma vez e conferir as respostas.
- Por fim, confira as respostas com a turma.

ROTEIRO DE ÁUDIO 2•05 PÁGINA 106

Apoio complementar
Extra Practice CD-ROM

Grammar

Objetivo

Praticar o presente perfeito: *for* e *since*;
Fazer perguntas utilizando *How long*.

Apoio de gramática
Interactive Grammar Presentation

Exercício 1

- Escreva o título da unidade no quadro: *I've been here for a week.*
  Explique que *for a week* descreve quanto tempo você esteve no lugar.

- Leia a primeira regra gramatical e a explicação para *for*. Então consulte o exemplo no quadro e pergunte *What is the period of time in this statement?* (*a week*). Leia a explicação a respeito de *since*. Reescreva a frase no quadro utilizando *since* e adicione *last* + o dia da semana (por exemplo, *I've been here since last Monday*). Pergunte *Do these two statements on the board have the same meaning?* (*yes, "for a week" focuses on the length of time and "since + day of the week" focuses on the time the action began*).

- Concentre-se no exemplo *My dad hasn't worked since I was born* e escreva-o no quadro. Pergunte *What is the time the action began in this statement?* (*when the person was born*). Explique que o momento em que algo começou pode aparecer como uma frase afirmativa (por exemplo, *since I graduated college*, etc.).

- Leia a segunda regra gramatical e o exemplo. Então, peça que os alunos formulem perguntas para as frases no quadro (*How long have you been here?*).

- Leia os balões de diálogo. Peça que respondam utilizando *since*. Pergunte *What time is it now?* Explique que, quando alguém diz *been here for half an hour* significa que a pessoa chegou ao local meia hora antes de dizer isso.

- Por último, leia a *Language tip*.

- **Opção:** Peça aos alunos que sublinhem os três usos de *for* e *since* no Exercício 1, página 42 (*for more than 150 years; For many years; since 1934*).

Exercício 2 🎧 2·06

- Toque o CD ou leia os exemplos de gramática em voz alta para que os alunos os repitam.

- Em seguida, reproduza-os no CD ou leia novamente cada item.

ROTEIRO DE ÁUDIO 2·06

I've lived in Mexico City for two years.
Have you been here long? No, only for a few minutes.
Jose Luis has been in Cuenca since last week.
My dad hasn't worked since I was born.
How long have you been on the island?

Apoio complementar
Referência Gramatical página 106

6

Grammar The present perfect: *for* and *since*; Information questions with *How long*

1. Study the grammar.

for and since

When you describe actions that began in the past and continue in the present use *for* and *since* to clarify the length of time.

- Use *for* for periods of time.
  I've lived in Mexico City **for two years**.
  Have you been here long? No, only **for a few minutes**.
- Use *since* when you state the time or date when the action began.
  Jose Luis has been in Cuenca **since last week**.
  My dad hasn't worked **since I was born**.

Information questions with *How long*

- Use *How long* with the present perfect to ask questions about something that began in the past and continues in the present.
  How long have you been on the island?

How long have you been here?
For a half hour.

Language tip
- Don't use *since* if you don't say when the action began.
  Jose Luis has been in Cuenca for a week.
  NOT *Jose Luis has been in Cuenca since a week.*

(2·06) 2. Pronunciation Listen to the grammar examples. Repeat.

3. Read the statements. Write a check mark next to the statements that describe actions or states that continue in the present.

1. Jose Luis has been in Cuenca for a week. ✓
2. His grandparents have lived in Cuenca since 2010. ☐
3. He has visited three of the Ecuadorean World Heritage Sites. ☐
4. Our cousins in the U.S. visited Independence Hall in Philadelphia in 2004. ☐
5. Independence Hall has been a World Heritage Site since 1979. ☐
6. A river created this canyon millions of years ago. ☐

4. Complete the conversations with *for* or *since*.

1. A: Hey, Larissa, sorry I'm late! How long have you been here?
   B: Well, I've been here _since_ 8:30. That's the time the tour began.
   A: Oh, no! It's 9:00. You've been here _for_ a half hour! I'm so sorry.

2. A: Are you watching this documentary? This man is traveling on a really dangerous river.
   B: How long has he been in that kayak?
   A: _____ two days, I think! It's really crazy. He hasn't eaten or slept _____ he left home!

3. A: Is that a new bike?
   B: No, actually. I've had it _____ about a year. Is yours new?
   A: Yes. I've had it _____ my birthday. It'll be fun riding in this forest!

4. A: Is that volcano active?
   B: I don't think so. It says here that it hasn't erupted _____ 1960.
   A: So it hasn't been active _____ more than 50 years! That's good. Volcanoes scare me.

44

Sugestão

O conceito de ações concluídas e em andamento foi introduzido no livro *Teen2Teen* Three, *Unit 10*, que explica o *past continuous* e o *simple past*. Pode ser útil fazer uma revisão desse conceito antes de começar o Exercício 4. *Ações concluídas* são descritas com o *simple past* (*I went to that restaurant yesterday*). O presente perfeito costuma descrever ações concluídas em um momento indefinido do passado (*I've gone to that restaurant two or three times*).

Exercício 3

- Leia o enunciado e o exemplo em voz alta. Pergunte *How do we know that the action / state continues to the present?* (*the time reference "for a week"*). Escreva no quadro:
  Jose Luis has been in Cuenca.
  Pergunte *Does this state continue to the present?* (*no, it describes a completed action at an indefinite past time*). Por último, escreva:

Jose Luis was in Cuenca a week ago.
Pergunte *Does this state continue to the present?* (*No, it's a completed action in the past tense*).

- Peça aos alunos que completem o exercício.

- Por fim, confira as respostas com a turma.

Exercício 4

- Leia o enunciado em voz alta e peça que os alunos busquem e sublinhem as referências temporais que estão após as lacunas (1. *8:30; a half hour*; 2. *two days*; *he left home*; 3. *about a year; my birthday*; 4. *1960; more than 50 years*). Peça que prestem atenção se essas referências indicam períodos de tempo ou o momento em que a ação começou.

- Peça-lhes para completarem o exercício.

- Depois, confira as respostas com a turma.

- **Opção:** Os alunos podem ler o diálogo em duplas.

5. **Write statements in the present perfect with** *for* **or** *since.*

1. I / not go hiking / last July.
   <u>I haven't gone hiking since last July.</u>

2. It / not rain / in the Atacama Desert / hundreds of years.
   <u>It hasn't rained in the Atacama Desert for hundreds of years.</u>

3. Hawaii / be / a U.S. state / 1959.
   <u>Hawaii has been a U.S. state since 1959.</u>

4. Native Americans / live / near the Grand Canyon / thousands of years.
   <u>Native Americans have lived near the Grand Canyon for thousands of years.</u>

5. People / know / about the river below the Amazon / a few years.
   <u>People have known about the river below the Amazon for a few years.</u>

6. We / not see / our cousins / 2012.
   <u>We haven't seen our cousins since 2012.</u>

6. **Complete each conversation with a question with** *How long.*
Remember to use a capital letter and a question mark.

1. A: <u>How long have you lived in the U.S.?</u>
   _____ (how long / you / live /
   in the U.S.)

   B: Me? I've lived here for two years.

2. A: <u>How long has Sucre, Bolivia been a World Heritage</u>
   <u>Site?</u> _____ (how long / Sucre, Bolivia /
   be / a World Heritage Site)

   B: It's been a World Heritage Site since 1991.

3. A: <u>How long have the giant heads of the Easter</u>
   <u>Islands existed?</u> _____ (how long / have the
   giant heads of the Easter Islands / exist)

   B: For at least 500 years, maybe even more than a
   thousand years.

4. A: <u>How long has the Eiffel Tower been here?</u>
   _____ (how long / the Eiffel
   Tower / be here)

   B: It's been here for over 120 years. Isn't it spectacular?

45

- Depois, os alunos fazem o exercício e você confere as respostas com a turma.
- **Opção:** Os alunos indicam como o período de tempo em cada frase está indicado (1. *period of time: for two years;* 2. *time when action began: since 1991;* 3. *period of time: For at least 500 years…;* 4. *period of time: for over 120 years*).
- **Opção:** Os alunos podem ler o diálogo em duplas.

Atividade prática extra (todas as turmas)

- Os alunos podem criar perguntas e respostas sobre lugares que conhecem. Se necessário, eles podem consultar a internet a respeito de *How long* certos elementos geográficos existem.
- Peça-lhes para compartilharem suas perguntas e respostas com a turma.

| Apoio complementar
Extra Practice CD-ROM

- **Opção:** Escreva no quadro:
  Does it focus on a period of time or time when action began?
  Em duplas, os alunos devem reler cada item e identificar qual se concentra em um período de tempo, e qual fala do momento em que uma ação começou. Caso necessário, faça com eles o primeiro item: *"since 8:30" focuses on the time when an action began (for a half hour = period of time; for two days = period of time; since he left home = time when action began; for about a year = period of time; since my birthday = time when an action began; since 1960 = time when an action began; for more than 50 years = period of time).*

Exercício 5

- Leia o enunciado e o exemplo em voz alta.
- Peça que os alunos olhem as referências temporais e decidam se é melhor utilizar *for* ou *since* para fazer o exercício.

- Depois, confira as respostas com a turma.
- **Opção:** Peça aos alunos que transformem cada afirmação em uma frase interrogativa e pratiquem as perguntas e respostas em duplas.

Atividade prática extra (todas as turmas)

- Para praticar *How long…* e *for / since,* peça aos alunos que inventem cinco perguntas com *How long* (por exemplo *How long have you been studying English?*) e pratiquem as perguntas e respostas em duplas. Estimule a utilização de respostas variadas, com *for* e *since* (por exemplo, *For eight years; Since I was ten*).

Exercício 6

- Peça a voluntários que identifiquem os locais sem consultar o exercício (1. *San Francisco, CA;* 2. *Sucre, Bolivia;* 3. *Easter Islands Chile;* 4. *Paris, France*).

Reading

Objetivo

Desenvolver habilidades de leitura: um folheto de viagem.

Aquecimento

Pergunte *Who's posting on the Teen2Teen Friends' blog today?* (*Sebastian*) *Where is he from?* (*Argentina*). Verifique se os alunos compreendem o que é um *travel brochure*.

Exercício 1 ⊚ 2·07

- Peça aos alunos para olharem as fotos no blog e a alguns voluntários para lerem as legendas. Verifique se eles compreendem que *spectacular* significa incrível.
- Leia o enunciado e a pergunta em voz alta e diga-lhes para responderem à pergunta no final do blog.
- Peça a um voluntário que leia a mensagem de Sebastian. Pergunte *Do we know if Sebastian read Jose's post in the blog on page 42?* (*yes, he did*). *How do we know?* (*because he refers to Jose Luis's question about other countries having World Heritage Sites*).
- Toque o CD ou leia o blog em voz alta; os alunos acompanham no próprio livro.
- Tire dúvidas de vocabulário conforme a necessidade: *border* (a linha oficial que divide dois países); *species of birds* (pássaros da mesma espécie); *subtropical* (refere-se a uma área geográfica próxima aos trópicos – as partes mais quentes do mundo); *humidity* (quando o ar está quente e úmido). Lembre os alunos de que eles aprenderam a palavra *waterfall* na página 43. Explique que ao se fazer referência ao nome de cachoeiras específicas, como Niagara Falls, no Canadá, ou Angel Falls, na Venezuela, apenas a palavra *Falls* é utilizada.
- Por último, volte à pergunta do enunciado.

RESPOSTA
Resposta pessoal

Exercício 2

- **Skill / strategy:** *Confirm a text's content.* Explique que confirmar o conteúdo de um texto é mostrar quais fatos sao verdadeiros de acordo com ele.
- Peça aos alunos que leiam as frases e decidam quais são verdadeiras, comparando suas respostas em duplas.
- Analise todas as opções com a turma: 1. o site é descrito como *popular* no final do primeiro parágrafo, mas não *the most popular*; 2. verdadeiro, como descrito nos *Quick facts* (*the falls can be seen from two countries*); 3. Julho é um mês do inverno (no hemisfério norte), conforme descrito no trecho *When to*

visit *"the skies are often cloudy, so your photos might not be as beautiful…".*

Exercício 3

- **Skill / strategy:** *Find supporting details.* Explique aos alunos que, para decidir se algo é verdadeiro, eles precisam encontrar no folheto trechos que embasem sua resposta. Se não conseguirem encontrar trechos assim, eles terão de escolher a resposta *No*.
- Primeiro, os alunos tentam completar o exercício sem consultar o folheto. Em seguida eles devem procurar um trecho do folheto que justifique sua resposta.
- Peça aos alunos que comparem as respostas e os trechos escolhidos.
- Confira as respostas com a turma (1. *"… tourists from all over the world visit…"*; 2. *"Tourists can see the falls from the Argentinean side or the Brazilian side."*; 3. o artigo deixa claro que maio é um dos melhores meses para se visitar as cataratas; 4. há trechos que dizem que

as cataratas são acessíveis de ambos os lados, mas não há nada a respeito de haver mais turistas em algum dos lados; 5. *"The water in the lower section collects in a deep canyon."*).

Exercício 4

- **Skill / strategy:** *Scan for information.* Revise o significado de *scanning*, que significa ler o texto rapidamente em busca de informações específicas – sem ler todo o conteúdo do texto.
- Peça aos alunos que completem o exercício
- Confira as respostas com a turma (1. *The falls divide the river into an upper and a lower section*; 2. *Tourists can see the falls from the Argentinean side or the Brazilian side*; 3. *…it's sometimes cold, but usually comfortable [in winter]; [in summer] humidity is often more than 90% – very uncomfortable*; 4. *In winter… the skies are often cloudy*; 5. *…visitors can also see many species of amazing birds and animals…and enjoy river rafting…*;

(Página do livro do aluno reproduzida)

Reading A travel brochure

(2·07) **1.** **Read about Iguassu National Park. Would you like to visit? Explain your reasons.**

2. **Confirm a text's content** **After reading the brochure, decide which of the following statements is true.**

1. Iguassu Falls is the most popular tourist site in Argentina.
② You can see Iguassu Falls from more than one place.
3. If you like to take pictures, it's probably better to visit Iguassu Falls in July than in October.

3. **Find supporting details** **Read the brochure again. Circle T (true), F (false), or NI (no information). Underline the information in the brochure that supports each T or F answer.**

1. Both Argentinean and non-Argentinean tourists visit Iguassu National Park.   (T)/ F / NI
2. You can visit the falls from Argentina, but not from Brazil.   T /(F)/ NI
3. May is the best month to visit Iguassu Falls.   T / F /(NI)
4. More tourists visit the Argentinean side than the Brazilian side.   T / F /(NI)
5. There's a canyon in the upper section of the Iguassu River.   T /(F)/ NI

My blog: Places of interest in my country

Carlos Lombardi:
Hi, guys! Jose Luis asked if we have any World Heritage Sites in our countries. Iguassu National Park is my favorite World Heritage Site in Argentina. Check out the brochure I got from the travel agent.

Iguassu National Park

River rafting at Iguassu Falls

The park is the site of the world famous Iguassu Falls, located on the Argentina–Brazil border. The waterfall system has 275 waterfalls along 2.7 kilometers of the Iguassu River. The falls divide the river into an upper and a lower section, and the water in the lower section collects in a deep canyon. Leaving the canyon, the water enters the Parana River. Hundreds of thousands of tourists from all over the world visit this popular site every year.

Quick facts:
- Tourists can see the falls from the Argentinean side or the Brazilian side.
- The name of the falls has different spellings: Iguazu (in Spanish), Iguaçu (in Portuguese), and Iguassu (in English).
- Iguaçu National Park in Brazil has been a World Heritage Site since 1987, while Argentina's Iguazu National Park has been on the list for three more years, since 1984.
- Aside from the falls, visitors can also see many species of amazing birds and animals in the subtropical rainforest, and enjoy river rafting expeditions.

Visitors take photos of the falls.

When to visit
- The best months to visit are April, May, September, or October. December through March is summer, and temperatures average from 23° to 32°C. Humidity is often more than 90 per cent – very uncomfortable!
- June through August is winter, with average temperatures from 10° to 23°C, with approximately 60 per cent humidity – so, it's sometimes cold, but usually comfortable. In winter, however, the skies are often cloudy, so your photos might not be as beautiful as on clear days.

46

4. Scan for information Complete each statement with the correct word or phrase.

1. The Iguassu River has two …
   a. sections.   **b.** waterfalls.

2. Tourists can see the falls from … place.
   a. one   **b.** more than one

3. The … at the falls is more comfortable in the winter months than in the summer months.
   a. weather   **b.** water

4. There are fewer clear days at the falls in …
   a. winter.   **b.** summer.

5. Two popular tourist activities in the National Parks are …
   a. hiking and swimming.
   b. viewing animals and rafting on the river.

6. The Brazilian park has been a World Heritage Site for … than the Argentinean park.
   a. a shorter time
   b. a longer time

About you!

In your notebook, write which of these activities you would like to do at Iguassu: view the falls, go river rafting, or take photos of birds and animals. Explain why.

Teen2Teen

Apologize and provide a reason for being late; Accept an apology

(2.08) **1. Read and listen to the conversation.**

A Hey, Ryan! Sorry I'm late! How long have you been here?

B For about fifteen minutes. What happened?

A I wasn't paying attention to the time. Have we missed the tour?

B Well, we missed the 3:00 tour.

A I'm so sorry. I really wanted to see the park!

B It's OK. The 4:00 tour hasn't started yet.

A Great! Let's get tickets.

(2.09) **2. Pronunciation Listen and repeat.**

3. Guided conversation On the notepad, write the name of some places you have wanted to visit for a long time. Use one of those places to create a NEW conversation. Change the tour times and use your own reason for being late.

Possible reasons for being late

- wasn't paying attention to the time.
- went to the wrong place.
- got up too late.
- The bus was late.
- Another reason:

A Hey, _____! Sorry I'm late! How long have you been here?

B For _____. What happened?

A _____. Have we missed the tour?

B Well, we missed the _____ tour.

A I'm so sorry. I really wanted to see _____!

B It's OK. The _____ tour hasn't started yet.

A Great! Let's get tickets.

Places I've wanted to visit for a long time
Bird Park
_____
_____
_____

A
B
Read your new conversation with your partner.
Then read the conversation in your partner's book.

47

---

6. …*Iguaçu National Park in Brazil has been a World Heritage Site since 1987; … Argentina's Iguazu…since 1984*).

Sugestão

O *About you* pode ser feito como uma atividade de conversação. Como alternativa, você pode pedir que os alunos leiam o que escreveram no caderno.

About you!

- Leia o enunciado e dê tempo para que os alunos respondam.
- Peça para alguns alunos compartilharem suas respostas e preferências.

RESPOSTA
Resposta pessoal

Teen2Teen

Objetivo

Praticar linguagem social para pedir desculpas; explicar motivos de atrasos; aceitar desculpas.

Aquecimento

Pergunte *What should you say if you are late for a date?* (por exemplo, *I'm sorry. I missed the bus.*). Em seguida, pergunte *What could the response be?* (por exemplo, *That's OK*). Explique que o exemplo mostra uma maneira de pedir desculpas, explicar o motivo de um atraso e aceitar as desculpas.

Exercício 1 2•08

- Toque o CD ou leia o diálogo em voz alta; os alunos acompanham no próprio livro.
- Pergunte *Does A apologize?* (*yes, twice; she says "Sorry I'm late" and "I'm so sorry"*); *What's her excuse?* (*she wasn't paying*

---

attention to the time); *Does B accept the apology?* (*yes, he says "It's OK"*).

- **Opção:** Para revisar a gramática, peça aos alunos para encontrarem um exemplo de pergunta com *How long* e outro de resposta com *for*.

Exercício 2 2•09

- Toque o CD ou leia cada linha do diálogo em voz alta, dando tempo para que os alunos as repitam. Primeiro pratique cada linha com a turma inteira, depois peça-lhes que repitam individualmente.

Exercício 3

- Leia o enunciado em voz alta e explique aos alunos que agora eles irão criar seus próprios diálogos utilizando o Exercício 1 como modelo.
- Leia o quadro *Possible reasons for being late*. Peça que os alunos escrevam outras razões no caderno.
- Explique que a lacuna 1 deve ser preenchida com um nome e a lacuna 2 com um período de tempo. A lacuna 3 deve conter uma desculpa pelo atraso; a 4, uma marcação específica de tempo. A lacuna 5 deve ser preenchida com um lugar que alguém sempre desejou visitar e a última lacuna deve ser preenchida com outra marcação específica de tempo. Consulte o Exercício 1, se necessário.
- Então, peça aos alunos que preencham as lacunas.

Chat

- Os alunos devem trabalhar em duplas para praticar a leitura dos diálogos que cada um escreveu.
- **Opção:** Peça a voluntários que leiam seus diálogos para toda a turma.

Extensão
Writing página 92

Apoio complementar
Extra Practice CD-ROM
Workbook páginas W17–W19
Grammar Worksheet 6
Vocabulary Worksheet 6
Reading Worksheet 6
Video: Teen Snapshot Unit 6
Unit 6 Tests A and B

Review: Units 4–6

Objetivo

Revisar e personalizar a linguagem abordada nas Units 4–6 e avaliar o progresso em relação aos objetivos propostos.

Sugestão

Lembre-os de que as próximas duas páginas revisarão o vocabulário que eles aprenderam até este ponto. Ao final da seção *Review*, eles terão uma ideia do progresso que fizeram nas diferentes categorias.

Explique que as observações a seguir dão dicas de como completar os exercícios de revisão em sala de aula. Sugira que outra opção seria completar os exercícios de revisão em casa. Você pode dar as respostas para que os alunos confiram se acertaram.

Exercício 1

- Leia o enunciado em voz alta, pedindo aos alunos que leiam o diálogo individualmente ou solicitando a dois alunos mais avançados que leiam para a turma. Concentre-se na frase *You know, you're not exactly an introvert*. Pergunte *What does Gavin mean?* (*that Riley is actually extroverted*).
- Peça aos alunos que respondam individualmente.
- Depois, confira as respostas com a turma.
- **Opção:** Pergunte *Which person is a pessimist? Why?* (*Riley – he is worried about speaking to people in Spanish; he is worried about getting sick*); *Which person is an optimist? Why?* (*Gavin – he believes Riley will be fine speaking Spanish*).
- **Opção:** Em duplas, os alunos devem praticar a leitura do diálogo. Dê o exemplo com um aluno mais avançado. Encoraje-os a melhorar a entonação, por exemplo, com uma entonação descendente em *I'm sorry to hear that*.

Exercício 2

- Explique aos alunos que o exercício testa conhecimentos de gramática e vocabulário.
- Antes de começarem o exercício, você pode fazer uma revisão de vocabulário. Diga aos alunos *I will give you a word, and you must tell me the opposite*. Escreva as seguintes palavras no quadro:
  introvert (*extrovert*); *brave* (*cautious*); *calm* (*nervous*); *optimist* (*pessimist*)
- Leia o enunciado em voz alta e peça aos alunos que completem o exercício. Ande pela sala e ajude-os, se necessário.
- Peça que comparem as respostas em duplas.

- Depois, confira as respostas com a turma.
- **Opção:** Usando outras frases, peça aos alunos para escreverem a palavra que melhor descreve a pessoa que as falou:
  – *The sun hasn't come out all week. It will probably rain tomorrow.* (*pessimist*)
  – *Diana has called the doctor three times this week.* (*nervous*)
  – *Lily has never traveled anywhere.* (*cautious / nervous*)
  – *Mike hasn't made many friends yet.* (*introverted*)
  – *My parents have always had a lot of parties.* (*extroverted*)
  – *Jack hasn't ever worried much about anything.* (*calm / optimist*)
  – *My sister has always made friends easily. She just walks up to people and talks to them.* (*brave / extroverted*)

Exercício 3

- Para revisar o *Have you ever*, pergunte a um aluno *Have you ever read a*

newspaper in English? Peça respostas curtas (*yes, I have. / no, I haven't*).
- Os alunos devem completar o exercício tomando cuidado com o particípio de verbos irregulares.
- Peça-lhes para compararem as respostas e, por fim, confira-as com a turma.
- **Opção:** Em duplas, os alunos praticam a leitura das perguntas e respostas. Então, peça que façam as perguntas 1, 2 e 4 e respondam de acordo com a própria experiência.

Review: Units 4–6

1. **Read the conversation. Choose the correct answer to each question.**

Gavin: I hear you're going on a trip next week. Where are you going?
Riley: Actually, I'm going to visit my cousins in Monterrey.
Gavin: You're going to Mexico? That's great! Are you excited?
Riley: I guess so. But I'm a little nervous about speaking to people in Spanish.
Gavin: Well, you've studied Spanish for three years now. What's the problem?
Riley: I can write in Spanish, but I'm not so good at speaking it.
Gavin: You know, you're not exactly an introvert. I'm sure you'll do fine.
Riley: You're probably right. But there's another problem.
Gavin: What's that?
Riley: I think I'm getting a sore throat. I'm worried about getting the flu.
Gavin: Oh no! I'm sorry to hear that. You should definitely see a doctor before you go.
Riley: That's a good idea.

1. Who is feeling a little nervous?
   a. Gavin.
   b. Riley.
2. Where is he going?
   a. To a city in another country.
   b. To another city in his country.
3. What is he nervous about?
   a. Meeting new people.
   b. Speaking another language.
4. How long has Riley studied Spanish?
   a. For several years.
   b. For a short time.
5. Who has an ailment?
   a. Gavin.
   b. Riley.
6. What does his friend suggest?
   a. Going to see a doctor.
   b. Going to visit his cousins.

2. **Complete the statements. Use the present perfect and choose the correct personality vocabulary.**

1. Joyce _has never gone_ (never / go) surfing or scuba diving. She thinks those activities are too scary. She's not very **cautious** / **brave**.
2. Oscar _hasn't watched_ (not / watch) any of the school soccer team's games this year. He always thinks the team will lose. He's such **a pessimist** / an optimist!
3. Paula _hasn't come_ (not / come) to any of my parties this year! She says she doesn't like meeting lots of new people. I think she's an extrovert / **an introvert**.
4. Billie's mom _has called_ (call) him three times in the last hour to see if he's OK. She's a really **calm** / **nervous** person!
5. Niki is so friendly and talkative. She _'s made_ (make) lots of friends this year. She's really an introvert / **an extrovert**.
6. Michelle _has eaten_ (eat) some very strange things – even snails! She's very **cautious** / **brave**.

3. **Write questions with *ever*. Complete the short answers.**

1. _Have you ever traveled to another country_ ? (you / travel to another country) Yes, _I have_
2. _Have your grandparents ever played video games_ ? (your grandparents / play video games) No, _they haven't_
3. _Has your sister ever gone to a rock concert_ ? (your sister / go to a rock concert) Yes, _she has_
4. _Have you ever seen a shark_ ? (you / see a shark) No, _I haven't_
5. _Has your little brother ever had an X-ray_ ? (your little brother / have an X-ray) Yes, _he has_

48

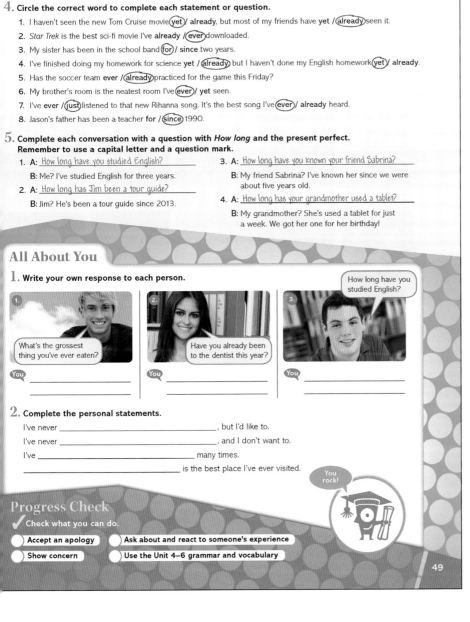

4. Circle the correct word to complete each statement or question.

1. I haven't seen the new Tom Cruise movie (yet) / already, but most of my friends have yet / (already) seen it.
2. *Star Trek* is the best sci-fi movie I've already / (ever) downloaded.
3. My sister has been in the school band (for) / since two years.
4. I've finished doing my homework for science yet / (already) but I haven't done my English homework (yet) / already.
5. Has the soccer team ever / (already) practiced for the game this Friday?
6. My brother's room is the neatest room I've (ever) / yet seen.
7. I've ever / (just) listened to that new Rihanna song. It's the best song I've (ever) / already heard.
8. Jason's father has been a teacher for / (since) 1990.

5. Complete each conversation with a question with *How long* and the present perfect. Remember to use a capital letter and a question mark.

1. A: How long have you studied English?
   B: Me? I've studied English for three years.
2. A: How long has Jim been a tour guide?
   B: Jim? He's been a tour guide since 2013.
3. A: How long have you known your friend Sabrina?
   B: My friend Sabrina? I've known her since we were about five years old.
4. A: How long has your grandmother used a tablet?
   B: My grandmother? She's used a tablet for just a week. We got her one for her birthday!

All About You

1. Write your own response to each person.

1. What's the grossest thing you've ever eaten?
You _____

2. Have you already been to the dentist this year?
You _____

3. How long have you studied English?
You _____

2. Complete the personal statements.

I've never _____, but I'd like to.

I've never _____, and I don't want to.

I've _____ many times.

_____ is the best place I've ever visited.

You rock!

Progress Check
✓ Check what you can do.

- Accept an apology
- Ask about and react to someone's experience
- Show concern
- Use the Unit 4–6 grammar and vocabulary

- Os alunos podem comparar as respostas em duplas.
- Em seguida, reúna a turma. Concentre-se no item 3 e compare as respostas dos alunos.

RESPOSTA
Resposta pessoal

Exercício 2
- Diga aos alunos que eles escreverão as frases utilizando o presente perfeito. Nos dois primeiros itens, eles também utilizarão *never*, e no último item eles utilizarão o presente perfeito com um superlativo.
- Peça-lhes para completarem as frases.
- Em seguida, reúna a turma e peça a voluntários que compartilhem suas respostas. No último item, pergunte o porquê de ter sido o melhor lugar que visitaram.

RESPOSTA
Resposta pessoal

Progress Check
- Discuta em português as competências, revisando o conteúdo das Units 4–6 nas páginas 30, 36 e 42, para verificar se todos compreendem cada um dos termos.
- Os alunos marcam os itens que conseguem fazer em inglês.

Sugestão
Não corrija a autoavaliação dos alunos, por mais que fique tentado a fazê-lo. Contudo, você pode circular pela sala durante a atividade e fazer perguntas de maneira descontraída para demonstrar que eles são capazes de realizar tudo o que marcaram.

Extensão
Cross-curricular Reading Units 4–6 page 97
Teen2Teen Friends Magazine page 101

Apoio complementar
Video: Report Units 4–6

Exercício 4
- Leia o enunciado e o exemplo em voz alta. Pergunte *Could you say "I've seen it already"?* (yes, *"already" can also appear at the end of the statement*). Mostre que o exercício vai avaliar o uso de *already*, *yet*, *just*, além de *ever*, *for* e *since*.
- Os alunos devem fazer o exercício individualmente e em seguida comparar as respostas com as de um colega.
- Verifique as dúvidas e dificuldades que surgiram durante o exercício.

Exercício 5
- Leia o enunciado em voz alta e comece o exercício praticando com um aluno mais avançado. Mostre que, ao fazer a pergunta, você utiliza o verbo da resposta.
- Peça aos alunos que façam o exercício individualmente comparem as respostas com as de um colega.

- Reúna a turma e peça que duplas leiam os diálogos em voz alta.
- **Opção:** Peça a voluntários que façam perguntas a você utilizando *How long…?*, por exemplo, *How long have you been a teacher?* Você pode inventar respostas.

All About You

Exercício 1
- Concentre-se no título. Explique aos alunos que nesse trecho eles deverão responder com informações pessoais e utilizar o inglês para falar sobre si.
- Dê algum tempo para os alunos lerem os balões de diálogo e responderem. Se necessário, explique que o item 1 deve ser respondido com o presente perfeito e um superlativo. O item 2 deve ser respondido com *already*, *yet*, ou *just*, e o item 3, com *for* ou *since*.

Unit 7

Índice de conteúdo da unidade

Examine o índice de conteúdo da unidade, na parte superior da página do Student Book. Lembre os alunos de que irão avaliar seu próprio desempenho ao final da seção *Review: Units 7–9*.

Vocabulary

Objetivo

Praticar palavras e frases relacionadas a esportes olímpicos.

Sugestão

Você pode falar sobre os dois tipos de jogos olímpicos: as Olimpíadas de Inverno e as de Verão. Os nomes baseados nas estações do ano tiveram origem no hemisfério norte e não levam em conta que enquanto é verão no hemisfério norte é inverno do hemisfério sul. Os eventos mostrados nesta apresentação fazem parte dos Jogos de "Verão".

Em turmas que demonstram mais interesse pelas Olimpíadas, você pode apresentar uma lista mais completa de esportes olímpicos, tanto de verão como de inverno. Listas mais atualizadas, com ilustrações de cada esporte, podem ser encontradas aqui: http://www.olympic.org/sports

Exercício 1 🔊 2•10

- Peça aos alunos que olhem as fotos e identifiquem todos os esportes. Então, solicite que um voluntário leia em voz alta os itens do quadro *And don't forget…* Esclareça as dúvidas que surgirem.
- Toque o CD ou leia as frases em voz alta; os alunos acompanham no próprio livro.

> **Maneira de usar**
>
> Nas Olimpíadas, há esportes congregados na categoria "atletismo". Nessa categoria enquadram-se os eventos de maratona, corrida com barreiras, corrida com obstáculos, revezamentos, marcha atlética, salto em altura, salto com varas, salto em distância, salto triplo, arremesso de peso, lançamento de disco, lançamento do martelo, lançamento de dardo, decatlo (masculino), heptatlo (feminino) e corridas de 100, 200, 400, 800, 1.500, 5.000 e 10.000 metros. Corridas curtas também são chamadas de tiros (*dashes* ou *sprints*), caso dos 100 metros rasos (*100-meter dash* ou *100-meter sprint*).
>
> Nas olimpíadas, o termo *football* é utilizado no lugar do termo *soccer* para referir-se ao futebol.

Exercício 2 🔊 2•11

- Toque o CD ou leia as palavras em voz alta para que os alunos as repitam.
- Pergunte *Which of these sports have you played? Do you like to watch?*

Atividade prática extra (todas as turmas)

- Os alunos podem fazer mímicas de diversos esportes para que os colegas adivinhem. Caso necessário, os alunos podem consultar a seção *Vocabulary*.

Exercício 3 🔊 2•12

- Leia o enunciado em voz alta. Peça a um voluntário que classifique os esportes nas colunas.
- Toque o CD ou leia o roteiro de áudio em voz alta; os alunos escutam e escrevem.
- Confira as respostas com a turma.

ROTEIRO DE ÁUDIO 2•12 PÁGINA 106

Exercício 4 🔊 2•13

- Leia o enunciado em voz alta e esclareça o significado de *event*. Explique que ouvirão o diálogo duas vezes, para que confiram as respostas.
- Toque o CD ou leia o roteiro de áudio em voz alta; os alunos escutam e escrevem.
- Confira as respostas com a turma.

ROTEIRO DE ÁUDIO 2•13 PÁGINA 106

> **Apoio complementar**
> Extra Practice CD-ROM

---

7 / I have to get the tickets!

Grammar: *have to / has to* • *must* and *must not*
Vocabulary: Some Olympic sports
Social language: Adapt to rules

> **And don't forget …**
> • swimming • gymnastics • tennis
> • volleyball • basketball • soccer
> • kayaking

Vocabulary Some Olympic sports

2•10 **1.** Look at the photos. Read and listen.

1. boxing 2. weightlifting 3. diving 4. sailing 5. table tennis

6. judo 7. high jump 8. long jump 9. hurdles 10. 100-meter run

2•11 **2.** [Pronunciation] Listen and repeat.

2•12 **3.** [Listening comprehension] Listen to the announcers at Olympic sports events. Check the sport.

1.					✓
2.		✓			
3.	✓				
4.				✓	
5.					✓

2•13 **4.** [Listening comprehension] Listen to the conversations. Choose the correct event to complete each statement.

1. They're discussing the **sailing** /(diving) event.
2. They're discussing the (weightlifting)/ **high jump** event.
3. They're discussing the men's **100-meter run** /(table tennis) event.
4. They're discussing the **swimming** /(sailing) event.
5. They're discussing the women's **long jump** /(boxing) event.

50

Topic Snapshots

2.14 1. **Snapshot 1** Read and listen to facts about the history of the Olympics.

Did you know ...?

- People in Ancient Greece used to have an athletics competition at Olympia every four years until the year 393 AD. The first modern Olympic Games were in Athens, Greece, in 1896.
- Until 1900, there were no Olympic events for women. Gradually, though, women began participating in more and more events. Since the 1960s, women have taken part in most events.
- Olympic participation continues to grow. There are now more than 200 countries that take part in the Games.
- Since 1924, the Winter Olympics have taken place every four years. The Winter Olympics feature skiing and ice skating, among other winter sports, so the Games take place in countries with cold winters.
- There are now two new kinds of Olympic Games: the Paralympic Games (for athletes with disabilities) and the Youth Olympic Games (for teenaged athletes).

2. **Read each statement. Write *In the past* or *Now*.**

1. Women athletes take part in most events in the Olympic games. _Now_
2. Most events are for male athletes only. _In the past_
3. Lots of countries send athletes to the Olympics. _Now_
4. There are no Winter Olympics. _In the past_
5. Only Greek athletes take part in the Olympic Games. _In the past_
6. There are Olympic Games for teenagers. _Now_

2.15 3. **Snapshot 2** Read and listen to the conversation.

Carla: Oh, no! We're late!
Paul: No, we're not. The game doesn't start until 11:15.
Carla: But look at the sign. We're not going to make it.
Paul: Carla, it's only 11:00. There's time.
Carla: But we still have to buy the tickets!
Paul: You're right. Do you want to just skip the whole thing? We can watch the game on my tablet.
Carla: OK. And we can use the money we save to go get some lunch!
Paul: That sounds like a plan! Let's go.

4. **Complete each statement, according to the conversation.**

1. Carla thinks they're ...   (a.) late.   b. on time.
2. Carla doesn't think there's enough time to ...   a. see the game.   (b.) buy the tickets.
3. Spectators can't enter the stadium ...   (a.) after 11:00.   b. before 11:00.
4. Carla and Paul decide to watch the event ...   a. in the stadium.   (b.) on Paul's tablet.
5. They'll use the money they save to ...   (a.) get lunch.   b. see another event.

51

Atividade prática extra (todas as turmas)

- Escreva os seguintes números no quadro: 393, 1896, 1900, 1960s, 200, 1924. Peça aos alunos que procurem nos fatos a que cada data e número se refere (*until the year 393 A.D., athletic competitions at Olympia took place every four years; 1896 was the year of the first modern Olympic Games; 1900 was the year when Olympic events for women began; 1960 was the year when women started to take part in most events; 200 is number of countries that participate in the games; 1924 is when Winter Games began*).

Exercício 3 Snapshot 2 2·15

- Peça aos alunos que olhem a foto. Um voluntário deve ler a chamada. Pergunte *Where are the two people?* (*at the entrance to a stadium*). Explique que *game* se refere a uma competição de futebol que dura 90 minutos. Explique que *promptly* significa exatamente naquele momento. Se for necessário, explique que *spectators* são aqueles que assistem a um evento. Peça aos alunos que especulem a respeito de que problemas eles podem vir a ter (*they may not have enough time to get into the stadium*).
- Chame atenção para a frase *Do you want to just skip the whole thing?* Pergunte *What does he mean?* (*he's asking his friend if she wants to not go to the game altogether*); *What do they decide to do?* (*watch the game on his tablet*).

Exercício 4

- Leia o enunciado e o exemplo em voz alta.
- Peça aos alunos que façam o exercício, tentando responder às perguntas sem consultar o diálogo.
- Confira as respostas com a turma.

Topic Snapshots

Objetivo

Explorar o tema da unidade, fazendo uso dos exemplos de gramática, vocabulário e linguagem social em contexto.

Aquecimento

Para aquecer, pergunte *Do you know how the Olympics began? Do you know where?* Escreva as respostas no quadro. Se possível, traga um mapa da Europa e mostre aos alunos onde fica a Grécia.

Exercício 1 Snapshot 1 2·14

- Toque o CD ou leia os fatos em voz alta; os alunos acompanham no livro.
- Tire dúvidas de vocabulário conforme a necessidade. Explique que *to participate* e *to take part*, no segundo item, têm o mesmo significado.
- Pergunte *Does your country participate in the Olympic Games? Do you have any favorite Olympic events? Athletes?*

- Chame atenção para a palavra *Games* no quarto item. Pergunte *Why is the word capitalized?* (*because it refers to the Olympic Games*).

Exercício 2

- Leia o enunciado em voz alta. Comente que os fatos da história das Olimpíadas dizem respeito a coisas que aconteceram no passado ou mesmo que continuam sendo verdadeiras.
- Peça a um voluntário que leia o primeiro item e o responda, encontrando o trecho que contém informações úteis para essa resposta (*item 2*).
- Confira as respostas com a turma e peça a alguns alunos que mostrem onde encontraram as respostas (2. *item 2*; 3. *item 3*; 4. *item 4*; 5. *item 1*; 6. *item 5*).

Grammar

Objetivo
Praticar *have to / has to*

| Apoio de gramática
Interactive Grammar Presentation

Exercício 1

- Peça a voluntários que leiam o diálogo nos balões. Pergunte *What does the boy mean by "have to"?* (*that it's necessary that he go*).

- Leia a primeira regra gramatical e o exemplo. Reitere que *it is necessary to buy tickets since they don't have any yet*. Dê mais exemplos, como *You have to do your homework or you will get a bad grade.*

- Escreva no quadro: *What do you have to do this week?* Escolha voluntários para responderem.

- Leia a segunda regra. Peça mais exemplos, como *You don't have to do all the exercises.*

- Mostre as frases afirmativas e negativas. Chame atenção para *have to*, *has to* e a forma base do verbo.

- Leia a seção Questions. Pergunte *What type of questions are the first two examples?* (*yes / no questions*); *The last four examples?* (*information*).

- Leia a *Language tip*. Pergunte a um aluno *Can you help me move next week?* e peça a resposta (por exemplo, *I'm sorry, I have to help my mom.*).

Maneira de usar
Have to é uma expressão modal, pois é seguida de uma forma-base. No entanto, é diferente de um verbo modal, pois possui mais de uma forma: *have* e *has*. Além disso, ao contrário dos modais, ela pode ser utilizada em tempos e modos diferentes: *I have to, I had to, I will have to, I'm going to have to*, etc.

Exercício 2 🔊 2•16

- Toque o CD ou leia os exemplos de gramática em voz alta para que os alunos os repitam.

- Em seguida, toque ou leia novamente cada item. Explique que o *v* em *have* é pronunciado como *f*, e que *to* geralmente é pronunciado como um *to* fraco, com um *schwa*: /hæf tə/. Chame atenção para a tônica em *have to* e *don't have to* em frases afirmativas. Relembre que nas perguntas com respostas *sim / não* a entonação é crescente, e em perguntas com pronomes interrogativos, ela é decrescente.

[ROTEIRO DE ÁUDIO 2•16]
We don't have tickets yet. We have to buy them.

We don't have to go to school tomorrow. It's Saturday.
I have to study tonight.
I don't have to get up early.
Do I have to take the bus to the event?
Does Lara have to buy new gym shoes?
When do they have to get to the stadium?
Where does Amy have to go to get the tickets?
Who do you have to call if you're late?
Who has to bring the refreshments to the game?

| Apoio complementar
Referência Gramatical página 106

Exercício 3

- Leia o enunciado em voz alta e peça aos alunos que usem as formas afirmativa e negativa corretamente.

- Confira as respostas com a turma.

- **Opção**: Os alunos podem ler o diálogo em duplas.

Sugestão
O *About you* pode ser feito como uma atividade de conversação. Como alternativa, você pode pedir que os alunos leiam o que escreveram no caderno.

About you!

- Um voluntário deve ler a pergunta. Peça aos alunos que trabalhem com sua dupla.

- Reúna a turma e peça que alguns voluntários compartilhem suas respostas.

[RESPOSTA]
Resposta pessoal.

| Apoio complementar
Extra Practice CD-ROM

Grammar *have to / has to*

1. Study the grammar.

- Use *have to / has to* + a base form to say something is necessary.
  We don't have tickets yet. We **have to buy** them.
- Use *don't have to / doesn't have to* + a base form to say something is not necessary.
  We **don't have to go** to school tomorrow. It's Saturday.

Affirmative statements			Negative statements		
I / You / We / They He / She	have to has to	study.	I / You / We / They He / She	don't have to doesn't have to	study.
Questions					

Do I have to take the bus to the event? (Yes, you do. / No, you don't.)
Does Lara **have to buy** new gym shoes? (Yes, she does. / No, she doesn't.)
When **do** they **have to get** to the stadium? (At 9:00.)
Where **does** Amy **have to go** to get the tickets? (At the ticket office.)
Who **do** you **have to call** if you're late? (My dad.)
Who **has to bring** the refreshments to the game? (Tom's parents.)

> **Language tip**
> - It's polite to provide a reason with *have to* when you say no to an invitation with *can*.
>   A: *Can you meet me at 3:00?*
>   B: *I'm sorry, I can't. I **have to** go to my grandma's house this afternoon.*

2.16 2. **Pronunciation** Listen to the grammar examples. Repeat.

3. Complete the conversation with forms of *have to*.

Ed: Ann, let's get together this week, OK? How about dinner on Monday?
Ann: Sorry, Ed, I can't. I (1) <u>have to have</u> (have) dinner with my mom.
Ed: Well, can you have lunch on Tuesday? I (2) <u>don't have to be</u> (be) at work until 2:00.
Ann: I wish! I (3) <u>have to go</u> (go) to the dentist. And then I (4) <u>have to study</u> (study). How about Wednesday?
Ed: Wednesday's no good. I (5) <u>have to work</u> (work) all day.
Ann: Well, they canceled running practice on Thursday, so I (6) <u>don't have to do</u> (do) that. Come to my house and we can watch the game. It starts at 5:00.
Ed: Unfortunately, I can't go out on Thursday. My dad (7) <u>has to paint</u> (paint) the kitchen, and I promised to help.
Ann: Well, that leaves the weekend. Let's meet for a movie on Saturday.
Ed: It's a deal! See you at the Cine Lux at 7:00.

About you! What time do you have to be home on weekend evenings?
_____

Can you study with me after school?

I'm sorry. I can't. I **have to go** to soccer practice.

52

Grammar *must* and *must not* to express rules and prohibitions

1. Study the grammar.

- Use *must* + a base form to express rules and prohibitions, especially in writing and on signs. In spoken English, *have to / has to* is more common for expressing rules.

All spectators must enter the stadium before 9:00.

We **have to enter** the stadium before 9:00.

Athletes must not be late to events.

We **have to be** on time.

- For questions about rules, use *have to / has to*, not *must*.
  Do we **have to bring** two uniforms to the event?

- Use negative statements with *must* to express *prohibition*.
  Students **must not be** late for the exam = It's prohibited (against the rules) to be late.

Language tip • Always use a base form, not an infinitive, after *must*.
Passengers **must be** at the airport one hour before their flight.
NOT Passengers ~~must to be~~ at the airport one hour before their flight.

2.17))) 2. **Pronunciation** Listen to the grammar examples. Repeat.

3. Complete the rules with *must* or *must not*.

Hometown Teen Olympics

Athletes...
(1) _must_ check the updated schedule online every morning and evening.
(2) _must not_ be late for their event. Players who are late can't play in the event.
(3) _must_ be at school one hour before their event for pre-game practice.
(4) _must_ text their coaches the night before their event to confirm that they are OK to play.
(5) _must_ come to school in the team uniform, ready to play. Athletes _must not_ wear street clothes to school on the day of their event.
(6) _must not_ bring any mobile devices to school the day of their event.

Note: If you are sick and will miss your event, get a letter when you are better from your doctor saying you are OK to play. You (7) _must not_ come to the next event without a doctor's letter. No exceptions!

4. Circle the correct verb phrases and sports from the Vocabulary.

1. A: We (don't have to) / must not wear the team bathing suits for (diving) / weightlifting practice, right?
   B: Right. But we (have to) / must to wear them for the diving competition.
2. A: Hey! The sign says, "Athletes (must not) / don't have to wear shoes for the 100-meter run / (judo) practice."
   B: Oops! You're right. I forgot I (have to) / must take my shoes off.
3. A: Mr. Barber, do we (have to) / must bring our own rackets to the hurdles / (table tennis) event?
   B: Please bring your own.

53

inglês coloquial, utilizamos *have to*, e não *must*, ao nos referirmos a regras.

Maneira de usar

Must (para expressar obrigação) quase nunca é utilizado em inglês americano quando se refere a ou se fala com um adulto. Às vezes é utilizado quando se fala com uma criança, para assegurar que ela compreenda que deve obedecer. A forma contraída de *must not* é *mustn't*. *Mustn't* é uma expressão extremamente rara no inglês americano e é interpretada como arrogante e infantilizante.

Não é comum fazer perguntas começando com *must*, tais como *When must spectators enter the stadium?*, mesmo que haja uma regra escrita dizendo isso.

Must também é utilizado quando se presume algo *He looks like you. He must be your brother.* Esse tipo de uso não é abordado pelo livro *Teen2Teen* Four.

Você pode observar que *must* é um modal, como *can, should* e *will*. Modais nunca recebem um -s na terceira pessoa, como ocorre normalmente com os verbos na terceira pessoa do presente simples.

ROTEIRO DE ÁUDIO 2•17

All spectators must enter the stadium before 9:00.
We have to enter the stadium before 9:00.
Athletes must not be late to events.
We have to be on time.
Do athletes have to bring two uniforms to the event?
Students must not be late for the exam.

Apoio complementar
Referência Gramatical página 106

Exercício 3

- Leia o enunciado em voz alta. Certifique-se de que todos compreendem que cada frase começa com *All athletes…* Diga aos alunos que a resposta (afirmativa ou negativa) pode ser determinada verificando o que faz sentido. Um voluntário deve ler o exemplo.

- Peça aos alunos que completem o exercício e, depois, confira as respostas com a turma.

Exercício 4

- Leia o enunciado e o exemplo em voz alta.

- Peça aos alunos que completem o exercício.

Apoio complementar
Extra Practice CD-ROM

Grammar

Objetivo

Praticar *must* e *must not* para falar de regras e proibições.

Apoio de gramática
Interactive Grammar Presentation

Exercício 1

- Leia a primeira regra gramatical. Peça aos alunos que olhem as placas e as frases nos balões de diálogo.

- Para verificar a compreensão, pergunte *Which is more common in spoken English – "must" or "have to"?* (*have to*).

- Leia a segunda regra gramatical. Peça aos alunos que façam perguntas sobre as regras usando elementos da sala de aula (por exemplo, *Do students have to do homework? Bring a dictionary to class? Arrive to class on time?*), enquanto outros respondem.

- Leia a última regra gramatical. Enfatize que *must not* é utilizado para expressar uma proibição.

- Explique que *don't have to* tem um significado completamente diferente de *must not*. Escreva as seguintes frases no quadro:
  You must not call the professor. vs. *You don't have to call the professor.* Pergunte *What is the difference?* ("must not" means it is prohibited, whereas "don't have to" means you can, but you are not required to do something).

- Leia a *Language tip*.

Exercício 2 2•17

- Toque o CD ou leia os exemplos de gramática em voz alta para que os alunos os repitam. Toque novamente.

- Mostre que são regras, enfatizando o *must* e enunciando cada uma delas deliberadamente, já que não se trata de frases coloquiais. Lembre-os de que, no

Reading

Objetivo

Desenvolver habilidades de leitura: um artigo de jornal.

Aquecimento

Peça a um voluntário que leia o título do artigo. Pergunte *What do you think "underdog" means?* (*a person or team that people think has little chance of winning*). Solicite que um aluno leia uma das legendas. Então, pergunte *Why might the Jamaican bobsled team be considered an underdog?* (*there is no snow in Jamaica, so they don't have much opportunity to practice*). Pergunte *Are you familiar with bobsledding? Does your country have a bobsledding team?*

Exercícios 1 🔊 2·18

- Leia o enunciado e a pergunta em voz alta. Diga aos alunos que eles deverão responder à pergunta após a releitura do artigo.
- Toque o CD ou leia o artigo em voz alta; os alunos acompanham no próprio livro.
- Tire dúvidas de vocabulário conforme a necessidade. *Not necessarily* significa *it doesn't have to be*. Assim, a resposta *Not necessarily* à pergunta no começo do parágrafo significa que um país não precisa ter muita neve para que seus atletas participem das Olimpíadas de Inverno. Explique que *to root for someone* significa torcer por alguém.
- Por último, volte à pergunta do enunciado.

RESPOSTA

That even though there is no snow in Jamaica, they could compete successfully in the sport.

Exercício 2

- **Skill / strategy:** *Identify the main idea*. Explique que essa estratégia ajuda o leitor a compreender a ideia principal de um artigo e encontrar os trechos que embasam o conteúdo.
- Leia o enunciado em voz alta. Peça aos alunos que pensem sobre os itens e completem o exercício, comparando as respostas em duplas.
- Reúna a turma e analise todos os itens: a opção 1 é um fato sobre a Jamaica, mas não é o foco do artigo. A opção 2 é um detalhe verdadeiro, mas também não é a ideia principal.

Exercício 3

- **Skill / strategy:** *Understand meaning from context*. Explique que os alunos irão deduzir o significado de uma palavra desconhecida examinando o contexto e as palavras próximas.

7

Reading A newspaper article

(2.18) **1.** Read the article about the Jamaican bobsled team. What is surprising about the team?

2. [Identify the main idea] After reading the article, choose the statement that expresses its main idea.

1. Jamaica is a tropical country with no snow or ice.
2. Pushcarting is similar to bobsledding.
3. You don't have to come in first to be a success.

3. [Understand meaning from context] Read the article again and find the words from the list. Complete each statement.

> compete   race   root for   shocked   similar   ~~underdogs~~

1. _Underdogs_ are teams or athletes that people expect will lose.
2. A _race_ is a kind of competition.
3. A word that means "almost the same" is _similar_ .
4. A verb that means take part in a contest or game is _compete_ .
5. When you _root for_ a team, you want the team to win.
6. An adjective with the same meaning as "surprised" is _shocked_ .

Pushcarting

WINTER OLYMPICS UNDERDOGS

Does a country have to have lots of snow and ice in order to send athletes to compete in the Winter Olympic Games? Not necessarily!

Jamaica, a tropical country with no snow or ice, first entered a team in the bobsled event in the 1988 Olympic Games in Calgary, Canada. Since then, a Jamaican team has competed in several Olympic Games and continues competing today. There is even a famous movie, *Cool Runnings*, about the team.

How and why did a Jamaican team enter a sport that they couldn't easily practice at home? There are two factors that encouraged the Jamaicans: Jamaica has almost always entered fast runners in the Olympics, and every year there is a big pushcart race in Jamaica. Pushcarting is similar to bobsledding: athletes have to run and push the cart fast and then jump onto it. So maybe the idea wasn't so crazy!

When the Jamaicans arrived at the 1988 Olympics, the world was shocked. They were the underdogs: no one thought they could win. Unfortunately, the team didn't finish the race because their sled crashed. But their story became world famous, and the Jamaican bobsled team keeps trying. The world is rooting for them to win an Olympic Gold Medal one day.

What has the story of the Jamaican bobsled team taught us? You don't always have to win to be a success.

Jamaica's 1988 bobsled team

The team in a race

COOL RUNNINGS

54

- Leia o enunciado em voz alta. Peça aos alunos que encontrem e sublinhem cada uma das palavras no artigo. Depois, eles devem examinar cada uma das palavras sublinhadas e as palavras ao redor, e então completar o exercício.
- Peça-lhes que comparem as respostas em duplas.
- Por fim, confira as respostas com a turma.
- **Opção:** Os alunos criam frases com o vocabulário para verificar a compreensão, trabalhando em duplas. Reunindo a turma, ouça as frases dos alunos. Por exemplo, *Our soccer team was the underdog in the match. We had the weakest players.*

Exercício 4

- **Skill / strategy:** *Confirm a text's content.* Explique que confirmar o conteúdo de um texto é mostrar quais fatos são verdadeiros de acordo com ele. Leia o enunciado em voz alta.

- Primeiro, os alunos tentam completar o exercício sem consultar o artigo. Em seguida, peça que olhem o artigo e confirmem as respostas. Peça aos alunos que sublinhem e numerem as seções que correspondem aos números dos itens.
- Depois de os alunos compararem as respostas em duplas, confira-as com toda a turma (1. *parágrafo 3*; 4. *parágrafo 3*; 5. *parágrafo 5*).

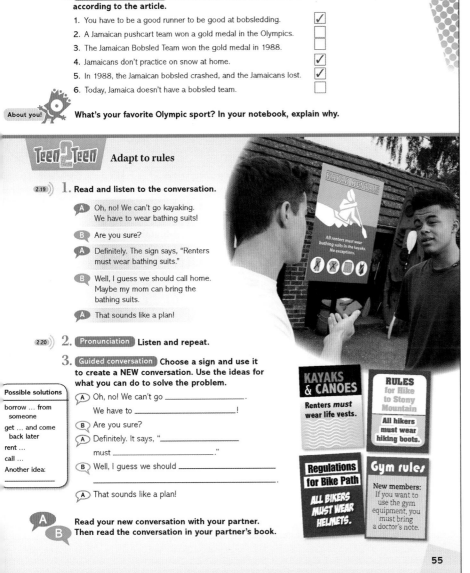

4. [Confirm a text's content] **Write a check mark for the statements that are true, according to the article.**

1. You have to be a good runner to be good at bobsledding. ☑
2. A Jamaican pushcart team won a gold medal in the Olympics. ☐
3. The Jamaican Bobsled Team won the gold medal in 1988. ☐
4. Jamaicans don't practice on snow at home. ☑
5. In 1988, the Jamaican bobsled crashed, and the Jamaicans lost. ☑
6. Today, Jamaica doesn't have a bobsled team. ☐

About you! **What's your favorite Olympic sport? In your notebook, explain why.**

Teen2Teen **Adapt to rules**

(2.19) **1.** **Read and listen to the conversation.**

A Oh, no! We can't go kayaking. We have to wear bathing suits!

B Are you sure?

A Definitely. The sign says, "Renters must wear bathing suits."

B Well, I guess we should call home. Maybe my mom can bring the bathing suits.

A That sounds like a plan!

(2.20) **2.** [Pronunciation] **Listen and repeat.**

3. [Guided conversation] **Choose a sign and use it to create a NEW conversation. Use the ideas for what you can do to solve the problem.**

Possible solutions

borrow ... from someone

get ... and come back later

rent ...

call ...

Another idea:

A Oh, no! We can't go _____.
We have to _____!

B Are you sure?

A Definitely. It says, "_____ must _____."

B Well, I guess we should _____ _____.

A That sounds like a plan!

A / B Read your new conversation with your partner. Then read the conversation in your partner's book.

KAYAKS & CANOES
Renters *must* wear life vests.

RULES for Hike to Stony Mountain
All hikers must wear hiking boots.

Regulations for Bike Path
ALL BIKERS MUST WEAR HELMETS.

Gym rules
New members: If you want to use the gym equipment, you must bring a doctor's note.

55

Sugestão

O *About you* pode ser feito como uma atividade de conversação, nas turmas em que isso parecer apropriado. Como alternativa, você pode pedir que os alunos leiam o que escreveram no caderno.

About you!

• Um voluntário deve ler a pergunta. Peça aos alunos que trabalhem com sua dupla.

• Reúna a turma e peça que alguns voluntários compartilhem suas respostas. Escreva nomes de diferentes esportes olímpicos no quadro. Descubra se os alunos da turma têm mais interesse pelos jogos de inverno ou de verão.

[RESPOSTA]
Resposta pessoal.

Teen2Teen

Objetivo

Praticar linguagem social para se adaptar a regras.

Aquecimento

Escreva no quadro a palavra *Rules*. Peça exemplos: *Students must not miss more than two classes*; *No smoking*; *Don't use the elevator*, etc. Pergunte *Are you good at following rules?*

Exercício 1 ⊙ 2•19

• Chame atenção para a foto e tire dúvidas de vocabulário conforme a necessidade.

• Toque o CD ou leia o diálogo em voz alta; os alunos acompanham no próprio livro.

• Pergunte *Why can't they go kayaking?* (*because they don't have bathing suits*); *How do they know they need bathing suits?* (*the sign with the rules says so*).

• **Opção:** Chame a atenção dos alunos para *have to*, na primeira frase do diálogo, e para *must*, na segunda frase. Explique que *have to* indica que é necessário fazer alguma coisa. A frase com *must* é uma regra.

Exercício 2 ⊙ 2•20

• Toque o CD ou leia cada linha do diálogo em voz alta, dando tempo para que os alunos repitam. Primeiro pratique cada linha com a turma inteira, depois peça-lhes para repetirem individualmente.

• Chame atenção para a tônica nas frases com *have to* e *must*.

Exercício 3

• Leia o enunciado em voz alta. Peça a alguns voluntários que leiam as placas. Tire dúvidas de vocabulário conforme a necessidade. Explique que *regulations* é sinônimo de *rules*. Se necessário, ajude os alunos a decidir do que precisam: *borrow*, *rent*, etc. no quadro *Possible solutions*.

• Explique aos alunos que eles irão criar seus próprios diálogos, utilizando o Exercício 1 como modelo.

• Dê tempo para que eles escolham uma placa e uma solução possível, e para que preencham as informações.

• Explique que a primeira lacuna deve ser preenchida com uma atividade; a segunda lacuna, com o detalhe de uma regra; nas lacunas três e quatro, eles precisam citar uma regra de alguma das placas; e a lacuna cinco deve ser preenchida com algo do quadro *Possible solutions*.

• Peça aos alunos que completem as lacunas. Ande pela sala e ajude-os, se necessário.

Chat

• Peça aos alunos que pratiquem a leitura dos novos diálogos em duplas.

• **Opção:** Peça a algumas duplas que leiam seu diálogo para toda a turma. Encoraje-os a escutar com atenção, pedindo que anotem a atividade, o problema e a regra mencionada.

Extensão
Writing página 93

Apoio complementar
Extra Practice CD-ROM
Workbook páginas W20–W22
Grammar Worksheet 7
Vocabulary Worksheet 7
Reading Worksheet 7
Video: Teen Snapshot Unit 7
Unit 7 Tests A and B

Unit 8

Índice de conteúdos da unidade

Examine o índice de conteúdos da unidade, na parte superior da página do Student Book. Lembre os alunos de que irão avaliar seu próprio desempenho ao final da seção *Review: Units 7–9.*

Topic Snapshots

Objetivo

Explorar o tema da unidade, fazendo uso dos exemplos de gramática, vocabulário e linguagem social em contexto.

Aquecimento

Antes de abrirem os livros, escreva no quadro:
Recycle
Pergunte *What comes to mind when you see this word?* (por exemplo, *environment, trash, paper, cans, metal,* etc.) Escreva as respostas dos alunos no quadro para consultar depois. Pergunte *Does your town offer possibility for recycling? What are different things we can recycle every day?* (por exemplo, *reuse paper for scrap paper*).

Exercício 1 Snapshot 1 🔊 2•21

- Peça aos alunos para olharem as imagens do artigo. Olhe novamente o quadro para ver quais dos itens ali presentes também foram mencionados pelos alunos.
- Leia o enunciado em voz alta.
- Toque o CD ou leia a lista em voz alta; os alunos acompanham no próprio livro.
- Tire dúvidas de vocabulário conforme a necessidade. Pergunte *Has anyone ever seen a compost bin?* Caso alguém responda que sim, peça que descreva exatamente o que é e com o que se parece (por exemplo, *a special trash can or a pile in the yard*).
- Dê alguns minutos para que eles marquem os itens que reciclam e peça que compartilhem as respostas em duplas.

- **Opção:** Se quiser estimular a discussão, pergunte *Do you think your town offers you enough opportunities for recycling? For example, is there recycling pick up? Or do you have to bring your items somewhere? Do you think your town could do more?*

Exercício 2

- Leia o enunciado e o exemplo em voz alta.
- Peça aos alunos que completem o exercício e depois comparem as respostas em duplas.
- Por fim, confira as respostas com a turma.

Atividade prática extra (todas as turmas)

- Os alunos trabalham em duplas. Dê a cada dupla um dos itens da lista e peça que criem um diálogo sobre a reciclagem desse objeto em particular. Por exemplo, para *Glass and plastic,* escreva:

A: *What are you doing? Don't throw out that plastic water bottle!*
B: *Oh, oops. Yeah. I guess I should recycle it.*
A: *I have a better idea: just get a water bottle that you can refill with water.*
B: *I know. I know. But I always lose those!*

- Peça a um voluntário que leia o diálogo com você.
- Em seguida, peça às duplas que escrevam seus próprios diálogos. Ande pela sala e ajude-os, se necessário.
- Solicite que alguns voluntários leiam seus diálogos para a turma.

---

8 / That might be a good idea.

Grammar: *be supposed to* • *might* for possibility
Vocabulary: Ways to protect the environment
Social language: Remind someone of expected behavior

Topic Snapshots

(2•21) 1. [Snapshot 1] Read and listen to the recycling checklist. Check the things *you* recycle.

What can you recycle? ♲

☐ **Food products**
Put egg shells, coffee grounds, tea bags, fruits and vegetables, and other leftover food from meals into a compost bin outside.

You can use leftovers to make garden soil so you can grow your own vegetables.

☐ **Glass and plastic**
Put glass and plastic bottles for milk, juice, soda, and water in special recycling bins. You can also recycle certain plastic food containers if they have the recycle symbol on them.

☐ **Aluminum**
After drinking soda and juice from cans, recycle them. You can also recycle old bikes and other metal products made of aluminum.

☐ **Paper products**
Tie newspapers, magazines, old letters, printer paper, and empty food boxes together and recycle them.

☐ **Electronic products**
Some electronics stores will take your old TVs, phones, computers, and more. Don't put these in the garbage!

2. Choose the correct answer, according to the checklist.

1. If we recycle food, what can we do with it?
   (a.) Use it to make garden soil.
   b. Use it to make paper.
2. Can you recycle all plastic food containers?
   a. Yes, you can.
   (b.) No, you can't.
3. What should you do with old paper products before you recycle them?
   (a.) Tie them together.
   b. Put them in the garbage.
4. Are soda or juice cans the only way to recycle aluminum?
   a. Yes. You can only recycle soda and juice cans.
   (b.) No. You can also recycle old bikes and other products.
5. Should you put old electronic products in the garbage?
   a. Yes, you should.
   (b.) No, you shouldn't.

56

(2.22)) 3. **Snapshot 2** Read and listen to the conversation.

Dad: Who left the water running?

Gary: Oops. I guess I forgot.

Dad: Gary, you're wasting water. Think about the environment. What if everyone left their water running?

Gary: You're right, Dad.

Dad: And don't forget to recycle that soda can, OK? We're not supposed to put soda cans in the regular garbage.

Gary: OK. Hey, you know what? Maybe I should write a note and put it over the garbage can. That might help us all remember.

Dad: Excellent idea!

A recycling bin

4. Circle T (true), F (false), or NI (no information), according to the conversation.

1. Gary's dad never leaves the water running. T / F /**(NI)**
2. Gary didn't remember to do something. **(T)**/ F / NI
3. They're supposed to recycle newspapers. T / F /**(NI)**
4. They're not supposed to recycle soda cans. T /**(F)**/ NI
5. Wasting water is good for the environment. T /**(F)**/ NI
6. A note might help them remember to recycle. **(T)**/ F / NI

Vocabulary Ways to protect the environment

(2.23)) 1. Look at the pictures. Read and listen.

I brought my own bag.

Let's turn the water off while we're brushing our teeth.

1. recycle bottles   2. reuse shopping bags   3. use less water   4. pick up litter

(2.24)) 2. **Pronunciation** Listen and repeat.

(2.25)) 3. **Listening comprehension** Listen to the conversations. Complete the statements.

1. They're going to _reuse_ their _bottles_ .
2. They're going to _pick up litter_ after school.
3. They're going to _recycle_ their _magazines_ .
4. They should _use less electricity_ .

57

Vocabulary

Objetivo
Praticar frases sobre maneiras de proteger o meio ambiente.

Exercício 1 🎧 2·23
- Toque o CD ou leia as frases em voz alta; os alunos acompanham no próprio livro.
- Tire dúvidas de vocabulário conforme a necessidade. Pergunte *What does "reuse" mean?* (*use again*). Explique que *litter* significa papéis, latas etc. que as pessoas jogaram no chão em lugares públicos.
- **Opção:** Chame atenção para o iten 2 (*Reuse shopping bags*). Pergunte *What are other things we can reuse?* Faça uma lista no quadro, por exemplo, *jars, envelopes, boxes, scrap paper*, etc. Pergunte *How can these items be reused?* Por exemplo: *jars can be used to store other items; envelopes can be used as scrap paper, or you can stick a label over an address, and use it again; boxes can be reused to store other items;* etc.

Exercício 2 🎧 2·24
- Toque o CD ou leia as frases em voz alta para que os alunos as repitam.

Exercício 3 🎧 2·25
- Leia o enunciado em voz alta. Diga aos alunos para consultarem as frases na seção de vocabulário para obter dicas de como devem escrever as respostas. Para turmas menos avançadas, você pode escrever as palavras *magazines* e *electricity* no quadro.
- Explique que vocês ouvirão cada diálogo duas vezes e que eles devem tomar notas após cada diálogo e depois preencherem as lacunas.
- Toque o CD ou leia o roteiro de áudio em voz alta; os alunos escutam e escrevem as respostas. Então toque novamente para que verifiquem as respostas, fazendo as devidas correções.
- Após completarem o exercício, os alunos comparam suas respostas em duplas.
- Confira as respostas com a turma.

ROTEIRO DE ÁUDIO 2·25 PÁGINA 107

Atividade extra de extensão (turmas mais avançadas)
- Peça aos alunos para simularem um diálogo semelhante ao do Exercício 3. Diga-lhes que podem consultar o vocabulário e a lista na página 56.

Apoio complementar
Extra Practice CD-ROM

Exercício 3 Snapshot 2 🎧 2·22
- Leia o enunciado em voz alta.
- Toque o CD ou leia o diálogo em voz alta; os alunos acompanham no próprio livro. Chame atenção para *"left the water running"*. Pergunte *What does this mean?* (*the person didn't shut off the water, and water is continuously coming out of the faucet*). Pergunte *What does it mean "to waste"?* (*to use more than is necessary*).
- Chame atenção para o tom na terceira linha. Pergunte *What is the dad's tone?* (*serious; he is reprimanding his son for not thinking about the environment*).
- **Opção:** Os alunos podem ler o diálogo em duplas.

ROTEIRO DE ÁUDIO 2·22 PÁGINA 107

Exercício 4
- Leia o enunciado em voz alta.
- Diga aos alunos para completarem o exercício sem consultar o diálogo. Depois eles podem olhar e verificar as respostas.
- Confira as respostas com a turma.
- **Opção:** Peça a alguns voluntários que transformem as frases falsas em verdadeiras: 1. *Gary made a mistake*; 4. *Leaving water running is a bad idea*; 5. *Wasting water is bad for the environment*.
- **Opção:** Pergunte *Do you think Gary's idea for the reminder is a good one? What are other reminders we can set up for recycling?* (por exemplo, *have bins set up inside the house for the different things that need to be separated for recycling; have a calendar on the refrigerator specifying days for recycling pick up, etc.*).

Grammar

Objetivo

Praticar be supposed to.

| Apoio de gramática
Interactive Grammar Presentation

Exercício 1

- Peça a um voluntário que leia o balão de diálogo da foto. Pergunte *What do you think "supposed to" means?* (*It's a rule we need to follow*). Pergunte *What kinds of things are we supposed to do in class?* (por exemplo, *pay attention, do homework, participate,* etc.)
- Leia a regra gramatical e os exemplos.
- **Opção:** Peça aos alunos para voltarem ao diálogo da página 57 e encontrem um exemplo de *supposed to* (*We're not supposed to put soda cans…*). Pergunte *Is it affirmative or negative?* (*negative*) *A statement or a question?* (*a statement*). Peça aos alunos para criarem uma pergunta com resposta do tipo *sim/ não* a partir da frase (*Are we supposed to put soda cans…?*). Solicite uma resposta curta (*No, we're not*).

Exercício 2 🔊 2·26

- Toque o CD ou leia os exemplos de gramática em voz alta para que os alunos os repitam. Chame atenção para a sílaba tônica de *supposed to,* na primeira e na terceira frases, e para a ênfase em *not* na frase negativa.
- Em seguida, toque ou leia novamente cada item.

ROTEIRO DE ÁUDIO 2·26

We're supposed to use less electricity!
You're not supposed to put cans in there.
Look!
Are we supposed to recycle glass bottles?

| Apoio complementar
Referência Gramatical página 107

Exercício 3 🔊 2·27

- Leia o enunciado em voz alta. Explique que algumas respostas serão frases afirmativas e outras serão frases negativas, e que vocês ouvirão cada diálogo duas vezes.
- Toque o CD ou leia o roteiro de áudio em voz alta para que os alunos escutem e escrevam as respostas. Então toque novamente para que verifiquem as respostas, fazendo as devidas correções.
- Após completarem o exercício, os alunos comparam suas respostas em duplas.
- Confira as respostas com a turma.

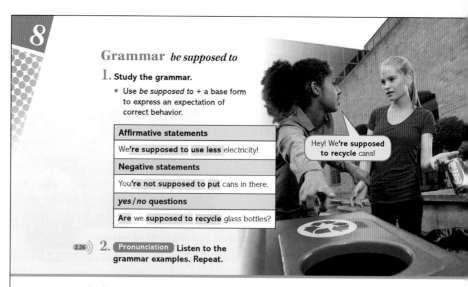

Grammar *be supposed to*

1. Study the grammar.

- Use *be supposed to* + a base form to express an expectation of correct behavior.

Affirmative statements
We**'re supposed to use less** electricity!

Negative statements
You**'re not supposed to put** cans in there.

yes/no questions
Are we **supposed to recycle** glass bottles?

(2.26) **2. Pronunciation** Listen to the grammar examples. Repeat.

(2.27) **3. Listening comprehension** Listen to the conversations and complete the statements. Use affirmative or negative forms of *be supposed to.* Use contractions.

1. She's supposed to _____ come home before 6:00.
2. They're supposed to _____ call their mom now.
3. He's not supposed to _____ eat here.
4. They're supposed to _____ wear their Recycling Day T-shirts tomorrow.
5. He's not supposed to _____ text his friends in class.

4. Look at the pictures. Use the cues to write statements and questions using *be supposed to.*

Am I supposed to put (I/put) paper in the regular garbage?

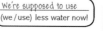
We're supposed to use (we/use) less water now!

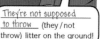
They're not supposed to throw (they/not throw) litter on the ground!

Are we supposed to reuse (we/reuse) shopping bags?

58

- **Opção:** Em duplas, os alunos criam perguntas com respostas do tipo *sim / não* a partir das frases e dão respostas curtas, dependendo do item do exercício ser uma frase afirmativa ou negativa, por exemplo:
1. **A** *Is she supposed to come home before 6:00?*
B *Yes, she is.*

ROTEIRO DE ÁUDIO 2·27 PÁGINA 107

Exercício 4

- Leia o enunciado em voz alta. Olhe o exemplo. Explique que o ponto de interrogação deixa claro que se trata de uma pergunta. Com *I* como sujeito, é necessário utilizar *Am.*
- Peça aos alunos que utilizem os marcadores nos outros itens para escreverem frases afirmativas ou interrogativas. Avise-os de que devem prestar atenção no sinal de pontuação ao final da frase. Ande pela sala e ajude-os, se necessário.

- Peça aos alunos que confiram as respostas em duplas.
- Depois, confira as respostas com a turma.
- **Opção:** Peça mais exemplos que tratem de reciclagem e do meio ambiente (por exemplo, *We're supposed to separate our papers and plastics; We're not supposed to throw away batteries; Are we supposed to recycle refrigerators?*).

Atividade prática extra (todas as turmas)

- Os alunos devem pensar em frases afirmativas e interrogativas utilizando *supposed to* e que possam ser usadas com as figuras. Por exemplo: 1. *You're not supposed to put paper there;* 2. *We're not supposed to leave the water running;* 3. *They're not supposed to throw out their litter;* 4. *We're supposed to reuse plastic bags.*

| Apoio complementar
Extra Practice CD-ROM

Grammar *might* for possibility

1. Study the grammar.

- Use *might* + a base form to express possibility.

> We **might meet** after school to pick up litter.
> (= It's possible that we'll meet after school.)
> He **might forget** to put cans in the recycling bin.
> (= It's possible that he'll forget.)

- Use *might not* to express a negative possibility.

> They **might not use** paper bags at this store.
> (= It's possible they don't use paper bags.)
> If we waste water now, we **might not have** enough water later.
> (= It's possible we won't have enough water.)

If it's sunny tomorrow,
*I **might go** to the beach.*

2.28 2. **Pronunciation** Listen to the grammar examples. Repeat.

3. Complete each statement, using *might* and the base form.

1. We _might ride_ (ride) our bikes to the park if the weather is good.
2. Making small changes at home _might be_ (be) good for the environment.
3. If we take showers instead of baths, we _might use_ (use) less water.
4. We _might not have_ (not / have) time to pick up litter today.
5. If we recycle paper now, they _might not have to cut_ (not / have to / cut) down so many trees.

4. Complete the conversations, using *might* or *might not*.

1. **A:** What are you going to do tomorrow?
   B: _I might stay home and do my homework_ . (I / stay home / and do my homework)
2. **A:** Are you going to come to the meeting about recycling?
   B: _I might not come_ . (I / come) I have a lot of homework today.
3. **A:** Are you going to recycle that soda bottle?
   B: Yes, _I might reuse it for water instead_ . (I / reuse / it for water instead)
4. **A:** Where is the Environment Club going to meet this morning?
   B: Actually, _the club might not meet today_ . (the club / meet / today) We're all too busy.
5. **A:** Why are we using less water right now?
   B: Because _there might be a drought in the future_ . (there / be / a drought in the future)
6. **A:** When are you going to start recycling your old newspapers?
   B: Actually, _we might start recycling them today_ . (we / start / recycling them today)

About you! Write about two things you might do today.

I might go to the mall after school.

_____

_____

_____

59

Maneira de usar

May também pode ser utilizado para expressar possibilidade. Não há diferença entre *may* e *might*.

No inglês americano, *might* não é utilizado em perguntas com respostas do tipo *sim / não* e raramente é utilizado com perguntas que utilizam pronome interrogativo. Geralmente, *might* é considerado muito formal.

Might pode ser utilizado como uma *result clause* nas frases compostas por *real conditional*. O *real conditional* foi ensinado no livro *Teen2Teen* Three, *Unit 6*. Embora não seja necessário revisar o *real conditional*, isso pode ser feito em turmas mais avançadas.

ROTEIRO DE ÁUDIO 2•28

We might meet after school to pick up litter.
He might forget to put cans in the recycle bin.
They might not use paper bags at this store.
If we waste water now, we might not have enough water later.

Apoio complementar
Referência Gramatical página 107

Exercício 3

- Leia o enunciado em voz alta. Lembre os alunos que *might* não é flexionado nem contraído, portanto, eles terão apenas que escrever *might* e copiar as palavras entre parênteses.
- Confira as respostas com a turma.

Exercício 4

- Leia o enunciado em voz alta e dê o exemplo com um voluntário.
- Então aguarde alguns minutos até que os alunos escrevam as respostas.
- Peça que confiram as respostas em duplas e depois confira as respostas com toda a turma.

Sugestão

O *About you* pode ser feito como uma atividade de conversação, nas turmas em que isso parecer apropriado. Como alternativa, você pode pedir que os alunos leiam o que escreveram no caderno.

About you!

- Leia o enunciado e o exemplo.
- Dê tempo para que os alunos escrevam suas frases.
- Em seguida, eles devem comparar as respostas em duplas.
- Peça que alguns voluntários compartilhem suas respostas.

Apoio complementar
Extra Practice CD-ROM

Grammar

Objetivo

Praticar *might* para expressar possibilidade.

Apoio de gramática
Interactive Grammar Presentation

Exercício 1

- Peça a um voluntário que leia o balão de diálogo da foto. Pergunte *Will he definitely go to the beach tomorrow?* (*no, there's a possibility he will*). Peça-lhes outros exemplos de coisas que eles podem fazer amanhã (por exemplo, *I might go to the library; I might go to a restaurant*).
- Chame atenção para a primeira regra gramatical. Leia os exemplos. Peça mais exemplos relacionados a reciclagem (por exemplo, *We might set up a compost bin this summer*).
- Chame atenção para a segunda regra gramatical. Leia os exemplos e peça outros, relacionados à reciclagem

(como *The recycling truck might not come today*).

- **Opção:** Peça aos alunos para voltarem ao diálogo da página 57. Pergunte se conseguem encontrar um exemplo com *might* (*That might help us all remember*). Pergunte *Will the sign definitely help them remember?* (*no, but maybe it will*).

Exercício 2 2•28

- Toque o CD ou leia os exemplos de gramática em voz alta para que os alunos os repitam.
- Em seguida, toque ou leia novamente cada item.

Reading

Objetivo
Desenvolver habilidades de leitura de um folheto informativo.

Aquecimento
Chame atenção para a palavra *leaphlet*. Explique que se trata de um panfleto ou pedaço de papel que traz informações sobre algo. É sinônimo do *pamphlet*, estudado na *Unit 5*.

Exercício 1 🔊 2•29
- Leia o enunciado e a pergunta em voz alta. Peça aos alunos que olhem o título, as imagens e as legendas para terem uma ideia do que é um aterro. Diga-lhes que deverão responder à pergunta após a releitura do artigo.
- Toque o CD ou leia o folheto em voz alta; os alunos acompanham no próprio livro.
- Tire dúvidas de vocabulário conforme a necessidade. *Methane* é um gás invisível e inodoro. Chame atenção para a frase *Landfills are just plain ugly!* Explique que *plain ugly* é um modo informal de dizer *simply ugly*. Então, chame atenção para a frase *There are few things as ugly as a landfill*. Pergunte *What does this mean?* (*that landfills are among the ugliest things in the world*).
- Faça as perguntas do enunciado.

RESPOSTA
A landfill is a place where large amounts of garbage are put into the ground.

Atividade prática extra (todas as turmas)
- Para revisar, peça aos alunos que sublinhem todos os casos de *supposed to* e *might* (*Cities are supposed to manage…; The city might burn…; it might decide…; Landfills might cause…; A landfill might pollute…; this might spread…; it might reduce…*).

Exercício 2
- **Skill / strategy:** *Identify the main idea.* Leia o enunciado em voz alta. Espere até que os alunos pensem sobre a mensagem principal do folheto e eliminem as escolhas que dizem respeito a detalhes.
- Analise todas as opções com a turma: a opção 2 é verdadeira, mas a ideia principal do folheto não é o tamanho dos aterros; o mesmo ocorre com as opções 3 e 4.

Exercício 3
- **Skill / strategy:** *Confirm a text's content.* Leia o enunciado e o exemplo em voz alta. Peça aos alunos que busquem as palavras *air* e *water* (*under problems 1 and 2*). *A landfill can pollute water and produce harmful methane gas and carbon dioxide.*
- Primeiro, os alunos tentam completar o exercício sem consultar o folheto. Em seguida, peça que olhem o artigo e confirmem as respostas, localizando e sublinhando os detalhes que corroboram cada item.
- Confira as respostas com a turma e solicite que mostrem onde encontraram as informações que embasam as afirmações (2. *All that garbage attracts animals and insects*; 3. *Landfills are just plain ugly*; 4. *At some landfills, cities recycle the gases, so they can use them to produce energy to run factories*; 5. *If more people do this* (recycle), *it might reduce the negative impact of landfills.*)

Sugestão
O *About you* pode ser feito como uma atividade de conversação, nas turmas em que isso parecer apropriado. Como alternativa, você pode pedir que os alunos leiam o que escreveram no caderno.

About you!
- Peça a um voluntário que leia o enunciado. Se os alunos não tiverem ideias, peça que tentem pensar em coisas básicas (por exemplo, *to separate certain garbage before it goes to a landfill*).
- Depois, confira as respostas com a turma.

RESPOSTA
Resposta pessoal.

8

Reading An informational leaflet

2.29)) 1. Read the leaflet. What is a landfill?

2. **Identify the main idea** After reading the leaflet, check the statement that expresses its main idea.

1. Cities need to manage their landfills well to protect the environment. ✓
2. Some landfills are really huge. ☐
3. In some landfills, people look for reusable materials. ☐
4. Landfills can cause problems for the environment. ☐

What are we supposed to do with all that garbage?

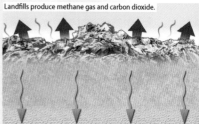

At school, you finish lunch in the cafeteria, and the paper plates and napkins, the plastic cups and forks, the cans or bottles, and everything you didn't eat, all go into the garbage. At home, you take out the garbage and someone takes it away. Then what? What happens to all that stuff? Multiply that by the number of people in your city, and that's a lot of garbage every day!

Cities are supposed to manage their garbage, and most of a city's garbage ends up in a huge landfill. The city might burn some of the garbage. And it might decide to recycle some of it. But most of the garbage stays in that landfill year after year, and the landfill just gets bigger and bigger. Some landfills are almost as high as mountains.

But here's the issue. Landfills might cause more problems for the environment than they solve:

1. The water we drink comes from under the ground. A landfill might pollute that water so people can't drink it safely.
2. Burning mountains of garbage contributes to air pollution. However, even if a city doesn't burn its garbage, landfills still produce harmful methane gas and carbon dioxide.
3. All that garbage attracts animals and insects, such as rats and flies. Many people worry that this might spread disease.
4. Landfills are just plain ugly! There are few things as ugly as a landfill.

Landfills produce methane gas and carbon dioxide.

Landfills can pollute drinking water that comes from underground.

Nevertheless, in spite of their disadvantages, landfills can also be good places to find materials for recycling. At some landfills, cities recycle the gases so they can use them to produce energy to run factories. At others, city workers look for reusable materials and things the city can recycle.

Today, many people are separating recyclable materials such as paper, glass, and plastic before they go into the garbage and end up in a landfill. If more people do this, it might reduce the negative impact of landfills.

60

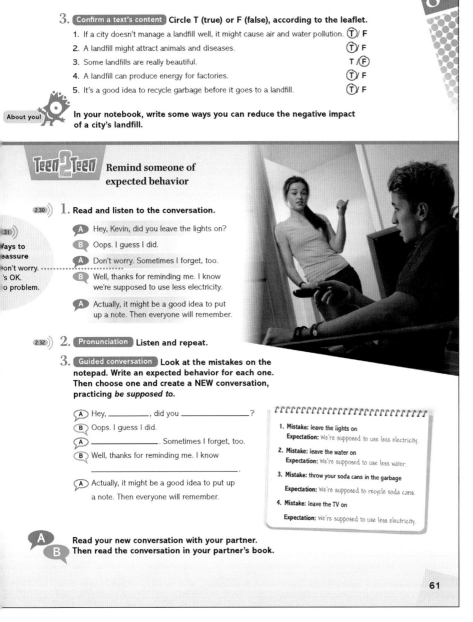

3. **Confirm a text's content** Circle T (true) or F (false), according to the leaflet.

1. If a city doesn't manage a landfill well, it might cause air and water pollution. (T)/ F
2. A landfill might attract animals and diseases. (T)/ F
3. Some landfills are really beautiful. T /(F)
4. A landfill can produce energy for factories. (T)/ F
5. It's a good idea to recycle garbage before it goes to a landfill. (T)/ F

About you! In your notebook, write some ways you can reduce the negative impact of a city's landfill.

Teen2Teen — Remind someone of expected behavior

(2.30) 1. **Read and listen to the conversation.**

A Hey, Kevin, did you leave the lights on?
B Oops. I guess I did.
A Don't worry. Sometimes I forget, too.
B Well, thanks for reminding me. I know we're supposed to use less electricity.
A Actually, it might be a good idea to put up a note. Then everyone will remember.

Ways to reassure
Don't worry.
It's OK.
No problem.

(2.32) 2. **Pronunciation** Listen and repeat.

3. **Guided conversation** Look at the mistakes on the notepad. Write an expected behavior for each one. Then choose one and create a NEW conversation, practicing *be supposed to.*

A Hey, _____, did you _____?
B Oops. I guess I did.
A _____. Sometimes I forget, too.
B Well, thanks for reminding me. I know _____.
A Actually, it might be a good idea to put up a note. Then everyone will remember.

1. **Mistake:** leave the lights on
   Expectation: We're supposed to use less electricity.
2. **Mistake:** leave the water on
   Expectation: We're supposed to use less water.
3. **Mistake:** throw your soda cans in the garbage
   Expectation: We're supposed to recycle soda cans.
4. **Mistake:** leave the TV on
   Expectation: We're supposed to use less electricity.

A
B Read your new conversation with your partner. Then read the conversation in your partner's book.

61

Teen2Teen

Objetivo
Praticar linguagem social para lembrar alguém a respeito do comportamento esperado.

Aquecimento
Pergunte *Does anyone ever remind you of expected behavior – for example, tell you that you should or shouldn't say something or do something? If yes, who tells you this usually?* (por exemplo, *parents, teachers, friends*). *Do you mind people reminding you how to act? Why? Why not?*

Exercício 1 🔊 2·30
• Concentre-se na foto. Pergunte *Where are these people?* (at home); *What's the problem?* (the boy has left the light on); *What do you think she might tell him?* (por exemplo, *We're supposed to conserve energy and shut off lights*).

• Toque o CD ou leia o diálogo em voz alta; os alunos acompanham no próprio livro.

• Pergunte *Does Kevin mind that the girl reminds him about the lights?* (no); *What additional suggestion does the girl make?* (to put up a note).

• **Opção:** Chame atenção para os exemplos de *supposed to* (*we're supposed to use less electricity*) e *might* (*it might be a good idea to put up a note*).

Exercício 2 🔊 2·32
• Toque o CD ou leia cada linha do diálogo em voz alta, dando tempo para que os alunos as repitam. Primeiro pratique cada linha com a turma inteira, depois peça que os alunos as repitam individualmente.

• Concentre-se no tom de cada falante. Pergunte *Is the girl angry at Kevin?* (no, she reminds him gently); *What is his tone?* (also calm).

Exercício 3
• Leia o enunciado em voz alta. Peça a alguns voluntários que leiam o primeiro erro e expectativa no caderno. Então dê alguns minutos para que eles preencham as expectativas. Ande pela sala e ajude-os, caso não tenham compreendido bem o exercício.

• Explique aos alunos que eles irão criar seus próprios diálogos, utilizando o Exercício 1 como modelo.

• Explique que a lacuna 1 dever ser preenchida com um nome e a lacuna 2, com um erro. A lacuna 3 deve ser preenchida com algumas palavras para tranquilizar. A lacuna 4 deve ser preenchida com uma expectativa.

• Peça aos alunos que completem as lacunas e ofereça ajuda, se necessário.

Chat
• Peça aos alunos que pratiquem a leitura dos novos diálogos em duplas. Lembre-os de usarem a entonação correta para expressar preocupação.

• **Opção:** Peça às duplas que leiam seus diálogos para toda a turma. Encoraje os demais a escutarem com atenção, pedindo que anotem o erro e a expectativa mencionados.

Extensão
Writing página 93

Apoio complementar
Extra Practice CD-ROM
Workbook páginas W23–W25
Grammar Worksheet 8
Vocabulary Worksheet 8
Reading Worksheet 8
Video: Teen Snapshot Unit 8
Unit 8 Tests A and B

Unit 9

Índice de conteúdos da unidade

Examine o índice de conteúdos da unidade, na parte superior da página do Student Book. Lembre os alunos de que irão avaliar seu próprio desempenho ao final da seção *Review: Units 7–9*.

Topic Snapshot

Objetivo

Explorar o tema da unidade, fazendo uso dos exemplos de gramática, vocabulário e linguagem social em contexto.

Aquecimento

Pergunte *Who's writing on the Teen2Teen blog today?* (*Carmela*); *Who is responding to her posts?* (*Abby, Sebastian, e Chen*). Revise o país de origem dos adolescentes (*Carmela is from Italy, Abby is from the United States, Sebastian is from Argentina, Chen is from China*).

Exercício 1 🔘 2•33

• Antes de ouvirem o CD, escreva no quadro:
Advertising techniques
Pergunte *What motivates you to buy a product? Price? Emotion? Celebrity endorsement? Brand?*

• Peça que olhem as propagandas à direita e explique o vocabulário conforme for necessário. Pergunte *Do any of these ads appeal to you? Why? Why not?*

• Toque o CD ou leia as publicações em voz alta; os alunos acompanham no próprio livro.

• Certifique-se de que eles compreendem que *a claim* é a afirmação de que algo é verdade, mesmo que não tenha sido provado. Pergunte *What kinds of claims do the ads make?* (*that you can grow taller in two weeks; that you can lose five kilos in one week; that you can clear up pimples in two hours*). Pergunte *Do you think any of these claims are true? Why? Why not?*

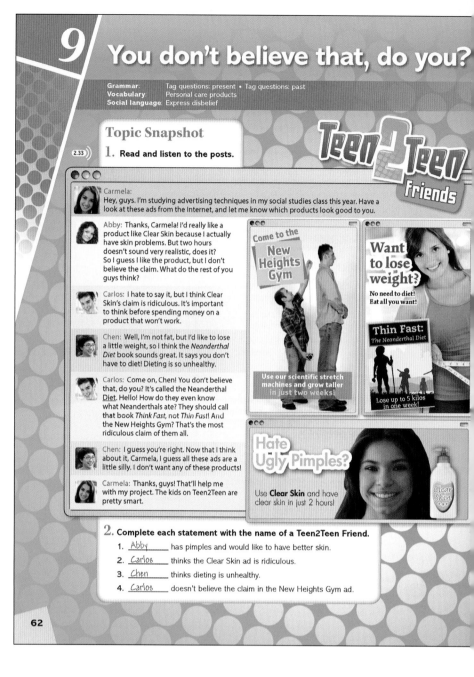

Exercício 2

• Leia o enunciado e o exemplo em voz alta. Peça que os alunos tentem completar o exercício sem consultar a publicação.

• Depois, confira as respostas com a turma.

• **Opção:** Pergunte aos alunos se eles costumam acreditar nas afirmações feitas em propagandas como essas. Pergunte *Why is it tempting to believe such ads?*

• **Opção:** Em turmas mais avançadas, você pode pedir aos alunos para trazerem informações ou falarem a respeito de propagandas que fazem alegações absurdas.

Atividade prática extra (todas as turmas)

• Peça aos alunos que trabalhem em duplas para criar suas próprias propagandas com afirmações absurdas. Eles devem se inspirar nas três propagandas na seção *Topic Snapshot*.

As duplas devem trocar as propagandas entre si. Escreva as seguintes perguntas no quadro para que as duplas respondam:
– What claim does the ad make? Is it believable?
– Would you consider purchasing the product? Why? Why not?
– Have you ever seen a claim for a similar product anywhere?

• Peça que as duplas discutam os anúncios e as perguntas. Reúna a turma para que os grupos compartilhem o trabalho.

Atividade extra de extensão (turmas mais avançadas)

• Peça a um voluntário para ler a resposta de Carmela, ao final do blog. Pergunte *What information do you think Carmela gathered from the teens' responses? How do you think it will help her with her project?*

Vocabulary Personal care products

(2·34) 1. **Look at the photos. Read and listen.**

Personal Hygiene

1. soap   2. deodorant   3. shampoo   4. toothpaste

Skin Care

5. body lotion   6. shaving cream   7. sunscreen   8. face wash

Hair Styling   Cosmetics

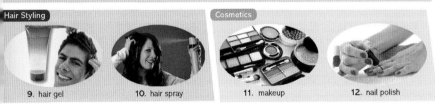

9. hair gel   10. hair spray   11. makeup   12. nail polish

(2·35) 2. **Pronunciation** Listen and repeat.

3. **Complete each statement with a personal care product from the Vocabulary.**

   1. If you want to smell nice (even after soccer practice!), use _deodorant_ every day.
   2. A lot of girls and women use _makeup_ on their faces, even if they are already beautiful.
   3. If your skin is dry, _body lotion_ can help.
   4. Washing your hands with _soap_ several times a day can help prevent a cold.
   5. My dad says I can borrow his _shaving cream_. I don't really need to shave every day yet, but I like to practice.

(2·36) 4. **Listening comprehension** Listen to the ads. Write the kind of personal care product each ad is selling.

   1. _hair spray_   3. _face wash_   5. _sunscreen_
   2. _shampoo_   4. _toothpaste_   6. _nail polish_

About you! **Do you use any personal care products? Which ones?**

_____

63

Vocabulary

Objetivo
Praticar vocabulário relacionado a produtos de higiene pessoal.

Exercício 1 🔊 2·34
- Chame atenção para as categorias de produtos de higiene pessoal e esclareça dúvidas conforme a necessidade.
- Toque o CD ou leia em voz alta

Exercício 2 🔊 2·35
- Toque o CD ou leia em voz alta, dando tempo para que os alunos as repitam.
- Chame atenção para a sílaba tônica de palavras compostas _toothpaste_, _sunscreen_, _makeup_. Mostre que os itens de vocabulário de duas palavras separadas também possuem a tônica na primeira palavra: _body lotion_, _shaving cream_, _face wash_, _hair gel_, _hair spray_, _nail polish_.

- Nas turmas em que isso parecer apropriado, questione-os individualmente _Which is the most important personal care product for you?_

> **Maneira de usar**
> Para espinhas, há três tipos de produtos que um adolescente pode comprar sem prescrição médica: bálsamos, loções e pomadas. Questione os alunos sobre produtos para espinhas que eles conhecem, e, nas turmas mais avançadas, introduza as palavras _lotion_ e _cream_, além de _wash_.

Exercício 3
- Leia o enunciado e o exemplo em voz alta. Lembre os alunos de consultarem a ortografia correta das palavras na seção de vocabulário.
- Peça-lhes que completem os exercícios individualmente e comparem as respostas em duplas.

- Depois, confira as respostas com toda a turma.

Exercício 4 🔊 2·36
- Leia o enunciado em voz alta e diga aos alunos que há uma pergunta para cada diálogo. Explique que ouvirão o diálogo duas vezes, para que confiram as respostas. Lembre-os de que podem consultar o vocabulário na parte superior da página para verificar a ortografia dos nomes dos produtos.
- Toque o CD uma vez e tire dúvidas de vocabulário conforme a necessidade: _stain_ (_change color on something_); _gorgeous_ (_beautiful_); _to apply_ (_to put on / rub on_).
- Eles ouvem novamente e verificam as respostas, fazendo as devidas correções.
- Por fim, confira as respostas com a turma.

ROTEIRO DE ÁUDIO 2·36 PÁGINA 107

Atividade prática extra (todas as turmas)
- Os alunos podem fazer mímicas de produtos de higiene pessoal. Isso pode ser feito em duplas ou como uma competição entre duas equipes. Faça o primeiro exemplo como modelo (por exemplo, _applying toothpaste onto a toothbrush and brushing your teeth_). Lembre-os de que eles precisam adivinhar o tipo do produto (por exemplo, _toothpaste_), não a ação feita com ele.

Sugestão
O _About you_ pode ser feito como uma atividade de conversação, nas turmas em que isso parecer apropriado. Como alternativa, você pode pedir que os alunos leiam o que escreveram no caderno.

About you!
- Leia a pergunta em voz alta.
- Dê tempo para que os alunos a respondam e peça-lhes que discutam em duplas.
- **Opção:** Diga aos alunos que eles podem comparar as marcas de produtos que utilizam. Pergunte _Do you always buy the same brands?_

RESPOSTA
Resposta pessoal.

Apoio complementar
Extra Practice CD-ROM

Grammar

Objetivo

Praticar *tag questions*: presente

| Apoio de gramática
Interactive Grammar Presentation

Exercício 1

- Chame atenção para o balão de diálogo. Peça a um voluntário que leia. Pergunte *When the speaker asks "isn't it?" what do you think she expects?* (*that you will agree with her*). Incentive respostas adicionais, fazendo perguntas do tipo *It's a beautiful day, isn't it? You're not from Spain, are you?*

- Leia a regra gramatical. Então peça aos alunos que estudem as frases negativa e afirmativa e observe como cada uma utiliza a *tag* oposta – uma frase afirmativa requer uma *tag* negativa e vice-versa.

- Agora chame atenção para as *Short answers*. Mais uma vez, deixe que os alunos estudem os exemplos e percebam que frases afirmativas e negativas requerem tags negativas e afirmativas, respectivamente. A resposta curta pode ser afirmativa ou negativa em cada caso.

- Leia as *Language tips*. Mostre que todas as *tag questions* negativas na regra gramatical utilizam contrações.

- **Opção:** Peça aos alunos que encontrem um exemplo de *tag question* no artigo do blog, na página 62 (*Sebastian asks Chen "You don't believe that, do you?"*).

Exercício 2 🔊 2·37

- Toque o CD ou leia os exemplos de gramática em voz alta, dando tempo para que os alunos os repitam.

- Mostre como cada frase tem entonação descendente (*I'm late*) e como cada *tag question* possui entonação ascendente: (*aren't I?*). Peça a alguns voluntários que demonstrem.

ROTEIRO DE ÁUDIO 2·37

I'm late, aren't I?
I'm not late, am I?
You're Justin, aren't you?
You're not Justin, are you?
He's in the band, isn't he?
He isn't in the band, is he?
They speak Chinese, don't they?
They don't speak Chinese, do they?
She has a pet cat, doesn't she?
She doesn't have a pet cat, does she?

| Apoio complementar
Referência Gramatical página 107

Exercício 3

- Leia o enunciado em voz alta. Olhe o exemplo e peça que os alunos sublinhem *nail polish*. Pergunte *What pronoun would you use to replace*

Grammar Tag questions: present

1. Study the grammar.

- Use a tag question at the end of a statement to confirm information.
- Use a negative tag with an affirmative statement.
- Use an affirmative tag with a negative statement.

Affirmative statements	Negative statements
I'm late, **aren't I?**	I'm not late, **am I?**
You're Justin, **aren't you?**	You're not Justin, **are you?**
He's in the band, **isn't he?**	He isn't in the band, **is he?**
They speak Chinese, **don't they?**	They don't speak Chinese, **do they?**
She has a pet cat, **doesn't she?**	She doesn't have a pet cat, **does she?**

Short answers to tag questions
This brand of hair gel is great, isn't it? (Yes, it is. / No, it isn't.)
You don't use hair spray, do you? (Yes, I do. / No, I don't.)

My new nail polish is great, **isn't it?**

Language tips

- Always contract negative tag questions.
  It's raining, isn't it? NOT *It's raining, is it not?*
- Always use subject pronouns, not nouns or names, in tag questions.
  Mr. Ade is your teacher, isn't he?
  NOT *Mr. Ade is your teacher, isn't ~~Mr. Ade?~~*

(2·37) **2. Pronunciation** Listen to the grammar examples. Repeat.

3. Choose the correct tag question to complete each statement.

1. Awesome Nails is the best nail polish, ———————————— a. are they?
2. Budget Brand personal care products aren't very good, ———— b. aren't I?
3. Sean uses hair gel every day, ———————————— c. isn't it?
4. Mom, I'm getting the *Neanderthal Diet* book for my birthday, ———— d. doesn't he?

4. Circle the correct tag questions to complete the conversations.

1.
A: Jason doesn't use shaving cream, (does he?) / isn't it?
B: No. I don't think he does. Maybe he's buying it for his dad.

2.
A: Burn-No-More sunscreen really works, isn't it? / (doesn't it?)
B: Yes, I think it does.

3.
A: My new shampoo is awesome, (isn't it?) / doesn't it?
B: No offense, Lily, but no, it isn't.

4.
A: Face washes don't prevent pimples, (do they?) / aren't they?
B: My doctor says they don't. But they help clear them up.

64

---

this? (*it*); *Is the statement affirmative or negative?* (*affirmative*); *What will the tag be?* (*negative*).

- Peça aos alunos que completem o exercício e, depois, confira as respostas com a turma.

- **Opção:** Peça aos alunos que transformem cada frase em negativa e usem as *tag questions* corretas (todas as *tags* serão afirmativas).

Exercício 4

- Leia o enunciado em voz alta. Lembre os alunos que frases com *be* são seguidas de uma *tag* com *is / are*. Frases com outro verbo são seguidas de uma *tag* com *do / does*.

- Peça aos alunos que completem o exercício e comparem as respostas com as de um colega.

- **Opção:** Os alunos podem ler o diálogo em duplas. Como prática adicional, eles podem transformar frases negativas em afirmativas e vice-versa,

Exercício 5

- Leia o enunciado em voz alta.

- Em seguida, leia a pergunta do exemplo e sua resposta. Peça aos alunos que prevejam o que A diz em cada item e marquem quais *tags* são negativas e quais são afirmativas (*only 4 is negative*). Então peça que escrevam as *tags* e as respostas curtas apropriadas.

- Confira as respostas com toda a turma.

- **Opção:** Os alunos podem praticar fazendo e respondendo perguntas.

| Apoio complementar
Extra Practice CD-ROM

---

5. **Complete each conversation with a tag question and a short answer.**

1. **A:** You use Miracle brand hair gel, _don't you_ ?
   B: Yes, _I do_ .

2. **A:** Oops. I'm too late to buy sunscreen, _aren't I_ ? I'm going to the beach really early tomorrow.
   B: Well, actually yes, _you are_ . The stores are closed. But you can use mine.

3. **A:** Exercising makes you really strong, _doesn't it_ ?
   B: Yes, _it does_ , especially if you exercise every day.

4. **A:** This store doesn't sell nail polish, _does it_ ?
   B: No, _it doesn't_ . I'm sorry.

5. **A:** This is the body lotion you like, _isn't it_ ?
   B: No, _it isn't_ . I like Sweet Skin better. You should try it.

Grammar Tag questions: past

1. **Study the grammar.**

Affirmative statements	Negative statements
I was late yesterday, **wasn't I?**	I wasn't late yesterday, **was I?**
It was very rainy yesterday, **wasn't it?**	It wasn't very rainy yesterday, **was it?**
She bought the makeup, **didn't she?**	She didn't buy the makeup, **did she?**
You used all the hair spray, **didn't you?**	You didn't use all the hair spray, **did you?**

This hair gel was expensive, **wasn't it?**

2. **(2.38) Pronunciation** Listen to the grammar examples. Repeat.

3. **Write statements with tag questions and short answers. Use the past of *be* and the simple past tense. Don't forget to use commas and question marks.**

1. Your brother / buy / hair gel for the party
   Your brother bought hair gel for the party, didn't he?

2. Joanna / not shop / for cosmetics at the mall
   Joanna didn't shop for cosmetics at the mall, did she?

3. The Clean Feeling toothpaste / not be / too expensive
   The Clean Feeling toothpaste wasn't too expensive, was it?

4. There / be / a few brands of shampoo at the cosmetics store
   There were a few brands of shampoo at the cosmetics store, weren't there?

5. They / not have / the body lotion with the flower on the bottle
   They didn't have the body lotion with the flower on the bottle, did they?

6. It be / crazy / to buy two kinds of face wash
   It was crazy to buy two kinds of face wash, wasn't it?

7. Your mom / not use to buy / makeup when she / be a teenager
   Your mom didn't use to buy makeup when she was a teenager, did she?

65

Grammar

Objetivo

Praticar *tag questions*: passado

Apoio de gramática
Interactive Grammar Presentation

Exercício 1

- Revise que da mesma maneira que frases com *be* são seguidas de uma *tag* com *is / are*, frases com outros verbos são seguidas de uma *tag* com *do / does*. Escreva no quadro:
  She is late, isn't she? She doesn't live here, does she?
  Pergunte *How would you write the same questions in the past?* (*She wasn't late, was she? She didn't live here, did she?*).

- Leia os exemplos nas colunas. Mostre que as mesmas regras se aplicam a *tag questions* no presente e no passado. Lembre os alunos de darem respostas curtas.

Exercício 2 2•38

- Toque o CD ou leia os exemplos de gramática em voz alta, dando tempo para que os alunos os repitam.

- Assim como em *tag questions* afirmativas, explique como cada frase possui entonação descendente (*I was late yesterday*) e como cada *tag question* possui entonação ascendente (*wasn't I?*). Peça a alguns voluntários que demonstrem.

ROTEIRO DE ÁUDIO 2•38
I was late yesterday, wasn't I?
I wasn't late yesterday, was I?
It was so rainy yesterday, wasn't it?
It wasn't so rainy yesterday, was it?
She bought a lot of makeup, didn't she?
She didn't buy much makeup, did she?
You used all the hair spray, didn't you?
You didn't use all the hair spray, did you?

Apoio complementar
Referência Gramatical página 107

Exercício 3

- Leia o enunciado em voz alta e faça com que os alunos notem a vírgula ao final da frase e o ponto de interrogação após a *tag*. Lembre-os de utilizarem essa pontuação nas frases que escrevem.

- Peça aos alunos que façam o exercício atentando para quais itens possuem frases negativas (*2, 3, 4, 5, 7*). Pergunte *Will the tags be affirmative or negative?* (*affirmative*).

- Após os alunos completarem o exercício, eles devem comparar as respostas em duplas.

- Depois, confira as respostas com a turma.

Atividade prática extra (todas as turmas)

- Peça aos alunos que inventem cinco *tag questions* no passado para fazerem em duplas, por exemplo: *You read Unit 5, didn't you?*; *You weren't in class yesterday, were you?*; *You gave your presentation last week, didn't you?* etc.

Apoio complementar
Extra Practice CD-ROM

Reading

Objetivo

Desenvolver habilidades de leitura: um relatório.

Aquecimento

Pergunte *Who's writing on the Teen2Teen blog today?* (*Carmela*); *Who was blogging at the beginning of this unit?* (*Carmela*). Chame atenção para o bilhete de Carmela no começo do blog: *Hey, guys…* Pergunte *Why is she thanking her friends?* (*because at the end of her last blog entry, she said her friends' responses would help her with her project*) e veja a página 62. Esse blog é o relatório que incorpora as reações de seus amigos.

Exercício 1 @ 2•39

- Leia o enunciado e a pergunta em voz alta e peça aos alunos que prevejam as respostas. Escreva-as no quadro (por exemplo, *advertisers think about what will appeal to a teenager – quick results, beauty, etc.*) Diga aos alunos que eles voltarão a se ater às respostas após a leitura do relatório.
- Toque o CD ou leia o relatório em voz alta; os alunos acompanham no próprio livro.
- Tire dúvidas de vocabulário conforme a necessidade:
- *promote* (tornar público); *pop-ups online* (anúncios on-line que saltam na tela); *motivate* (encorajar); *critically* (olhar algo criticamente significa pensar sobre algo e fazer um julgamento criterioso); *savvy* (habilidoso); *gullible* (alguém que se deixa levar); *skeptical* (cético. Que não acredita facilmente no que as pessoas dizem); *guaranteed* (garantido).
- Consulte a pergunta do enunciado. Pergunte *Did you predict correctly?*

RESPOSTA

Eles pensam sobre onde os adolescentes costumam ver propagandas (*on-line*) e quais as preocupações mais comuns (aparência, ter os melhores produtos).

Exercício 2

- **Skill / strategy:** *Identify the main idea*. Leia o enunciado em voz alta. Espere até que os alunos pensem sobre a mensagem principal do relatório e eliminem as escolhas que dizem respeito a detalhes.
- Depois de os alunos compararem as respostas em duplas você analisa todas as escolhas com a turma: a opção 1 é verdadeira, mas este não é o assunto principal do relatório; a opção 3 também é verdadeira, mas também não é o foco do relatório.

Exercício 3

- **Skill / strategy:** *Understand meaning from context*. Para introduzir essa estratégia de leitura, explique que geralmente é possível descobrir o que uma palavra ou frase significa examinando as palavras próximas.
- Veja o exemplo e peça que os alunos procurem no artigo a palavra *online*; e eles encontrarão também a palavra *pop-ups*.
- Peça aos alunos que trabalhem sozinhos para buscar as palavras-chave de outras frases da leitura. Enquanto trabalham, circule pela classe e ajude-os, se necessário (2. Eles devem buscar a expressão *"digital environment"*; 3. Eles devem buscar por *"brands"* e *"advertisers"*; 4. Eles devem buscar por *"promote"*; 5. Eles devem buscar por *"product placement"*; 6. e 7. Eles devem buscar por *"gullible"* e *"skeptical"*).
- Ao final, confira as respostas com a turma.

Atividade extra de extensão (turmas mais avançadas)

- Os alunos trabalham em duplas. Diga-lhes para voltarem à informação que Carmela reuniu no blog do começo da unidade e mostre como orientou o relatório dela na página 66 (por exemplo, *Abby didn't believe in the claim that Clear Skin works so fast*; *Sebastian also was skeptical; after thinking carefully about it, Chen decided he didn't want any of the products*).

Exercício 4

- **Skill / strategy:** *Confirm a text's content*. Explique que confirmar o conteúdo de um texto permite compreender totalmente do que o texto trata.
- Leia o enunciado em voz alta e peça aos alunos que completem o exercício.
- Em duplas, os alunos consultam novamente o relatório e confirmam cada um dos itens em relação ao texto. (1. *If you are a teen…, advertisers know*

Student Book Page

9

Reading A report

2.39 **1.** **Read Carmela's report on Teen2Teen Friends. What do advertisers think about when they create ads for teens?**

2. **Identify the main idea** **After reading the report, choose the statement that expresses its main idea.**
1. Teens spend a lot of time online.
② Use critical thinking skills before believing an ad's claims.
3. Advertisers pay to put their brands in TV programs and movies.

3. **Understand meaning from context** **Read the report again. Choose a word or phrase to complete each statement.**
1. When you're online, you might see (pop-up ads)/ TV programs on the side of the screen.
2. Teens spend a lot of time in digital environments such as (social media sites) / advertisements.
3. Coca-Cola and Apple are two examples of advertisers /(brands).
4. When advertisers promote a product, they are trying to (sell it)/ buy it.
5. Product placement is one kind of claim /(advertisement).
6. When you are (gullible)/ skeptical, you believe everything you see.
7. A skeptical person doesn't think /(thinks)before believing an advertiser's claims.

Open question: Do you have a school project you'd like to share?

 Carmela: Hey, guys. Here's my report about advertising techniques. Thanks for your help!

Think critically when you see an ad

If you are a teen between the ages of twelve and seventeen, advertisers know how to find you and how to promote their products to you. Teens see thousands of advertisements every day: in magazines, on outdoor signs, as pop-ups online, and on TV. Some ads don't even appear to be ads; advertisers hide them in TV programs and movies in a practice called "product placement." We see our favorite actor using a company's brand of computer or drinking a certain brand of soda, and this makes us think the product is cool.

Advertisers understand how to motivate teens to buy. They know that people in our age group are sensitive about our appearance and want to have the coolest products. And advertisers know that we spend much of the day in a digital environment, so they put ads online, especially on social media sites. They can also see the recommendations we make when we hit "Like."

Many ads make untrue claims, and the products are often a waste of money. Learn to look at each ad critically so you can make a good decision to buy or not buy the product.

We see ads on outdoor signs every day.

Be "ad savvy"

1. Advertisers know it's easy to make us worry about our weight, our skin, our height, and the clothes we wear. Check to see if the ad uses pictures or words that make you feel bad about your appearance.

2. Don't be gullible. If a claim sounds too good to be true, it probably is. Instead, be skeptical: think carefully before you believe a claim that the advertiser says is a "miracle" or guaranteed.

3. Recognize product placement. When you see a brand name in a TV program or a movie, remember that it's not accidental; an advertiser paid to put that brand in front of your eyes.

Pop-up ads sell products online.

66

Student Page

4. **Confirm a text's content** Circle T (true), F (false), or NI (no information), according to the report.

1. Advertisers know how to sell to teens. (T)/ F / NI
2. The most effective ads are pop-up ads. T / F /(NI)
3. Advertisers understand what teens worry about. (T)/ F / NI
4. Teens are more gullible than adults. T / F /(NI)
5. When you see a product in a movie, an advertiser probably wants you to see it. (T)/ F / NI

 In your notebook, describe the best ad you've ever seen. Explain why it was so good.

Teen2Teen Express disbelief

1. Read and listen to the conversation.

A Hey, Carly. Look at this ad for Hollywood Shampoo.

B OK. What about it?

A It says you can have long hair in just one month.

B That's crazy. You don't believe that, do you?

A Why not? They say it's guaranteed.

B Paula, think. It says in just one month. Do you really think that's possible?

A I guess not. It <u>is</u> pretty silly.

Ways to express disbelief
That's crazy.
That's ridiculous.
That's silly.
That's illogical.
That's impossible.

2. Pronunciation Listen and repeat.

3. Guided conversation Choose an ad and use it to create a NEW conversation. Change the way you express disbelief.

A Hey, _____. Look at this ad for _____.
B OK. What about it?
A It says you can _____ in just _____.
B _____. You don't believe that, do you?
A Why not? They say it's guaranteed.
B _____, think. It says _____. Do you really think that's possible?
A I guess not. It <u>is</u> pretty _____.

SKINNY FAST
Diet Program
Lose up to 7 kg in 7 days!
Guaranteed

Baby Skin
Have skin like a baby's in 24 hours! Guaranteed.

Big Man
Gain 5 kg of muscle in 10 days!
From a doctor's formula.
Guaranteed

A
B Read your new conversation with your partner. Then read the conversation in your partner's book

Teacher Notes

how to find you and how to promote their products; 2. NI; 3. *Advertisers… know that people in our age group are sensitive about our appearance…*; 4. NI; 5. *When you see a brand name in…a movie, … an advertiser paid to put that… in front of your eyes*).

Sugestão

O *About you* pode ser feito como uma atividade de conversação, nas turmas em que isso parecer apropriado. Como alternativa, você pode pedir que os alunos leiam o que escreveram no caderno.

About you!

- Peça para um voluntário ler o enunciado. Em seguida, solicite que os alunos pensem sobre o exercício individualmente e depois discutam em duplas.
- Reúna a turma e peça que compartilhem as propagandas que discutiram. Pergunte *What made the ad*

so memorable? Did it make you buy the product? Or did you just enjoy seeing it?

RESPOSTA
Resposta pessoal.

Teen2Teen

Objetivo

Praticar linguagem social para expressar descrença.

Exercício 1 ⓢ 2•40 / 2•41

- Toque o CD ou leia o diálogo em voz alta; os alunos acompanham no livro.
- Chame atenção para a seção *Ways to express disbelief* e toque o CD ou leia as expressões em voz alta; os alunos acompanham no próprio livro. Observe que essas expressões exigem que se enfatize diversos adjetivos.
- **Opção:** Peça aos alunos que encontrem uma *tag question* no diálogo (*You don't*

believe that, do you?*). Pergunte *Is it present or past?* (*present*).

Exercício 2 ⓢ 2•42

- Toque o CD ou leia cada linha do diálogo em voz alta, dando tempo para que os alunos repitam. Primeiro pratique cada linha com a turma inteira, depois peça que os alunos as repitam individualmente.
- Chame atenção para a entonação e a ênfase nas duas frases: *Do you really think that's possible? It is pretty silly.*

Exercício 3

- Leia o enunciado. Peça aos alunos que façam uma leitura rápida das propagandas. Pergunte *What does "up to 7 kg" mean?* (*as much as 7 kg*).
- Explique que a primeira lacuna deve ser preenchida com um nome; a segunda, com um produto – eles podem escolher dentre os que estão presentes na página; a terceira requer uma afirmação improvável; a quarta deve ser preenchida com um período improvável em que a afirmação deve se realizar; a quinta requer uma expressão de descrença; a sexta, exige outro nome; a sétima é igual à quarta; e a oitava deve ser preenchida com um adjetivo para a propaganda.
- Peça aos alunos que completem as lacunas.

Chat

- Peça aos alunos que pratiquem a leitura dos novos diálogos em duplas.
- **Opção:** Solicite que as duplas leiam seus diálogos para toda a turma. Encoraje os demais a escutarem com atenção, pedindo que anotem o que a propaganda é e o que alega.

Extensão
Writing página 94

Apoio complementar
Extra Practice CD-ROM
Workbook páginas W26–W28
Grammar Worksheet 9
Vocabulary Worksheet 9
Reading Worksheet 9
Video: Teen Snapshot Unit 9
Unit 9 Tests A and B

Review: Units 7–9

Objetivo

Revisar e personalizar a linguagem abordada nas Units 7–9 e avaliar o progresso em relação aos objetivos propostos.

Sugestão

Lembre os alunos de que as próximas duas páginas revisarão o vocabulário que eles aprenderam até esse ponto. Ao final da seção *Review*, eles terão uma ideia do progresso que fizeram nas diferentes categorias.

Explique que as observações a seguir dão dicas de como completar os exercícios de revisão em sala de aula; outra opção seria completar os exercícios de revisão em casa. Você pode dar as respostas para que os alunos confiram se acertaram.

Exercício 1

- Leia o enunciado em voz alta e peça aos alunos que leiam o diálogo individualmente. Outra opção é pedir que dois alunos mais avançados leiam para a turma.
- Os alunos devem fazer o exercício individualmente. Encoraje-os a encontrar e sublinhar o trecho do diálogo onde encontraram as respostas.
- Confira as respostas com a turma. Se alguém errar, ajude o aluno a encontrar o trecho do diálogo com a resposta correta.
- Pergunte *What does Tina mean when she says "way too much"?* (*much too much*); *What does she mean by "a ton of electricity"?* (*a lot of electricity*).
- **Opção:** Para revisar a gramática dessas três unidades, peça para os alunos sublinharem um exemplo com *have to* e uma *tag question* (*We have to go home*; *You don't really think that, do you?*).
- **Opção:** Pergunte *Do you sometimes think you forgot to turn something off? Do you go back home to shut it off? Are you ever been wrong and come home for nothing? If you were Tina, would you go back home to shut off a TV?*

Exercício 2

- Peça-lhes para olharem as imagens e leia o enunciado em voz alta. Diga aos alunos para usarem as palavras dos balões de diálogo, se for necessário.
- Os alunos devem completar o exercício individualmente e depois comparar as respostas em duplas.
- Por fim, confira as respostas com a turma.

Atividade prática extra (todas as turmas)

- Para praticarem mais *have to / has to*, os alunos criam perguntas com

respostas do tipo *sim / não* e perguntas com pronomes interrogativos para cada frase (1. *Do they have to do their homework? What do they have to do?*; 2. *Do they have to finish their project? What do they have to finish?*; 3. *Does she have to go to the dentist? Where does she have to go?*; 4. *Does he have to babysit his little brother? Who does he have to babysit?*).

Exercício 3

- Antes de começar o exercício, revise que *must* geralmente é usado para expressar regras; *must + not* indica que algo é proibido. *Have to / don't have to* indica que algo é ou não é necessário.
- Leia o enunciado em voz alta e peça que os alunos completem o exercício. Circule pela classe e ajude-os, se necessário.
- Peça que comparem as respostas em duplas e depois confira as respostas com a turma.

- **Opção:** Chame atenção para os itens 2 e 3. Pergunte *Why do these items use "must"?* (*because they refer to rules – a law and a school rule*).

1. **Read the conversation. Choose the correct answer to each question.**

Tina: Oops. I think I forgot to turn off the TV! We have to go home.
Nick: Oh, Tina! We're almost at the beach now. Are you sure you forgot?
Tina: Definitely. Let's go back. We use way too much electricity in our house.
Nick: You don't really think that, do you?
Tina: Of course I do! We use a ton of electricity. Listen, you don't have to come with me. Have some lunch, and I'll meet you later, OK?
Nick: No problem. I'll go with you. We can have a quick lunch at home and save a little money. We'll go to the beach after that.
Tina: That sounds like a plan!

1. What did Tina forget to do?
   a. Go back.
   (b) Turn off the TV.
2. What does Tina suggest?
   (a) She can go home alone.
   b. Nick should go home.
3. What's a problem, in Tina's opinion?
   a. They're supposed to use too much electricity.
   (b) Their family uses too much electricity.
4. What do they decide to do?
   (a) To eat lunch at home and go to the beach later.
   b. To eat lunch when they get to the beach.

2. **Complete each statement, using a form of *have to*.**

1. They can't watch TV right now because they _have to do_ their homework.
2. The students can't hang out tonight because they _have to finish_ their project.
3. She's worried because she _has to go_ to the dentist at 4:00 to get a filling.
4. He can't go out with his friends because he _has to babysit_ his little brother.

3. **Complete each statement or question with correct forms of *have to* or *must*.**

1. What time ... meet your dad for dinner tonight?   (a) do you have to   b. must you   c. do you have
2. The law says that all passengers in the car ... wear seat belts.   a. has to   b. they must   (c) must
3. The rule is students ... bring a note from their parents if they want to go on the trip.   a. must to   (b) must   c. has to
4. Do your classmates ... take the bus to the stadium?   a. must   (b) have to   c. having
5. Don't his parents always say he ... use less electricity?   (a) has to   b. have to   c. must to

68

4. Complete each statement with the correct present or past tag question. Complete each short answer.

1. A: They sell great athletic shoes here, _don't they_ ?
   B: Yes, _they do_ .

2. A: The kids on the soccer team don't have to get to school early on the day of the game, _do they_ ?
   B: No, _they don't_ .

3. A: Lara's dad made a great dinner for her birthday, _didn't he_ ?
   B: Yes, _he did_ .

4. A: Jose Luis's photos of Ecuador on Teen2Teen Friends were fantastic, _weren't they_ ?
   B: Yes, _they were_ .

5. A: You don't have to babysit this Friday, _do you?_ ?
   B: No, _I don't_ .

6. A: Your sisters turned off all the lights before they went out, _didn't they_ ?
   B: No, _they didn't_ .

5. Rewrite the statements, correcting the errors with *be supposed to* and *might*.

1. We not might win the game tomorrow. _We might not win the game tomorrow._

2. They supposed to speak only English in English class. _They are supposed to speak only English in English class._

3. Our family might to go to Quito on our next vacation. _Our family might go to Quito on our next vacation._

4. They're not supposed to go hiking without good hiking boots. _They're not supposed to go hiking without good hiking_

5. Do you supposed to wear a seat belt when you're in a car? _Are you supposed to wear a seat belt when you're in a car?_

6. If the weather is terrible, we don't might go to the beach. _If the weather is terrible, we might not go to the beach._

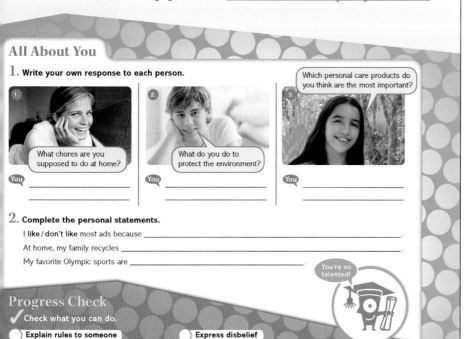

All About You

1. Write your own response to each person.

1. What chores are you supposed to do at home?
   You _____

2. What do you do to protect the environment?
   You _____

3. Which personal care products do you think are the most important?
   You _____

2. Complete the personal statements.

I like / don't like most ads because _____ .

At home, my family recycles _____ .

My favorite Olympic sports are _____ .

You're so talented!

Progress Check

✓ Check what you can do.

◯ Explain rules to someone

◯ Remind someone of expected behavior

◯ Express disbelief

◯ Use the Unit 7–9 grammar and vocabulary

69

Atividade extra de extensão (turmas mais avançadas)

- Peça aos alunos que escolham uma das situações (1, 2 ou 3) e continuem o diálogo com mais algumas frases. Dê o exemplo com o número 1:
  A *What chores are you supposed to do at home?*
  B *I'm supposed to organize all the recycling and take leftover food to our compost bin.*
  A *Do you always do your chores?*
  B *I am pretty good. But sometimes I forget and my parents remind me.*

Exercício 2

- Peça que olhem para as frases incompletas. Se necessário, sugira que o primeiro item requer tipos de esportes olímpicos; o segundo, vocabulário sobre reciclagem, e o terceiro item tem a ver com opiniões sobre propaganda.

- Peça aos alunos que completem as frases e a alguns voluntários para compartilharem suas respostas.

- **Opção:** Escolha o terceiro item e peça aos alunos que opinem sobre propagandas. Faça uma pesquisa com a turma, analise as informações trazidas pelos alunos e discuta-as.

RESPOSTAS
Resposta pessoal.

Progress Check

- Discuta em português as competências, revisando o conteúdo das Units 7–9 nas páginas 50, 56 e 62, para verificar se todos compreendem cada um dos termos.

- Os alunos marcam os itens que conseguem fazer em inglês.

Sugestão

Não corrija a autoavaliação dos alunos, por mais que fique tentado a fazê-lo. Contudo, você pode circular pela sala durante a atividade e fazer perguntas de maneira descontraída para demonstrar que eles são capazes de realizar tudo o que marcaram.

Extensão
Cross-curricular Reading Units 7–9 page 98
Teen2Teen Friends Magazine page 102

Apoio complementar
Video: Report Units 7–9

Exercício 4

- Leia o enunciado em voz alta e peça aos alunos para lerem rapidamente as frases e dizerem se estão no presente ou no passado.

- Peça para completarem o exercício e depois confira as respostas com a turma.

- **Opção:** Os alunos praticam os diálogos, exercitando a entonação descendente na frase, e a entonação ascendente na *tag*.

Exercício 5

- Leia o enunciado em voz alta. Escreva *be + supposed to* e *might* no quadro. Revise as regras. *Might* não varia e não pode ser contraído. Em *be + supposed to* apenas o *be* muda de forma e pode ser contraído.

- Peça aos alunos que completem o exercício e a alguns voluntários que escrevam as correções no quadro.

All About You

Exercício 1

- Concentre-se no título. Explique que esta seção inclui gramática, vocabulário ou tópicos de cada uma das três unidades. Os alunos terão uma chance de escrever suas respostas com informações sobre a própria vida.

- Dê algum tempo para os alunos lerem os balões de diálogo e responderem. Explique que todas as respostas serão frases afirmativas: o número 1 pede uma frase com *supposed to*; o número 2 requer vocabulário sobre reciclagem; e o número 3 deve ser preenchido com vocabulário sobre produtos de higiene pessoal.

- Os alunos devem comparar as respostas em duplas.

RESPOSTAS
Resposta pessoal.

Unit 10

Grammar

Indefinite pronouns: *someone, no one, anyone; something, nothing, anything*

Vocabulary

Bullying

Social language

Express regret about not speaking up

Values and cross-curricular topics

Respeito à diferença

Tolerância e respeito

Índice de conteúdos da unidade

Examine o índice de conteúdos da unidade, na parte superior da página do Student Book. Lembre os alunos de que eles irão avaliar seu próprio desempenho ao final da seção *Review: Units 10–12*.

Topic Snapshots

Objetivo

Explorar o tema da unidade, fazendo uso dos exemplos de gramática, vocabulário e linguagem social em contexto.

Aquecimento

Pergunte Do you ever post online? What kinds of things do you post? Do you post about yourself? About other people? Do other people ever post about you? What kinds of things do they say? Have you ever heard the term "a bully"? Peça-lhes que deem definições (por exemplo, someone who scares or hurts someone who is weaker). Diga aos alunos que é tanto um verbo como um substantivo. Pergunte Have you heard about bullying online?

Exercício 1 Snapshot 1 🔊 2·43

- Concentre-se na foto. Pergunte *Why do you think the girl on the left looks concerned?* (*she's reading something online she doesn't like*).
- Toque o CD ou leia o diálogo em voz alta; os alunos acompanham no próprio livro.
- Leia a primeira linha novamente, colocando a ênfase em *believe*. Explique que é uma maneira típica de começar a falar de uma notícia surpreendente ou estranha.
- Pergunte *Who posted the comments?* (*someone – she doesn't know who*). *What do the comments say?* (*something terrible – Bree doesn't specify what exactly*). *What will she do about it?* (*nothing*).
- **Opção:** Peça que os alunos leiam o diálogo em duplas.

Grammar: Indefinite pronouns: *someone, no one, anyone • something, nothing, anything*
Vocabulary: Bullying
Social language: Express regret about not speaking up

Topic Snapshots

(2·43) 1. **Snapshot 1** Read and listen to the conversation.

Bree: I can't believe this! Someone just posted something terrible about me again!

Sherry: Again? What does it say?

Bree: It says all kinds of things about me that just aren't true!

Sherry: Well, who do you think posted it? Someone at school?

Bree: I don't know. Do you think I should post a comment?

Sherry: Actually, no. I don't think you should say anything. If you ignore bullies, they just lose interest after a while.

Bree: I guess you're right. Thanks!

2. Circle the correct options to complete the statements.

1. Someone posted comments about (Bree) / Sherry online.
2. This was / (wasn't) the first time.
3. The person who posted this is definitely / (might be) someone from school.
4. Sherry thinks Bree should / (shouldn't) post a comment to reply.
5. Sherry calls the person a bully because that person (made Bree feel bad) / is online.

(2·44) 3. **Snapshot 2** Read and listen to three students' experiences.

"I changed schools last year, and some girls weren't very friendly. When I said hello, they didn't say anything back. Sometimes they laughed at the clothes I wore. I felt so bad, I just didn't want to come to school. Luckily, I met some really nice kids who made me feel welcome. That helped a lot."
— Norma, 15

"Some guys in my neighborhood were bullying me all the time. So then I started giving kids here at school a hard time. I said I was going to hurt them. It made me feel stronger and more important. But then a good friend reminded me how I felt when those guys in my neighborhood were bullying me, so I don't pick on other kids anymore."
— Tristan, 16

"My friend Krista was saying mean things about Mona, a girl in our class. She was telling everyone that Mona wore too much makeup and had ugly clothes. I told Krista I didn't like that, and I invited Mona to hang out with me and my other friends. I'm glad I said something to Krista about it."
— Beth, 16

4. Read the statements. Write *Norma, Tristan,* or *Beth*.

1. This person was bullying other kids. _Tristan_
2. Someone was bullying these two people. _Tristan_ and _Norma_
3. This person asked someone to stop bullying others. _Beth_
4. This person's friend was saying bad things about someone. _Beth_
5. Someone was nice to this person. _Norma_

70

Exercício 2

- Leia o enunciado em voz alta e peça para um voluntário ler o primeiro item.
- Os alunos devem completar o exercício.
- Ao final, confira as respostas com a turma. No item 5, revise que um *bully* é alguém que trata outra pessoa mal.
- **Opção:** Pergunte *Do you agree with Sherry's advice? Do you think it's better not to post anything in response to the bullying? Has anyone had a similar experience?*

Exercício 3 Snapshot 2 🔊 2·44

- Toque o CD ou leia em voz alta três experiências de alunos; os alunos acompanham no próprio livro.
- Pergunte *What examples of bullying are mentioned in the passages?* (*passage 1: ignoring, laughing at clothes; passage 2: giving kids a hard time; passage 3: saying mean things about someone – that she wears too much makeup and has ugly clothes*).

Exercício 4

- Leia o enunciado em voz alta e peça para um voluntário ler o primeiro item e respondê-lo, consultando o trecho 2.
- Peça que os alunos completem o exercício e deixe claro que eles devem encontrar embasamento para as respostas.
- Depois, confira as respostas com a turma.
- Pergunte *Why do you think the title of the unit is "We should say something"?* (*in reference to bullying, we should speak up when someone is being bullied, or we are being bullied*).
- **Opção:** Pergunte *How do you think Norma felt? Tristan? Mona? Can you relate to any of these experiences?*

Vocabulary Bullying

 1. **Look at the pictures. Read and listen.**

I saw her boyfriend with another girl yesterday.

She's a terrible athlete. She's never scored for our team.

Guys? Hello?

1. gossip about someone
2. tell a lie about someone
3. ignore someone

Is that your grandfather's tie?

HAHA! HAHA!

4. tease someone
5. play a joke on someone
6. threaten someone

2. **Pronunciation** **Listen and repeat.**

3. **Choose the Vocabulary words and phrases that best complete each description.**

1. Nick is telling everyone that Lisa is my girlfriend. That's not true! He needs to stop ~~telling lies about~~ / threatening me!
2. No one says hello to me. Why is everyone threatening / ~~ignoring~~ me?
3. Mark told Garret he's going to do something bad to him if Garret doesn't give him money for lunch. He needs to stop ~~threatening~~ / playing jokes on people!
4. Mindy tells everyone about my problems at home. People shouldn't tease / ~~gossip about~~ their friends. It's not right!
5. Yuck! Who put salt in my soda? It's not nice to tease / ~~play jokes on~~ people!
6. Greg always laughs at me in gym class and says I'm not good at sports. I really don't like it when he ~~teases~~ / plays jokes on me in front of other people.

4. **Look at Exercise 3 on page 70 again. Complete each statement about the three students, using the Vocabulary.**

1. Sometimes other kids _ignored_ Norma, and sometimes they _teased_ her.
2. Tristan sometimes _threatened_ other kids.
3. Beth's friend Krista _gossiped about_ another girl.

Have you ever seen someone bully another person? What happened?

About you!

A boy in my neighborhood threatened my friend. I told my parents.
_____
_____

71

Vocabulary

Objetivo
Praticar frases relacionadas ao *bullying*.

Exercício 1 🔊 2·45
- Peça para os alunos olharem as figuras. Toque o CD ou leia as frases em voz alta; os alunos acompanham no próprio livro.
- Tire dúvidas de vocabulário conforme a necessidade. Explique que *to tease* significa fazer uma pessoa sentir vergonha, rindo dela ou fazendo piadas sobre ela. Explique que quando isso é feito de forma maldosa, pode ser considerado *bullying*. Também é possível brincar ou tirar sarro de alguém de forma amigável, sem ser desagradável para a pessoa.
- Pergunte *Which of these things have you experienced? How did they make you feel?* Peça que os alunos deem mais exemplos.

Maneira de usar
Você pode contar uma mentira *to* ou *about* outra pessoa.

Atividade extra de extensão (turmas mais avançadas)
- Pergunte *What can you do when you see these incidents of bullying?* (por exemplo, 1. *ignore gossip*; 2. *not believe everything people say or post*; 3. *make the person who is being ignored feel welcome*; 4, 5, e 6. *stand up for the person being teased, having a joke played on them, or being threatened*).

Exercício 2 🔊 2·46
- Toque o CD ou leia as frases em voz alta, dando tempo para que os alunos as repitam.

Exercício 3
- Leia o enunciado e o exemplo em voz alta. Revise o significado de *threaten* para confirmar que a escolha não é a resposta correta (*to tell someone you will harm them if they don't do what you want*).
- Peça para os alunos completarem as frases consultando o vocabulário, se necessário.
- Por fim, confira as respostas com a turma.

Exercício 4
- Leia o enunciado em voz alta.
- Dê algum tempo para que os alunos releiam os trechos do Exercício 3, página 70. Ao final, peça-lhes que completem o exercício individualmente.
- Eles devem comparar as respostas em duplas. Circule pela sala e ajude-os, se necessário.
- Depois, confira as respostas com a turma.

Atividade extra de extensão (turmas mais avançadas)
- Em duplas, peça para os alunos resumirem o diálogo do Exercício 1, página 70, utilizando o vocabulário da página 71 (*Someone online told / posted lies about Bree. She doesn't know who did it. Sherry thinks she should ignore to the posts*).

Sugestão
O *About you* pode ser feito como uma atividade de conversação, nas turmas em que isso parecer apropriado. Como alternativa, você pode pedir que os alunos leiam o que escreveram no caderno.

About you!
- Peça para um voluntário ler as perguntas e as respostas do exemplo.
- Os alunos devem escrever suas próprias respostas. Mostre o vocabulário quando for preciso, circule pela sala e ajude-os, se necessário.
- Reúna a turma e escolha alguns voluntários para compartilharem suas respostas. Depois de cada incidente, se não for detalhado pelo aluno, pergunte *Did you tell any adults about the incident?* No final, pergunte *Do you think it is important to inform adults of bullying problems? Or do you think it's better to figure out your problems on your own?*

RESPOSTA
Resposta pessoal.

❚ Apoio complementar
Extra Practice CD-ROM

Grammar

Objetivo

Praticar pronomes indefinidos: *someone*, *no one* e *anyone*.

❚ Apoio de gramática
Interactive Grammar Presentation

Exercício 1

- Concentrando-se na foto, chame dois voluntários para ler os balões de diálogo. Pergunte *Who posted lies about the girl?* (*someone*); *What do you think the words "someone" and "anyone" refer to?* (*a person*).

- Leia a primeira regra gramatical e os exemplos. Pergunte *In which example is the indefinite pronoun a subject?* (*in the first two examples*); *In which statement is the indefinite pronoun an object?* (*the third statement*).

- Chame atenção para a segunda regra e os exemplos. Pergunte *Which indefinite pronoun is a subject?* (*someone*) *An object?* (*anyone*).

- Chame atenção para a terceira regra e os exemplos. Mais uma vez, identifique o sujeito e o objeto (*example 1 is subject*; *example 2 is object*).

- Leia os pronomes indefinidos no quadro. Então, releia as frases do exemplo no quadro, substituindo *someone* e *anyone* por *a person*. Escreva no quadro *Someone is at the door* e substitua *Someone* por *A person*. Então escreva *No one is home* e substitua *No one* por *No person*.

- Leia as *Language tips*. Enfatize que não se pode usar dois elementos negativos em uma frase. Escreva no quadro: *I didn't tell no one a lie.* Pergunte se eles conseguem corrigir a frase (*I didn't tell anyone a lie*).

- **Opção:** Os alunos sublinham exemplos de pronomes indefinidos no diálogo da página 70 (*Someone, Someone*).

┌─ Maneira de usar ─────────────┐
Someone também pode ser usado em perguntas, com uma sutil diferença de significados.
└──────────────────────────────┘

Exercício 2 🔊 2•47

- Toque o CD ou leia os exemplos de gramática em voz alta, dando tempo para que os alunos os repitam.

- Em seguida, toque ou leia novamente cada item.

� ROTEIRO DE ÁUDIO 2•47

Someone told the teacher a lie.
No one was friendly to the new kid.
I heard someone threaten your brother.
I didn't see anyone tease the new girl.
Someone didn't tell the truth.
Did anyone talk to her?
Are you going to tell anyone about it?

10

Grammar Indefinite pronouns: *someone*, *no one*, and *anyone*

1. Study the grammar.

Affirmative statements: *someone, no one*
Someone told the teacher a lie.
No one was friendly to the new kid.
I heard **someone** threaten your brother.

Negative statements: *someone*, *anyone*
I didn't see **anyone** tease the new girl.
Someone didn't tell the truth.

yes / no questions: *anyone*
Did **anyone** talk to her?
Are you going to tell **anyone** about it?

Someone posted lies about me online!

Was it **anyone** we know?

Language tips

- Use *someone* or *anyone* in negative statements, not *no one*.
  Someone didn't tell the truth. NOT *No one didn't tell the truth.*
  They didn't speak to anyone. NOT *They didn't speak to no one.*
- Always use a singular verb with an indefinite pronoun.
  Has anyone met the new student? NOT *Have anyone met the new student?*

someone anyone	= a person
no one	= no person

2•47 **2.** **Pronunciation** Listen to the grammar examples. Repeat.

3. Circle the correct indefinite pronouns to complete each statement or question.

1. Anyone /(Someone) told me a lie today.
2. No one /(Someone) didn't remember to turn off the water.
3. They didn't see no one /(anyone) in the hall.
4. (No one) / Anyone told the teacher about what happened.
5. Did your brother tell no one /(anyone) about it?
6. We talked to (someone) / anyone in the main office today about Tom.
7. (No one) / Anyone saw Grace play a joke on Ted.

4. Complete the conversations with indefinite pronouns *someone*, *no one*, or *anyone*.

1. A: I just saw Leo bullying a boy in the cafeteria.
   B: That's terrible! Let's go tell _someone_ .

2. A: Kathy was teasing Marie about her new hair style.
   B: Well, that's really mean! _Someone_ should tell her to stop.

3. A: Was there _anyone_ from our class at the party yesterday?
   B: No, there wasn't. _No one_ invited us.

4. A: Nick told me that _someone_ from our class was gossiping about me. Is that true?
   B: Really? Well, _no one_ has said anything to me about you.

5. A: I don't know _anyone_ at my new school yet.
   B: Well, I'll introduce you to some of my friends this weekend, OK?

72

❚ Apoio complementar
Referência Gramatical página 107

Exercício 3

- Leia o enunciado em voz alta. Concentre-se no item 1 e pergunte *Is this a statement or a question?* (*a statement*); *Is it affirmative or negative?* (*affirmative*). Explique que *Someone* é usado em frases afirmativas e *anyone* em frases negativas e interrogativas.

- Peça que os alunos leiam rapidamente os itens do exercício e identifiquem quais são perguntas (*item 5*), quais são frases afirmativas (*itens 4, 6, and 7*) e quais são frases negativas (*itens 2 and 3*). Peça-lhes para fazerem o exercício e, ao final, confira as respostas com a turma.

Exercício 4

- Leia o enunciado em voz alta. Peça que alguns voluntários leiam o diálogo de exemplo. Pergunte *Is it a question or a statement?* (*statement*); *Affirmative or negative?* (*affirmative*).

- Peça que os alunos completem o exercício.

- Depois, confira as respostas com toda a turma. Se necessário, pergunte *Is it a question or a statement?; Affirmative or negative?*

- **Opção:** Peça para os alunos lerem o diálogo em duplas.

❚ Apoio complementar
Extra Practice CD-ROM

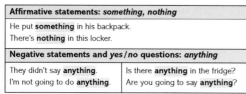

Grammar Indefinite pronouns: *something*, *nothing*, and *anything*

1. Study the grammar.

Affirmative statements: *something, nothing*
He put **something** in his backpack.
There's **nothing** in this locker.

Negative statements and *yes* / *no* questions: *anything*	
They didn't say **anything**.	Is there **anything** in the fridge?
I'm not going to do **anything**.	Are you going to say **anything**?

Language tip • Don't use *nothing* in negative statements.
I know **nothing** about that. NOT ~~I don't know nothing~~ about that.

2.48 2. Pronunciation Listen to the grammar examples. Repeat.

3. Circle the correct indefinite pronoun to complete each statement or question.

1. Jake put (something)/ anything in your bag.
2. There isn't (anything)/ nothing in the cupboard.
3. There's anything /(nothing) on the chair.
4. Did your friend say nothing /(anything) to that bully?
5. I'm going to say anything /(something) to Brian.
6. Don't eat (anything)/ nothing before soccer practice.

4. Read the e-mail from a teacher to her students. Circle the correct indefinite pronouns.

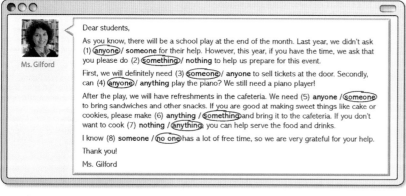

Ms. Gilford

Dear students,

As you know, there will be a school play at the end of the month. Last year, we didn't ask (1) (anyone)/ someone for their help. However, this year, if you have the time, we ask that you please do (2) (something)/ nothing to help us prepare for this event.

First, we will definitely need (3) (someone)/ anyone to sell tickets at the door. Secondly, can (4) (anyone)/ anything play the piano? We still need a piano player!

After the play, we will have refreshments in the cafeteria. We need (5) anyone /(someone) to bring sandwiches and other snacks. If you are good at making sweet things like cake or cookies, please make (6) anything /(something) and bring it to the cafeteria. If you don't want to cook (7) nothing /(anything) you can help serve the food and drinks.

I know (8) someone /(no one) has a lot of free time, so we are very grateful for your help.

Thank you!
Ms. Gilford

2.49 5. Listening comprehension Listen to the conversations. Complete the statements. Use *something, someone, anything, anyone, nothing,* or *no one.*

1. _Someone_ is going to be late today.
2. He didn't say _anything_ to his friend.
3. She brought _nothing_ for lunch today.
4. _Someone_ was friendly to the new student.
5. He bought _something_ for his sister.
6. _No one_ is late for class today.

73

He put something in his backpack.
There's nothing in this locker.
They didn't say anything.
I'm not going to do anything.
Is there anything in the fridge?
Are you going to say anything?

Apoio complementar
Referência Gramatical página 107

Maneira de usar
Something também pode ser usado em perguntas, com uma sutil diferença de significado.

Exercício 3
• Leia o enunciado em voz alta. Concentre-se no item 1 e pergunte *Is this a statement or a question?* (a statement); *Is it affirmative or negative?* (affirmative). Explique que *something* é usado em frases afirmativas e o pronome indefinido *anything* é usado em frases negativas e interrogativas.

• Peça para os alunos lerem rapidamente os itens do exercício e identificarem quais são perguntas (*item 4*), quais são frases afirmativas (*itens 3 and 5*), e quais são frases negativas (*itens 2 and 6*). Ao final, peça-lhes que façam o exercício e confira as respostas com a turma.

Exercício 4
• Leia o enunciado em voz alta. Peça que um voluntário leia o exemplo. Pergunte *Is it a question or a statement?* (statement); *Affirmative or negative?* (negative).

• Peça para os alunos completarem o exercício.

• Confira as respostas com a turma.

Exercício 5 2•49
• Leia o enunciado em voz alta. Diga aos alunos que há uma frase para cada diálogo.

• Explique que ouvirão o diálogo duas vezes, para que confiram as respostas.

• Na segunda os alunos devem verificar as respostas e fazer as devidas correções.

• Confira as respostas com a turma.

Atividade prática extra (todas as turmas)
• Chame atenção para o diálogo 2. Pergunte *Why is it difficult to take a stand with a friend?* Escolha voluntários para compartilharem suas experiências.

Apoio complementar
Extra Practice CD-ROM

Grammar

Objetivo
Praticar pronomes indefinidos: *something, nothing* e *anything*.

Apoio de gramática
Interactive Grammar Presentation

Exercício 1
• Para revisar, escreva esses pronomes indefinidos numa lista vertical no quadro: *someone, no one, anyone.* Pergunte *Do these pronouns refer to people or things?* (people). Então escreva *something, nothing, anything* numa coluna ao lado dos pronomes correspondentes. Pergunte *Do these pronouns refer to people as well?* (no, they refer to things). Chame atenção para a palavra *thing* em cada pronome.

• Leia cada regra e os exemplos. Explique que *something*, assim como *someone*, é usado em frases afirmativas. *Anything*, assim como *anyone*, é usado em frases negativas e interrogativas.

• Leia a *Language tip.* Relembre-os de que não se pode usar dois elementos negativos em uma frase. Escreva no quadro:
I didn't do nothing wrong.
Peça que os alunos corrijam a frase (*I didn't do anything wrong*).

• **Opção:** Os alunos sublinham os pronomes indefinidos no diálogo da página 70 (*something, anything*).

Exercício 2 2•48
• Toque o CD ou leia os exemplos de gramática em voz alta, dando tempo para que os alunos os repitam.

• Em seguida, toque ou leia novamente cada item.

Reading

Objetivo

Desenvolver habilidades de leitura: um artigo de uma revista para adolescentes.

Aquecimento

Peça para um voluntário ler o título do artigo. Pergunte *What does it mean to "Take a stand"?* (*to defend your point of view or beliefs*). Peça exemplos de maneiras diferentes de defender sua posição (por exemplo, *defend someone being bullied*; *defend your beliefs*). Escreva no quadro *cyberbullying* e peça que os alunos adivinhem o que significa. Escreva as respostas no quadro para consultar depois.

Exercício 1 🔊 2·50

- Leia o enunciado e a pergunta em voz alta.
- Toque o CD ou leia o artigo em voz alta; os alunos acompanham no próprio livro.
- Escreva os seguintes adjetivos no quadro: *terrible, more terrible, ugly, uglier.*
- Peça que os alunos encontrem essas palavras no artigo. Revise os comparativos.
- Tire mais dúvidas de vocabulário conforme a necessidade. *Victim* é uma pessoa que foi prejudicada ou ferida por uma ação. *Face-to-face* significa que algo é feito diretamente na sua frente. Fazer algo *anonymously* significa fazer algo anonimamente, sem dar o próprio nome.
- Volte à pergunta do enunciado. Olhe as respostas que estão escritas no quadro e compare-as com o que foi discutido no artigo. Explique que o prefixo *cyber* diz respeito à informática.

RESPOSTA

Cyberbullying é um tipo de *bullying*, realizado em um ambiente on-line.

Atividade prática extra (todas as turmas)

- Para revisar a gramática, os alunos devem ler rapidamente o artigo, buscando exemplos de artigos indefinidos (No texto principal: linha 2, *someone*, linha 6, *someone*, linha 11, *anything*, linha 22, *someone*, linha 23, *someone's*; No trecho: *What should you do…*: linha 3, *anyone*, linha 6, *someone*, linha 8, *nothing*, linha 14, *someone*); Na citação: *No one*).

Exercício 2

- **Skill / strategy:** *Confirm a text's content.* Explique que essa estratégia permite aos alunos compreender totalmente do que o texto trata.
- Leia o enunciado em voz alta. Peça para os alunos trabalharem individualmente para marcar os itens que foram mencionados pelo autor do artigo.
- Depois, confira as respostas com a turma.
- **Opção:** Exponha seu ponto de vista, marcando os itens com os quais você concorda. Pergunte *Do you have the same point of view as the author?* Compare os pontos de vista de toda a turma.

Exercício 3

- **Skill / strategy** *Confirm a text's content.* Explique que essa estratégia permite aos alunos compreenderem totalmente do que o texto trata.
- Leia o enunciado em voz alta. Explique que um exercício de marcar verdadeiro ou falso é uma boa maneira de confirmar o conteúdo, já que faz você pensar sobre o que leu.
- Peça que os alunos completem os exercícios e comparem as respostas em duplas.
- Depois, confira as respostas com a turma (1. *He felt it was his fault, so he didn't say anything to his parents at first;* 2. *The posts continued into high school;* 3. *16% of high school students are victims of cyberbullying;* 4. *There is no mention of this information;* 5. …*cyberbullying is even worse than face-to-face bullying. A cyberbully can post anonymously;* 6. *There is no mention of this information;* 7. *Take a stand! Tell your friend how hurtful it is. You might make a difference*).

Reading A teen magazine article

(2·50)))) 1. Read the article. What is cyberbullying?

2. **Confirm a text's content** After reading the article, check the statements that the writer of the article mentions.

1. You should tell an adult if you are the victim of cyberbullying. ☑
2. One effective way to deal with a bully is to respond to his or her posts. ☐
3. It's a cyberbully's fault, not the victim's fault, that there's a problem. ☑
4. Cyberbullying isn't as bad as regular bullying. ☐
5. You should never be friends with a cyberbully. ☐
6. It's important to take a stand if a friend is cyberbullying someone. ☑

Take a stand! Stop cyberbullying

Peter Lantos started seeing the ugly messages someone posted about him on his social networking site when he was only fourteen. He didn't know who they were from, only that the posts came from someone called Guess9. The posts continued into high school, and the messages got uglier. Whenever Peter went online, day or night, any day of the week, he would always find more terrible posts. He felt like it was his fault, so he didn't say anything to his parents at first. Sometimes the bullying made him feel so bad he didn't want to go to school. Peter was the victim of cyberbullying. A U.S. survey found that 16% of all high school students are the victims of cyberbullying at some time.

In a number of ways, cyberbullying is even worse than face-to-face bullying. A cyberbully can post anonymously, using an online name, like Guess9, instead of his or her real name. A cyberbully might use his or her posts to gossip about, tell lies about, tease, or even threaten someone. A cyberbully can post someone's personal information or post photos or videos that might be embarrassing to the victim. Hundreds, thousands, or even millions of people might see the message on their laptops, tablets, or smartphones.

What should you do if you're a victim? The most important thing anyone can do is tell someone. Talk to an adult about it. Don't deal with cyberbullying alone! There are ways to block a cyberbully's posts, and someone can help you do that. And one of the most effective things you can do might be to do nothing. Ignoring the bully, rather than replying to his or her posts, puts you in control. Instead of responding, take a break, or go for a walk. Remember that the cyberbully has done something wrong. You haven't. And what if you have a friend who is bullying someone online? Take a stand! Tell your friend how hurtful it is. You might make a difference.

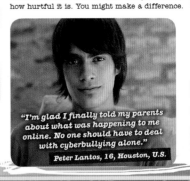

"I'm glad I finally told my parents about what was happening to me online. No one should have to deal with cyberbullying alone."

Peter Lantos, 16, Houston, U.S.

74

3. **Confirm a text's content** Circle T (true), F (false), or NI (no information), according to the article.

1. Peter didn't talk with anyone about his problem at first. **T**/ F / NI
2. Peter's problem stopped when he went to high school. T /**F**/ NI
3. Most high school students in the U.S. have never experienced cyberbullying. **T**/ F / NI
4. A cyberbully can't change his or her behavior. T / F /**NI**
5. The ability to post anonymously makes cyberbullying worse than regular bullying. **T**/ F / NI
6. You have to pay someone to block a cyberbully's posts. T / F /**NI**
7. If you take a stand and talk to a cyberbully, he or she might stop. **T**/ F / NI

 What are some ways you might help someone who is a victim of cyberbullying? Write some ideas in your notebook.

Teen2Teen   Express regret about not speaking up

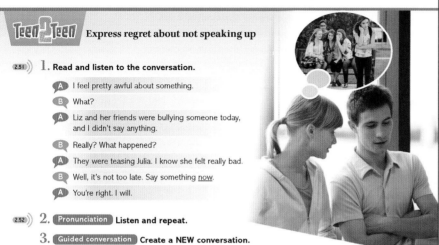

(2.51) **1. Read and listen to the conversation.**

A I feel pretty awful about something.

B What?

A Liz and her friends were bullying someone today, and I didn't say anything.

B Really? What happened?

A They were teasing Julia. I know she felt really bad.

B Well, it's not too late. Say something <u>now</u>.

A You're right. I will.

(2.52) **2. Pronunciation Listen and repeat.**

3. Guided conversation Create a NEW conversation. Express regret about not speaking up about bullying. Use the ideas.

Ideas
threatening
gossiping about
ignoring
teasing
telling lies about

A I feel pretty awful about something.
B What?
A _____ was bullying someone today, and I didn't say anything.
B Really? What happened?
A _____. I know _____ felt really bad.
B Well, it's not too late. Say something <u>now</u>.
A You're right. I will.

 Read your new conversation with your partner. Then read the conversation in your partner's book.

75

Sugestão

O *About you* pode ser feito como uma atividade de conversação, nas turmas em que isso parecer apropriado. Como alternativa, você pode pedir que os alunos leiam o que escreveram no caderno.

About you!

- Leia a pergunta em voz alta.
- Peça que os alunos trabalhem em duplas. Circule pela sala e ajude-os, se necessário. Se eles tiverem dificuldade, mostre as dicas na última seção do artigo, para ajudá-los a se inspirarem.
- Reúna a turma e peça que compartilhem as ideias que discutiram.

RESPOSTAS POSSÍVEIS:
– You can give the friend support; encourage him or her to ignore the cyberbully.
– If you know who the cyberbully is, you can take a stand and tell him or her to stop.
– Encourage the friend to tell an adult and try to block the cyberbully's posts.

Teen2Teen

Objetivo

Praticar linguagem social para expressar o arrependimento de não ter se manifestado.

Aquecimento

Pergunte *What does it mean "to express regret"?* (*to feel sorry about something*); *Why might someone express regret about not speaking up?* (por exemplo, *because they realize they could have fixed a situation that was wrong*).

Exercício 1 (🔊) 2·51

- Toque o CD ou leia o diálogo em voz alta; os alunos acompanham no próprio livro.
- Pergunte *How does the girl express regret?* (*she says "I feel pretty awful about something"*); *How does she say that she didn't take a stand?* (*"…I didn't say anything"*).

- **Opção:** Chame atenção para os pronomes indefinidos (*something, someone, anything, something*). Revise quais pronomes se referem a pessoas (*someone*) e quais se referem a coisas (*something, anything*).

Exercício 2 (🔊) 2·52

- Toque o CD ou leia cada linha do diálogo em voz alta, dando tempo para que os alunos as repitam. Primeiro pratique cada linha com a turma inteira, depois peça que os alunos as repitam individualmente.
- Revise a ênfase em *awful*, na primeira linha, para expressar arrependimento.
- Chame atenção para a entonação descendente ao expressar arrependimento por não ter se manifestado (linha 3) e para o tom firme na linha 6, ao encorajar alguém a se manifestar.

Exercício 3

- Leia o enunciado em voz alta.
- Peça a um voluntário que leia o quadro *Ideas*. Solicite que deem mais exemplos (como *playing jokes, posting mean things online*).
- Estabeleça que a lacuna 1 deve ser preenchida com o nome de alguém que faz *bullying*; a lacuna 2 descreve que tipo de *bullying* ocorreu; a lacuna 3 deve ser preenchida com *he* ou *she*, dependendo do nome usado na lacuna 2. Consulte o Exercício 1, se necessário.
- Peça para os alunos preencherem as lacunas. Circule pela sala e ajude-os, se necessário.

Chat

- Peça para os alunos praticarem a leitura dos novos diálogos em dupla.
- **Opção:** Peça que as duplas leiam seus diálogos para toda a turma. Peça que ouçam e anotem o que ocorreu no caso de *bullying*.

Extensão
Writing página 94

Apoio complementar
Extra Practice CD-ROM
Workbook páginas W29–W31
Grammar Worksheet 10
Vocabulary Worksheet 10
Reading Worksheet 10
Video: Teen Snapshot Unit 10
Unit 10 Tests A and B

Unit 10   75

Unit 11

Grammar
Relative clauses: *that* and *who*

Vocabulary
Verbs for crimes

Social language
Insist emphatically

Suggest a course of action

Values and cross-curricular topics
Crime

Índice de conteúdos da unidade
Examine o índice de conteúdos da unidade, na parte superior da página do Student Book. Lembre os alunos de que irão avaliar seu próprio desempenho ao final da seção *Review: Units 10–12*.

Topic Snapshots

Objetivo
Explorar o tema da unidade, fazendo uso dos exemplos de gramática, vocabulário e linguagem social em contexto.

Aquecimento
Peça para um voluntário ler o título da unidade. Pergunte *What do you think this statement refers to?* (*it probably refers to some sort of crime – someone doing something wrong*).

Exercício 1 Snapshot 1 ⊚ 2·53
- Concentre-se na figura à esquerda. Peça para alguns voluntários descreverem o que está ocorrendo (*The man is going to steal things from the house*). Escreva a palavra *burglary* no quadro. Então sublinhe *burglar*, dentro da palavra. Diga *This man is a burglar*.
- Toque o CD ou leia os fatos em voz alta; os alunos acompanham no próprio livro.
- Tire dúvidas de vocabulário conforme for necessário. *Every 15.4 seconds* significa uma vez a cada 15,4 segundos. Chame atenção para a palavra *jewelry* e peça para os alunos olharem as figuras. Solicite que eles deem exemplos de tipos de joias (como *necklaces, bracelets, rings, earrings, watches*, etc.).

Exercício 2
- Leia o enunciado em voz alta e dê tempo para que os alunos escrevam suas respostas.
- Peça para os alunos justificarem suas respostas neste exercício; o foco deve ser o pensamento crítico. Os alunos devem utilizar o contexto da afirmação para decidir (ou deduzir) qual resposta faz mais sentido.

11 / My sister saw the guy who did it.

Grammar: Relative clauses: *that* and *who*
Vocabulary: Verbs for crimes
Social language: Insist emphatically • Make a suggestion

Topic Snapshots

2·53 **1.** **Snapshot 1** Read and listen to the facts about burglaries in the U.S.

In the U.S., there's a burglary somewhere every **15.4 seconds**. Here are some facts:

- **63%** of home burglaries take place during the day.
- **57%** of business burglaries take place at night.
- **81%** of all burglaries take place on the first floor.
- **57%** of all burglars enter through either the front door or a first-floor window.

What are the most popular items burglars steal?
- jewelry and watches
- laptops and tablets
- money
- TVs and DVD players

2. **What do you think? Explain your answers.**
1. Why do you think most home burglaries take place during the day?
   Because most people are at school or work during the day.
2. Why do you think most business burglaries take place at night?
   Because most people who work at businesses go home at night.
3. Why do you think most burglars prefer to enter on the first floor?
   Because it's easier to get in and out quickly.

2·54 **3.** **Snapshot 2** Read and listen to the conversation.

Shaun: Cole, did you hear? Someone broke into our neighbors' apartment yesterday.
Cole: No way! Were they at home?
Shaun: They were out. But my sister saw the guy who did it! She looked out the window and saw him running away with a bag of stuff.
Cole: Wow! What did he take?
Shaun: He only took an old laptop that doesn't work and some cheap plastic jewelry!
Cole: Well, he wasn't very smart. Did they catch the guy?
Shaun: Yeah. It was in the newspaper this morning.

4. **Read each statement about the conversation in Exercise 3. Circle T (true) or F (false).**
1. The burglary was in Shaun's neighbors' apartment. (T)/ F
2. The family was home when the burglary took place. T /(F)
3. The burglar stole some important things. T /(F)
4. Shaun's sister was in the neighbors' apartment. T /(F)
5. Shaun's sister saw the burglar. (T)/ F
6. Cole saw the story in the newspaper. T /(F)

76

- Confira as respostas com a turma.
- Para cada item, escreva as seguintes opções no quadro:
  1. a. Because most people are at school or at work during the day; b. Because it's easier to see the things in the house or apartment; c. Because burglars don't like working at night.
  2. a. Because most people who work at businesses go home at night; b. Because burglars have to go to work during the day; c. Because burglars can just turn on the lights.
  3. a. Because it's easier to get in and out quickly; b. Because most people leave their first floor doors and windows open; c. Because all the valuable things are usually on the first floor.

Exercício 3 Snapshot 2 ⊚ 2·54
- Toque o CD ou leia o diálogo em voz alta; os alunos acompanham no próprio livro.

- Pergunte *Where have we seen the statement "My sister saw the guy who did it"?* (*in the title of the unit*).

> **Maneira de usar**
> O *they* usado em *Did they catch the guy?* é genérico. É utilizado aqui para se referir a uma autoridade, como a polícia.
> A palavra *guy* é utilizada na linguagem falada para se referir a um homem ou a um adolescente do sexo masculino.

Exercício 4
- Leia o enunciado e o exemplo.
- Peça que os alunos façam o exercício. Diga-lhes que podem consultar o diálogo se precisarem de ajuda.
- Depois, confira as respostas com a turma.

Vocabulary Verbs for crimes

(2.55) 1. **Look at the pictures. Read and listen.**

"Someone **stole** my phone when I was in Rome."

1. steal

"A woman **shoplifted** a blouse at that new store."

2. shoplift

"A guy **pickpocketed** my brother last week."

3. pickpocket

"Someone **snatched** my mom's purse."

4. snatch

"A burglar **broke into** my apartment and stole the TV."

5. break into

"A man **robbed** my uncle at an ATM and took his money."

Give me your money!

ATM

6. rob

"Some kids **vandalized** the school last night."

7. vandalize

"They lied and took his money. They **cheated him**."

Wait here.

8. cheat

(2.56) 2. **Pronunciation** Listen and repeat.

3. **Read the stories about crimes. Circle the correct word or phrase.**

I was taking a photo of my sister at the park, and some guy ran past me really fast and – boom! – my camera was gone!

1. Someone (snatched) / vandalized the camera.

I paid a lot for a necklace. They told me it cost $100. But it was actually a $20 necklace. I paid way too much for it.

2. Someone stole / (cheated) her.

Someone went into the school locker room and painted ugly pictures all over the lockers. Why would anyone do something like that?

3. Someone (vandalized) / shoplifted the school locker room.

When I was shopping for clothes at the mall, I saw a woman put a skirt in her bag. She didn't pay for it!

4. Someone pickpocketed / (shoplifted) something from the store.

Last weekend, my friend Ron went to the movies with his family, and when they came back home, the window was broken, and their TV was gone.

5. Someone (broke into) / shoplifted their house.

My aunt was at the bank and she heard this guy yell, "Give me all the money!" She said it was really scary.

6. Someone stole / (robbed) the bank.

 About you!

Write about a crime that you heard about.

Three months ago, someone stole my friend's car.

Vocabulary

Objetivo
Praticar verbos relacionados a crimes.

Exercício 1 (🔊 2•55)

- Antes de abrirem os livros, peça que deem ideias sobre diferentes verbos relacionados a crimes. Eles podem consultar a página 76 para verificar se há algum verbo desse tipo no Snapshot 1 ou Snapshot 2 (*steal, break into, run away, take*). Escreva as sugestões dos alunos no quadro.
- Então peça que abram os livros e comparem a lista no quadro com os verbos no Exercício 1.
- Toque o CD ou leia as frases em voz alta; os alunos acompanham no próprio livro.
- Chame atenção para cada verbo, um a um. Escreva no quadro (por exemplo, 1. *steal*) e peça para um voluntário ler a legenda da figura que está representando aquele verbo. Chame atenção para o pretérito do verbo em negrito e escreva a forma base do verbo no quadro (por exemplo, *stole*).
- Explique o que significa *shoplift* (*to steal something from a store*) e *pickpocket* (*to steal something from someone's pocket / bag*). Demonstre o verbo *snatch* pegando de forma rápida um objeto de alguém. Discuta as outras ilustrações conforme a necessidade.

Exercício 2 (🔊 2•56)

- Toque o CD ou leia as frases em voz alta, dando tempo para que os alunos as repitam.

Maneira de usar

Stealing é o ato criminoso de pegar algo de alguém. Uma pessoa *breaks into a place* para roubar ou vandalizar. *Robbing* geralmente diz respeito a assaltar alguém. Você pode roubar uma pessoa ou um lugar (*rob a bank*). *Rob* também é utilizado com o significado de *steal*. *Burglary* é o ato de entrar em um local para roubar algo.

Exercício 3

- Leia o enunciado em voz alta e peça para um voluntário ler o item 1. Discuta a resposta. Revise que *snatching* é o ato de pegar algo rapidamente. *Vandalizing* significa causar dano a algo propositalmente, como danificar propriedade pública.
- Os alunos devem completar o exercício individualmente. Circule pela classe e ajude-os, se necessário.
- Peça que comparem as respostas em duplas.
- Depois, confira as respostas com a turma.

Atividade prática extra (todas as turmas)

- Peça para os alunos trabalharem em duplas para criar frases descrevendo os itens de vocabulário do Exercício 1. Peça que usem os trechos do Exercício 3 como modelo. Então reúna a turma e peça que as duplas compartilhem as frases para que os colegas adivinhem qual crime está sendo descrito.

Sugestão

O *About you* pode ser feito como uma atividade de conversação, nas turmas em que isso parecer apropriado. Como alternativa, você pode pedir eu os alunos leiam o que escreveram no caderno.

About you!

- Leia o enunciado em voz alta.
- Dê tempo aos alunos, para que escrevem os crimes de que já ouviram falar. Diga que eles também podem escrever sobre crimes que já sofreram. Lembre-os de consultarem as formas do pretérito nas citações sob as figuras, caso precisem de ajuda.
- Reúna a turma e peça aos alunos que compartilhem suas respostas.

RESPOSTA
Resposta pessoal.

Apoio complementar
Extra Practice CD-ROM

Grammar

Objetivo

Orações relativas: *that* e *who*.

| Apoio de gramática
Interactive Grammar Presentation

Exercício 1

- Leia a primeira regra gramatical. Então peça a um voluntário para escrever a frase no balão de diálogo. Pergunte *Which part of the statement gives more information about the MP3 player?* ("that was in my backpack").

- Leia a segunda regra gramatical e os exemplos. Escreva a primeira frase no quadro. Circule *laptop* e sublinhe a oração relativa. Explique que *that was on my desk* acrescenta informações sobre *the laptop*. Chame a atenção dos alunos para a segunda frase. Pergunte *Which word does the relative clause identify?* (necklace).

- Leia a terceira regra gramatical e os exemplos. Explique que, ao se referir a pessoas, o pronome relativo *who* pode ser usado da mesma forma que *that*. Para testar a compreensão, escreva no quadro:
There's the man that stole my phone.
Pergunte *Can I replace "that" with "who"?* (yes); Why? (because it is possible to use relative pronouns "that" and "who" for people).

- Leia a *Language tip* e os exemplos.

Atividade prática extra (todas as turmas)

- Escreva as seguintes frases no quadro:
*1. That's the woman… 2. Someone stole the bag… 3. Where is the car…4. Do you know the student…*Peça que voluntários adicionem orações relativas. Respostas possíveis: 1. *who / that shoplifted a necklace*; 2. *that was on the table*; 3. *that the students vandalized?*; 4. *who / that broke into the computer system?*

Maneira de usar

O pronome relativo *whom* pode ser usado para descrever o objeto de um verbo em uma oração relativa, mas é considerado extremamente formal, especialmente em linguagem falada.

Exercício 2 ⊙ 2•57

- Toque o CD ou leia os exemplos de gramática em voz alta, dando tempo para que os alunos os repitam.

ROTEIRO DE ÁUDIO 2•57

Someone stole the laptop that was on my desk.
Who snatched the necklace that your mom gave you?
Where's the boy who shoplifted those sweaters?
Where's the boy that shoplifted those sweaters?

Grammar Relative clauses: *that* and *who*

> Someone stole the MP3 player that was in my backpack!

1. Study the grammar.

- Use a relative clause to identify or add information about a noun.
- Introduce a relative clause with *that* for things.

> Someone stole the laptop **that was on my desk**.
> (<u>The laptop</u> was on my desk.)
>
> Who snatched the necklace **that your mom gave you**?
> (Your mom gave you <u>the necklace</u>.)

- Introduce a relative clause with *who* or *that* for people. There is no difference in meaning.

> Where's the boy **who / that shoplifted those sweaters**?
> (<u>The boy</u> shoplifted those sweaters.)
>
> His brother is the one **who / that someone robbed last week**.
> (Someone robbed <u>his brother</u> last week.)

Language tip

- Don't use a subject or object pronoun in a relative clause.
  He's the one who shoplifted the camera yesterday.
  NOT *He's the one who ~~he~~ shoplifted the camera yesterday.*
  That's the camera that the man shoplifted yesterday.
  NOT *That's the camera that the man shoplifted ~~it~~ yesterday.*

(2•57)) **2.** **Pronunciation** Listen to the grammar examples. Repeat.

3. Complete the relative clauses. Write *that* for things and *who* for people.

1. They're the people _who_ cheated my brother.
2. Yesterday, a boy stole the necklace _that_ my sister bought during her trip to Miami.
3. My friend has a cousin _who_ saw someone pickpocketing a tourist.
4. Last night, someone broke into the apartment _that_'s on the third floor.
5. Those are the guys _who_ vandalized the train station!
6. At the mall, I saw someone shoplift some jeans _that_ were near the door.

4. In your notebook, rewrite the statements with *who* in Exercise 3, changing *who* to *that*.

5. Each relative clause has an error. Cross out the pronoun that doesn't belong.

1. Someone broke into the house that ~~it~~ is down the street.
2. We saw the woman who ~~she~~ stole Eric's MP3 player.
3. They found the camera that the burglar stole ~~it~~ last week.
4. I know the person who ~~he~~ broke into the main office.
5. Is that the apartment that someone broke into ~~it~~ last month?
6. Someone pickpocketed a tourist who ~~she~~ was visiting the art museum.

78

His brother is the one who robbed the bank.
His brother is the one that robbed the bank.

| Apoio complementar
Referência Gramatical página 108

Exercício 3

- Leia o enunciado e o exemplo em voz alta. Pergunte *What word does the relative clause describe?* (people). Ressalte que o enunciado diz apenas para escrever *that* para coisas e *who* para pessoas.

- Peça que os alunos completem o exercício.

- Depois, confira as respostas com a turma.

Exercício 4

- Leia o enunciado em voz alta.
- Pergunte *Which items need to be rewritten?* (1, 3, 5).
- Peça para os alunos completarem o exercício e compararem as respostas.

- Depois, confira as respostas com a turma.

Exercício 5

- Leia o enunciado em voz alta. Olhe o exemplo. Peça que os alunos releiam a *Language tip*.

- Depois, peça-lhes que completem o exercício e confira as respostas com a turma.

| Apoio complementar
Extra Practice CD-ROM

6. Write statements or questions, using a relative clause with *who* or *that*.

1. Someone robbed the old man / lives next door
   <u>Someone robbed the old man who (OR that) lives next door.</u>

2. Is that the person / stole your money
   <u>Is that the person who (OR that) stole your money?</u>

3. This is the laptop / they found in the burglar's car
   <u>This is the laptop that they found in the burglar's car.</u>

4. Someone broke into the apartment / is down the hall
   <u>Someone broke into the apartment that is down the hall.</u>

5. Where is the man / shoplifted the gold watch
   <u>Where is the man who (OR that) shoplifted the gold watch?</u>

6. Did you speak to the man / saw the burglary
   <u>Did you speak to the man who (OR that) saw the burglary?</u>

7. Look at the pictures. Complete the relative clauses. Use *who* for people.

1. (The car is in this photo.)
   Hey! That's the car <u>that's in this photo</u> !

2. (The woman shoplifted a sweater at the store yesterday.)
   Isn't she the woman <u>who shoplifted a sweater at the store yesterday</u> ?

3. (The man broke into our neighbor's apartment.)
   I saw the man <u>who broke into our neighbor's apartment</u> .

4. (Someone stole the ring from Grandma.)
   Isn't this the ring <u>that someone stole from Grandma</u> ?

(2·58) 8. [Listening comprehension] Listen to the conversations. Complete the statements with relative clauses.

1. He saw the man <u>who (OR that) robbed</u> a store.
2. She saw a boy <u>who (OR that) shoplifted</u> clothes at the mall.
3. He saw the car <u>that someone stole</u> a few days ago.
4. No one saw the person <u>who (OR that) took</u> his notebook.

Exercício 8 🔊 2·58

- Leia o enunciado em voz alta. Explique que ouvirão o diálogo duas vezes, para que confiram as respostas e informe-os de que há uma frase para cada diálogo. Explique que pode ser possível dar mais de uma resposta.

- Tire dúvidas de vocabulário conforme seja necessário. A expressão *What about it?* é uma maneira informal de responder a algo que alguém diz ou mostra para você. *For real?* é uma maneira informal de dizer *Really?*.

- Peça que os alunos ouçam e anotem as orações relativas. Então eles devem ouvir novamente e verificar as respostas, fazendo as devidas correções.

- Por fim, confira as respostas com toda a turma.

ROTEIRO DE ÁUDIO 2·58 PÁGINA 107

Atividade extra de extensão (turmas mais avançadas)

- Em duplas, peça para os alunos criarem diálogos sobre crimes. Escreva tópicos possíveis no quadro:
  – *someone stole a smartphone*
  – *someone vandalized a school building*
  – *someone robbed a bank*
  – *someone broke into a car*
  – *someone pickpocketed a person*

- Solicite que os alunos apresentem os diálogos. Peça que façam comentários com orações relativas (por exemplo, *That's the man / woman who stole / robbed / pickpocketed; That's the wallet that someone stole*).

| Apoio complementar
Extra Practice CD-ROM

Exercício 6

- Leia o enunciado em voz alta e explique que mais de uma resposta pode ser verdadeira. Chame atenção para a frase do exemplo. Pergunte *What is the relative clause?* (*who / that lives next door*); *What noun does the clause describe?* (*the old man*).

- Peça que os alunos olhem o exercício e sublinhem os substantivos que as orações relativas descrevem (2. *the person*; 3. *the laptop*; 4. *the apartment*; 5. *the man*; 6. *the man*). Em seguida, os alunos devem escrever as frases.

- Confira as respostas com toda a turma.

- **Opção:** Pergunte *Which items have more than one answer?* (*1, 2, 5, and 6*); *Why?* (*they describe people*).

Atividade prática extra (todas as turmas)

- Escreva no quadro:
  She is the student who…, e complete com informações que descrevem uma aluna na turma (por exemplo, *…who is from Chile*). Peça aos alunos que adivinhem quem você está descrevendo. Então eles devem escrever frases semelhantes sobre seus colegas, utilizando orações relativas. Peça para alguns voluntários lerem suas frases para que a turma adivinhe quem está sendo descrito.

Exercício 7

- Leia o enunciado em voz alta. Um voluntário deve ler o exemplo. Relembre os alunos de que a oração relativa *that's in this photo* descreve *the car*.

- Peça-lhes para completarem o exercício e circule pela classe, ajudando-os, se necessário.

- Peça que comparem as respostas em duplas e, por fim, confira as respostas com a turma.

Reading

Objetivo

Desenvolver habilidades de leitura: um folheto de prevenção ao crime.

Aquecimento

Leia o título da seção: *A crime-prevention flier*. Escreva a palavra *flier* no quadro. Pergunte *Do you know what this is?* (*a piece of paper advertising or offering information about something*). Então escreva as palavras *pamphlet* (que apareceu na *Unit 5*) e *leaflet* (que apareceu na *Unit 8*) no quadro. Explique que são palavras sinônimas. Explique o significado de *prevention* (*the act of stopping something bad from happening*) e pergunte que informação pode ser essa no folheto.

Exercício 1 ⊚ 2·59

- Peça para um voluntário ler o título do folheto. Pergunte *What does it mean "to avoid"?* (*to prevent something bad from happening*). Certifique-se de que os alunos sabem que *a crime victim* é a vítima de um crime.
- Leia o enunciado e a pergunta em voz alta. Explique que eles devem responder após a leitura do folheto.
- Toque o CD ou leia o folheto em voz alta; os alunos acompanham no próprio livro.
- Volte à pergunta do enunciado e peça que um voluntário a responda.

RESPOSTA

A visitor shouldn't: go to unsafe areas; be alone if possible; act like he / she is from out of town.

Atividade prática extra (todas as turmas)

- Em duplas, peça aos alunos para discutirem que conselhos eles devem praticar para evitar crimes. Peça que sugiram mais conselhos (por exemplo, *be careful using or carrying a camera, so it doesn't get stolen*).

Atividade extra de extensão (turmas mais avançadas)

- Para revisar a gramática, os alunos podem procurar rapidamente no folheto dois exemplos de orações relativas – uma com *that* e outra com *who*. Se necessário, avise que os exemplos aparecem no primeiro balão e na última seção, na parte inferior do folheto (*Don't hang out in areas that don't seem safe; There are millions of people who visit cities all over the world every day*).

Exercício 2

- **Skill / strategy:** *Identify the main idea*. Explique que essa estratégia ajuda o leitor a compreender a ideia principal de um artigo e a encontrar os trechos que embasam o conteúdo.
- Leia o enunciado em voz alta e peça que os alunos pensem individualmente nas escolhas e decidam quais expressam a ideia principal.
- Em seguida, eles devem comparar as respostas em duplas.
- Reúna a turma e analise todas as escolhas: a opção *b* é uma das dicas apresentadas no folheto; a opção *c* é uma afirmação do folheto; a opção *a* resume melhor a ideia e é o melhor título.

Atividade prática extra (todas as turmas)

- Revise como a ideia principal de um texto possui detalhes que a corroboram. Pergunte *What are the supporting details in this piece?* (as dicas presentes em cada um dos 5 balões, por exemplo, *stay in groups; hide expensive jewelry; be aware of your surroundings; don't make it easy*

for your phone to be stolen; be careful handling money).

Exercício 3

- **Skill / strategy:** *Apply critical thinking*. Explique que essa estratégia de leitura se refere a examinar as informações de um texto a partir de perspectivas diferentes.
- Diga aos alunos que eles devem tentar responder sem consultar o folheto; depois, eles podem consultá-lo para responder aos itens que faltaram.
- Por fim, confira as respostas com a turma.

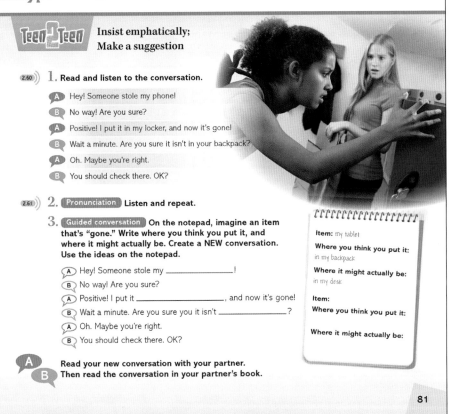

3. (Confirm a text's content) **Complete each statement, according to the flier.**

1. In a new city, you shouldn't …
   a. hang out in areas that seem safe.
   b. go places alone. ✓
   c. go out at night.

2. Go inside a restaurant when you want to …
   a. wear valuable jewelry.
   b. have lunch.
   c. use your phone. ✓

3. It's best to …
   a. buy valuables while you are traveling.
   b. carry your valuables in a pocket. ✓
   c. wear your valuables.

4. Don't text in public because someone might …
   a. steal your money.
   b. steal your phone. ✓
   c. take a photo.

5. Pay attention to your "personal space" so …
   a. you can listen to music.
   b. you won't be alone.
   c. you don't become a crime victim. ✓

6. Don't listen to music in public because …
   a. you won't be able to pay attention. ✓
   b. earbuds aren't cool.
   c. music sounds better at home.

About you! **Which suggestions do you think are the best? Explain why in your notebook.**

Teen2Teen **Insist emphatically; Make a suggestion**

(2.60) **1. Read and listen to the conversation.**

A Hey! Someone stole my phone!

B No way! Are you sure?

A Positive! I put it in my locker, and now it's gone!

B Wait a minute. Are you sure it isn't in your backpack?

A Oh. Maybe you're right.

B You should check there. OK?

(2.61) **2.** (Pronunciation) **Listen and repeat.**

3. (Guided conversation) **On the notepad, imagine an item that's "gone." Write where you think you put it, and where it might actually be. Create a NEW conversation. Use the ideas on the notepad.**

A Hey! Someone stole my _____!

B No way! Are you sure?

A Positive! I put it _____, and now it's gone!

B Wait a minute. Are you sure you it isn't _____?

A Oh. Maybe you're right.

B You should check there. OK?

Item: my tablet

Where you think you put it: in my backpack

Where it might actually be: in my desk

Item:

Where you think you put it:

Where it might actually be:

A
B Read your new conversation with your partner.
Then read the conversation in your partner's book.

81

Sugestão

O *About you* pode ser feito como uma atividade de conversação, nas turmas em que isso parecer apropriado. Como alternativa, você pode pedir que os alunos leiam o que escreveram no caderno.

About you!

- Leia a pergunta em voz alta.
- Dê tempo para que os alunos escrevam quais sugestões eles acham melhores e por quê.
- Peça-lhes que compartilhem as respostas com a turma.

(RESPOSTA)
Resposta pessoal.

Teen2Teen

Objetivo

Praticar linguagem social para insistir de forma enfática e sugerir um curso de ação.

Aquecimento

Como aquecimento, chame atenção para o título da seção. Pergunte *What does "to insist emphatically" mean?* (*"insist" means to firmly state that something is true; "emphatically" means in a strong way*). Ofereça exemplos de como insistir em algo de forma enfática (por exemplo, *to say "Definitely!" or "Of course!" in response to something someone tells you*). Peça outros exemplos (como *Absolutely! No!*).

Exercício 1 (2·60)

- Peça para os alunos olharem a foto e criarem frases com o que está ocorrendo (por exemplo, *The girl is looking for something; maybe someone stole something from her or maybe she misplaced it*).

- Toque o CD ou leia o diálogo em voz alta; os alunos acompanham no próprio caderno.
- Pergunte *How does Speaker A insist emphatically?* (*she says "Positive", which is short for "I am positive"*). Explique que isso significa que ela tem certeza absoluta. Pergunte *How does Speaker B suggest a course of action?* (*She says "You should check there. OK?"*).

Exercício 2 (2·61)

- Toque o CD ou leia cada linha do diálogo em voz alta, dando tempo para que os os alunos as repitam. Primeiro pratique cada linha com a turma inteira; depois, peça que os alunos as repitam individualmente.
- Chame atenção para a ênfase na expressão *No way!* e a insistência na palavra *Positive*.

Exercício 3

- Leia o enunciado em voz alta. Explique aos alunos que eles irão criar seus próprios diálogos, utilizando o Exercício 1 como modelo.
- Chame a atenção dos alunos para as respostas dos exemplos no caderno. Dê tempo aos alunos para que escrevam no caderno um item que usarão no novo diálogo.
- Explique que a lacuna 1 deve ser preenchida com o nome de um item perdido; a lacuna 2 com o local onde eles acharam que colocaram o item; a lacuna 3, com o local onde o item deve estar.
- Peça aos alunos para completarem as lacunas.
- Circule pela sala e ajude-os, se necessário.

Chat

- Peça para os alunos praticarem a leitura dos novos diálogos em duplas. Ande pela sala e verifique se eles estão colocando a ênfase correta em *No way* e *Positive*.
- **Opção:** Peça às duplas que leiam seus diálogos para toda a turma. Saliente que todos devem ouvir e anotar o nome do item perdido.

| Extensão
Writing página 95

| Apoio complementar
Extra Practice CD-ROM
Workbook páginas W32–W34
Grammar Worksheet 11
Vocabulary Worksheet 11
Reading Worksheet 11
Video: Teen Snapshot Unit 11
Unit 11 Tests A and B

Unit 12

Grammar
Relative clauses: *where* and *when*

Reflexive pronouns; *each other*

Vocabulary
Ways to celebrate a holiday

Social language
Wish someone a happy holiday

Values and cross-curricular topics
Multiculturalismo

Índice de conteúdos da unidade
Examine o índice de conteúdos da unidade, na parte superior da página do Student Book. Lembre os alunos de que irão avaliar seu próprio desempenho ao final da seção *Review: Units 10–12*.

Topic Snapshot

Objetivo
Explorar o tema da unidade, fazendo uso dos exemplos de gramática, vocabulário e linguagem social em contexto.

Aquecimento
Peça para um voluntário ler o título da unidade. Pergunte *What do you think the unit will be about?* (*celebrations, holidays*).

Exercício 1 🔊 3·02
- Peça para os alunos examinarem as fotos e identificarem quem está escrevendo no *Teen2Teen Friends* hoje (*Chen*). Pergunte *Where is he from?* (*China*); *What celebration will he be talking about?* (*The Chinese Spring Festival*).
- Leia o enunciado e a pergunta em voz alta e peça que os alunos olhem as outras fotos. Pergunte *Have you ever seen New Year's decorations? Dragon dancers? Have you ever tried Chinese dumplings?* Solicite que digam o que sabem sobre essa data comemorativa.
- Toque o CD ou leia o artigo em voz alta; os alunos acompanham no próprio livro.
- Chame atenção para a terceira linha do artigo. Pergunte *What is another way to say "takes place"?* Mostre que essa palavra aparece na mesma linha (*occurs*).
- Faça as perguntas do enunciado.

RESPOSTA
Resposta pessoal.

Exercício 2
- Leia o enunciado em voz alta e peça que um voluntário leia o primeiro item.

Explique que as últimas duas frases do segundo parágrafo embasam a resposta.
- Solicite que os alunos completem o exercício e esclareça que, caso precisem de ajuda, podem consultar as respostas no artigo.
- Confira as respostas com a turma.
- **Opção:** Com os livros fechados, crie frases para que os alunos classifiquem como Verdadeiro ou Falso. Por exemplo, 1. *People primarily visit friends on this holiday* (F); 2. *Adults give children blue envelopes with money* (F); 3. *During this holiday it's bad luck to travel* (F); 4. *It's difficult to sleep because of all the noise during the holiday* (T); 5. *Chinese people all over the world celebrate this holiday* (T).

Atividade prática extra (todas as turmas)
- Escreva no quadro:
Good luck.
Com os livros fechados, os alunos devem escrever coisas que as pessoas fazem para ter sorte durante o Festival da Primavera (*clean their homes; buy new clothes; buy lots of food, including fish, meat, fruit, and candy; put up red paper decorations on their front doors and windows*).
- Peça para os alunos compararem as respostas em duplas e consultarem o artigo para tirar dúvidas.

Atividade extra de extensão (turmas mais avançadas)
- Os alunos trabalham em duplas. Peça que releiam o terceiro parágrafo, sobre as famílias durante o festival. Pergunte sobre outras datas comemorativas que eles conhecem e o que as famílias costumam fazer nessas datas.

---

12 It's a day when we celebrate.

Grammar: Relative clauses: *where* and *when* • Reflexive pronouns; *each other*
Vocabulary: Ways to celebrate a holiday
Social language: Wish someone a happy holiday

Topic Snapshot
1. Read and listen to the post.

🔒 **Open question:** What festivals do you celebrate in your country?

Chen: Hey, everyone! We're celebrating the Spring Festival here in China next week. We celebrate it in February or early January. It's the time of the year when we welcome the Chinese New Year. It's my favorite holiday! Here's a website that explains all about it.

The Chinese Spring Festival

Chinese people have celebrated the Spring Festival (or Chinese New Year) for more than 4,000 years! This holiday usually takes place in February, but sometimes it occurs in January, according to the Chinese calendar.

For every Chinese family, it is important to prepare for the holiday before it begins. For good luck, people clean their homes, and they buy themselves new clothes. And, of course, they buy lots of food to eat during the festival, including fish, meat, fruit, and candy. Red is an important color on this holiday. People put up red paper decorations on their front doors and windows.

Everyone in China travels home so family members can see each other for this festival. In fact, it's the largest number of people traveling at the same time in the whole world! Families prepare special holiday foods together, such as dumplings or rice cakes. And the best part? Parents and grandparents give children red envelopes with money inside!

During the holiday, people are very careful not to break anything because it might bring bad luck. Beginning on the evening before the New Year, "dragon dancers" in beautiful costumes go from door to door, beating drums and setting off fireworks all night long. It gets really loud, and it's impossible to sleep!

Even if you can't come to China to experience this fun holiday, there are Chinese New Year celebrations all over the world. If you visit neighborhoods where Chinese people live in your country, you can enjoy the celebrations, too!

Dragon dancers
Red envelopes
New Year decorations
Chinese dumplings

2. Complete each statement about the Spring Festival, according to the website.
1. An important color on this holiday is _red_.
2. People go _home_ for this holiday to visit their families.
3. Many people give their children envelopes with _money_ during the Spring Festival.
4. During the holiday, it's bad luck to _break_ things.
5. Because of the drums and fireworks, it isn't easy to _sleep_ at night.
6. People celebrate the Spring Festival in other _places_ outside of China, too.

82

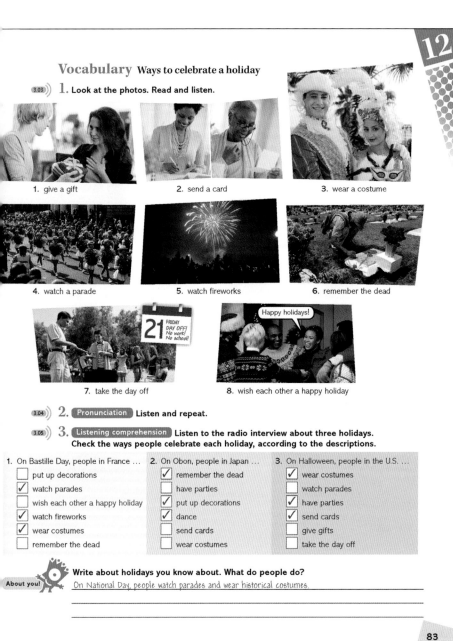

Vocabulary Ways to celebrate a holiday

(3.03) 1. **Look at the photos. Read and listen.**

1. give a gift
2. send a card
3. wear a costume
4. watch a parade
5. watch fireworks
6. remember the dead

FRIDAY
DAY OFF!
No work!
No school!
21

Happy holidays!

7. take the day off
8. wish each other a happy holiday

(3.04) 2. **Pronunciation** Listen and repeat.

(3.05) 3. **Listening comprehension** Listen to the radio interview about three holidays.
Check the ways people celebrate each holiday, according to the descriptions.

1. On Bastille Day, people in France …
- [ ] put up decorations
- [✓] watch parades
- [ ] wish each other a happy holiday
- [✓] watch fireworks
- [✓] wear costumes
- [ ] remember the dead

2. On Obon, people in Japan …
- [✓] remember the dead
- [ ] have parties
- [✓] put up decorations
- [✓] dance
- [ ] send cards
- [ ] wear costumes

3. On Halloween, people in the U.S. …
- [✓] wear costumes
- [ ] watch parades
- [✓] have parties
- [✓] send cards
- [ ] give gifts
- [ ] take the day off

About you! Write about holidays you know about. What do people do?
On National Day, people watch parades and wear historical costumes.

83

Vocabulary

Objetivo
Praticar frases relacionadas a maneiras de celebrar uma data comemorativa.

Exercício 1 ☉ 3·03
- Leia o título *Ways to celebrate a Holiday* e peça aos alunos para olharem as fotos.
- Toque o CD ou leia as frases em voz alta; os alunos acompanham no próprio livro.
- Pergunte *Which of these ways to celebrate a holiday did we see in the article on page 82?* (*give a gift; wear a costume; watch fireworks*).

Exercício 2 ☉ 3·04
- Toque o CD ou leia as frases em voz alta, dando tempo para que os alunos as repitam.

- **Opção:** Pergunte *Have you done any of these things to celebrate a holiday?* Peça que os alunos discutam a pergunta em duplas. Pergunte *Do you know other ways to celebrate holidays?* (por exemplo, *cook special foods; sing special songs; perform dances; gather with family; attend religious services*, etc.). Escreva esses exemplos no quadro, para consulta.

Exercício 3 ☉ 3·05
- Leia o enunciado em voz alta e peça que os alunos vejam os três feriados. Pergunte *Have you ever heard of these holidays? Do you know what people do?* Caso eles saibam, peça que marquem a lápis o que acham que as pessoas fazem durante os feriados. Em seguida, eles poderão confirmar as respostas. Caso eles não saibam nada sobre os feriados, diga que não precisam adivinhar, mas ouvir com atenção as entrevistas.

- Explique que ouvirão o diálogo sobre cada feriado duas vezes, para que confiram as respostas.
- Tire dúvidas de vocabulário se for necessário e, depois, confira as respostas com a turma.

Atividade prática extra (todas as turmas)
- Peça para os alunos criarem charadas sobre os feriados, utilizando itens de vocabulário do Exercício 1, bem como a lista do quadro. Os outros alunos devem tentar adivinhar de que feriados se tratam. Eles podem se referir a feriados que a maioria dos alunos conhecem, por exemplo, *For this holiday people give gifts and send cards. They usually have a day off from work and they wish each other a happy holiday* (*Christmas*).

Sugestão
O *About you* pode ser feito como uma atividade de conversação, nas turmas em que isso parecer apropriado. Como alternativa, você pode pedir que os alunos leiam o que escreveram no caderno.

About you!
- Um voluntário deve ler a pergunta. Dê aos alunos alguns minutos para escreverem sobre o(s) feriado(s) de sua escolha. Peça-lhes que utilizem o vocabulário do Exercício 1 e dos itens listados no quadro para fornecer mais detalhes.
- Os alunos devem trabalhar em duplas.
- Reúna a turma e peça que alguns voluntários compartilhem suas respostas.
- **Opção**: Pergunte *Do you practice the holiday you described? Is this your favorite holiday? If not, what is your favorite holiday?*

RESPOSTA
Resposta pessoal.

Atividade extra de extensão (turmas mais avançadas)
- Peça para os alunos trabalharem em duplas para criar um diálogo sobre o feriado de que trataram. Dê um exemplo no quadro, para mostrar como fazer:
  A: *Do you know anything about Fourth of July in the United States?*
  B: *Oh yes, it's Independence Day.*
  A: *What do people do?*
  B: *There are parades and fireworks.*
  A: *Do people take the day off?*
  B: *Actually, most people have a day off from work.*

Apoio complementar
Extra Practice CD-ROM

Grammar

Objetivo

Praticar orações relativas: *where* e *when*.

▌ Apoio de gramática
Interactive Grammar Presentation

Exercício 1

- Revise orações relativas com *that* e *who*. Escreva no quadro:
  Halloween is a holiday that all children love; Mary is the person who organized the parade.
  Peça que voluntários sublinhem os pronomes relativos (*that* e *who*). Lembre os alunos de que uma oração relativa dá mais informações sobre um substantivo, ou o identifica (*holiday* e *person*, nos exemplos abaixo).

- Explique que nesta seção eles aprenderão sobre orações relativas iniciadas por *where* e *when*.

- Chame atenção para a primeira regra e os exemplos. Pergunte *What noun does the relative clause describe?* (*place*). Dê mais exemplos, como *Madrid is the city where I was born*. Pergunte *What noun does the relative clause describe?* (*city*).

- Chame atenção para a segunda regra e o exemplo. Pergunte *What noun does the relative clause describe?* (*time*). Dê mais exemplos, como *1997 was the year when I got married*.

- **Opção:** Peça que os alunos encontrem dois exemplos de orações relativas na publicação da página 82. Se precisarem de ajuda, observe que o primeiro exemplo se encontra na introdução (*It's the time of year when we welcome the Chinese New Year*) e no último parágrafo (*If you visit neighborhoods where Chinese people live…*).

Exercício 2 ⊚ 3•06

- Toque o CD ou leia os exemplos de gramática em voz alta, dando tempo para que os alunos os repitam.

- Em seguida, toque ou leia novamente cada item.

ROTEIRO DE ÁUDIO 3•06
This is the place where people watch fireworks.
The Chinese Spring Festival is the time when many families buy new clothes.

▌ Apoio complementar
Referência Gramatical página 108

Exercício 3

- Solicite que os alunos olhem as fotos. Pergunte *Do you know any of these holidays?*

- Leia o enunciado e o exemplo em voz alta e peça que sublinhem o substantivo antes de cada lacuna (1. *day*; 2. *city*; 3. *month*; 4. *holiday*;

5. *place*; 6. *place*). Isso irá ajudá-los a decidir entre o uso de *when* ou *where*.

- Peça que os alunos completem o exercício e, por fim, confira as respostas com a turma.

Exercício 4

- Leia o enunciado em voz alta. Olhe o exemplo e pergunte *What noun does the relative clause "where people wear costumes for the Mardi Gras holiday" describe?* (*the city in the U.S. – which is a place*).

- Peça que os alunos sublinhem o substantivo que a oração relativa vai descrever (2. *the two countries*; 3. *the time*; 4. *a famous street in New York*). Isso irá ajudá-los a decidir entre o uso de *when* e *where*.

- Solicite que completem o exercício.

- Depois, confira as respostas com a turma.

Atividade extra de extensão (turmas mais avançadas)

- Em duplas, os alunos utilizam o conteúdo dos Exercícios 3 e 4 para criar três enunciados do tipo verdadeiro ou falso. Peça que misturem informações para criar os enunciados. Por exemplo, *Rio is the city where you can see the Cherry Blossom Festival*. As duplas devem escrever seus enunciados no quadro para que os colegas tentem responder se são verdadeiros ou falsos. Lembre-os de utilizarem corretamente *when* e *where*.

▌ Apoio complementar
Extra Practice CD-ROM

12

Grammar Relative clauses: *where* and *when*

1. Study the grammar.

> **Relative clauses with *where* and *when***
>
> - Use *where* to identify or describe a place.
>   This is the place **where people usually watch fireworks**.
>   (People watch fireworks at this place.)
>
> - Use *when* to identify or describe a time.
>   The Spring Festival is the time **when we eat special foods**.
>   (Many families buy new clothes at that time.)

⟨3.06⟩ **2.** **Pronunciation** Listen to the grammar examples. Repeat.

3. Complete each relative clause with *when* or *where*.

1. July 1st is the day _when_ Canadians celebrate their country's birthday.

2. Rio is the city _where_ many people go to see the world-famous Carnaval parade.

3. October is the month _when_ ki... celebrate Halloween in the U.S.

4. Valentine's Day is a holiday _when_ people send cards to the people that they love.

5. Japan is the place _where_ you can see the Cherry Blossom Festival.

6. Arlington National Cemetery is a place _where_ Americans remem... the dead on Memorial Day.

4. Write sentences with relative clauses, using *where* or *when*.

1. New Orleans is the city in the U.S. / people wear costumes for the Mardi Gras holiday.
   New Orleans is the city in the U.S. where people wear costumes for the Mardi Gras holiday.
2. Australia and New Zealand are the two countries / they remember the dead on Anzac Day.
   Australia and New Zealand are the two countries where they remember the dead on Anzac Day.
3. This is the time / people buy gifts for their friends and families.
   This is the time when people buy gifts for their friends and families.
4. Fifth Avenue is a famous street in New York / there are many holiday parades.
   Fifth Avenue is a famous street in New York where there are many holiday parades.

84

Grammar Reflexive pronouns; *each other*

1. Study the grammar.

Reflexive pronouns

• When a subject and object are the same person or thing, use a reflexive pronoun.
Some people hurt **themselves** when they set off fireworks.
If you wear a great costume, **you** might see **yourself** on TV.
She wrote a note to **herself** so she would remember.

• Use *by* + a reflexive pronoun to describe a solo activity.
I went to the parade by **myself**. (= I didn't go with other people.)
We celebrated by **ourselves**. (= We didn't invite other people.)

each other

• Use *each other* with plural subjects to express reciprocal actions.
We gave **each other** gifts. (= I gave someone a gift, and that person gave me a gift.)
Kate and Sam texted **each other**. (= She texted him, and he texted her.)

3.07	Reflexive pronouns
Singular	**Plural**
myself	ourselves
yourself	yourselves
himself	
herself	themselves
itself	

They gave gifts to **each other**.

3.08)) **2.** [Pronunciation] **Listen to the grammar examples. Repeat.**

3. Look at the pictures. Complete each statement with a reflexive pronoun or *each other*.

1. They're sending **each other** cards for the holiday.

Hi. My name's Paul.

2. He's introducing **himself** to another student.

3. They're helping **each other** get dressed in costumes.

4. He's getting dressed in his costume by **himself**.

5. She's looking at **herself** in the mirror.

Happy holiday!

You, too!

6. They're wishing **each other** a happy holiday.

3.09)) **4.** [Listening comprehension] **Listen to the conversations. Complete the statements with reflexive pronouns or *each other*.**

1. They introduced **themselves** to **each other**.
2. They sent **each other** cards.
3. They gave **each other** gifts.
4. He saw **himself** in the newspaper.

85

Grammar

Objetivo
Praticar pronomes reflexivos; *each other*.

Apoio de gramática
Interactive Grammar Presentation

Exercício 1 3·07
• Leia a primeira regra gramatical e o exemplo. Pergunte *What is the subject?* (*Some people*); *What is the object?* (*themselves*); *What does "themselves" refer to?* (*Some people*). Explique que o sujeito e o objeto são a mesma pessoa.
• Leia os outros dois exemplos e mostre que *you* e *yourself* se referem à mesma pessoa; *she* e *herself,* também.
• Então chame atenção para a segunda regra gramatical e os exemplos.
• Toque o CD ou leia a lista de pronomes reflexivos. Detenha-se na ortografia dos pronomes no plural (*-self* vira *-selves* no plural). Pergunte a um aluno *Did you do your homework by yourself or*

did someone help you? O aluno pode responder. Explique que *by yourself* significa que você não teve ajuda.

ROTEIRO DE ÁUDIO 3·07
Singular: myself, yourself, himself, herself, itself.
Plural: ourselves, yourselves, themselves.

• Chame atenção para *each other.* Leia a regra gramatical e os exemplos. Escreva *On April Fool's Day, people play jokes on each other.* Explique que isso significa que alguém prega uma peça com outra pessoa e a outra pessoa faz o mesmo.
• **Opção:** Peça que os alunos encontrem um exemplo de pronome reflexivo na publicação da página 82 (*…and they buy themselves new clothes…*) e um exemplo de *each other* (*Everyone in China travels home so family members can see each other for this festival*).
• **Opção:** Pergunte *What things do you do by yourself? What things do you never do by yourself?*

Exercício 2 3·08
• Toque o CD ou leia os exemplos de gramática em voz alta para que os alunos os repitam.
• Em seguida, toque ou leia novamente cada item.

ROTEIRO DE ÁUDIO 3·08
Some people hurt themselves when they set off fireworks.
If you wear a great costume, you might see yourself on TV.
She wrote a note to herself, so she would remember.
I went to the parade by myself.
We celebrated by ourselves.
We gave each other gifts.
Kate and Sam texted each other.

Apoio complementar
Referência Gramatical página 108

Exercício 3
• Leia o enunciado e o exemplo em voz alta. Pergunte *Would a reflexive pronoun make sense here?* (*no*).
• Peça para os alunos completarem o exercício e confira as respostas com a turma.
• Pergunte *In which item is the person doing something solo?* (*2, 4, e 5*); *Which exercise items include reciprocal actions?* (*1, 3, e 6*).

Exercício 4 3·09
• Leia o enunciado em voz alta. Explique que ouvirão o diálogo duas vezes, para que confiram as respostas. Informe-os de que há uma frase para cada diálogo.
• Eles devem ouvir aos diálogos e preencher as lacunas. Tire dúvidas de vocabulário conforme a necessidade. *That was so nice of you to…* é uma expressão utilizada para mostrar gratidão por algo que alguém fez. *It's nothing special* é uma maneira comum de ser humilde quando você fez uma boa ação, mesmo que se trate de algo realmente fora do comum.
• Por fim, confira as respostas com toda a turma.

ROTEIRO DE ÁUDIO 3·09 PÁGINA 108

Apoio complementar
Extra Practice CD-ROM

Reading

Objetivo

Desenvolver habilidades de leitura: *online encyclopedia entries*.

Aquecimento

Pergunte *Who is posting today?* (*Jose Luis and Abby*); *Where is Jose Luis from?* (*Ecuador*); *Abby?* (*The U.S.*); *What will the posts be about?* (*holidays in other countries*).

Exercício 1 🔊 3•10

- Leia o enunciado e a pergunta em voz alta. Explique que eles devem respondê-la após a leitura das publicações.
- Peça para os alunos olharem as fotos e a voluntários para lerem as legendas. Então peça que leiam rapidamente as apresentações dos blogueiros. Pergunte *Have you ever heard of the Day of the Dead or Holi?* Em caso afirmativo, pergunte *What do you know about the holiday?*
- Toque o CD ou leia as publicações em voz alta; os alunos acompanham no próprio livro.
- Tire dúvidas de vocabulário conforme a necessidade. Explique que *a cemetery* é um local onde os mortos são enterrados; *a grave* é o local específico onde o corpo é enterrado; *a skull* são os ossos da cabeça. Se necessário, ensine o vocabulário das quatro estações: *winter, spring, summer, fall. Winter* e *summer* foram introduzidos na *Unit 9*.
- Volte à pergunta do enunciado e peça que um voluntário a responda.

RESPOSTA

Same: During both holidays people spend time together; both holidays are celebrated in other parts of the world Different: Day of the Dead celebrates dead friends and family members while Holi celebrates the arrival of spring; On the Day of the Dead people spend the day at the cemetery remembering relatives and friends whereas on Holi people dance in the streets and throw paint at each other.

Atividade extra de extensão (turmas mais avançadas)

- Chame a atenção dos alunos para a última linha do artigo, em que um feriado tailandês, o *Songkran*, é mencionado. Peça aos alunos para pesquisarem sobre esse feriado e trazerem informações e imagens dele para a aula.

Exercício 2

- **Skill / strategy:** *Classify information.* Se necessário, defina *classify* (*to decide what group or category something*

Reading Online encyclopedia entries

3•10 🔊 **1.** Read the two entries. How are the holidays the same or different?

2. `Classify information` After reading the encyclopedia entries, check the correct holiday (or holidays), according to the information.

		Day of the Dead	Holi
1.	People celebrate it in November.	✓	
2.	People do wild and crazy things.		✓
3.	People greet each other.		✓
4.	People tell each other stories.	✓	
5.	People buy gifts.	✓	
6.	Other countries have a similar holiday.	✓	✓

💡 **Open blog:** Let's research holidays in other countries!

 Jose Luis: In Ecuador, we have a holiday when we remember the dead. It's in November. In Mexico, they celebrate this holiday, too. Here's some information about the Day of the Dead.

 Abby: I found a wild and crazy holiday in India! It's called Holi. Check this out!

In early November, Mexicans celebrate the Day of the Dead to remember their dead relatives and friends. This tradition began more than 2,000 years ago.

Before celebrations begin, family members go the cemetery to clean the graves of their loved ones and decorate them with flowers. Then the whole family visits the cemetery and brings gifts, including food and drinks. Stores sell *pan de muerto*, a special bread for the holiday, and sugar skulls that people can leave as gifts on the graves. People eat together, play music, and take turns telling stories about their loved ones all through the night. In the morning, the family often leaves one of the loved one's possessions on the grave, such as a piece of clothing or a watch. Holidays in which people visit family graves are common in many cultures around the world.

Holi, or the Festival of Colors, is an Indian religious festival in February or March that celebrates the arrival of spring.

The festival begins in the evening with a huge fire. It is a time for friendship. People greet each other and wish each other a happy Holi. And then the fun begins. It's a wild and crazy time when people throw a kind of color powder and water at each other. It doesn't matter if you are not a friend or family member: someone will throw colors at you. Of course, the colors go everywhere on the street, on the houses, and on the cars and buses. Tourists come from all over to watch and participate! Some people worry that Holi wastes too much water, both for throwing and for cleaning up afterwards. But nothing stops people from having fun on this holiday. India isn't the only place with a fun holiday like Holi. Thailand, for example, has Songkran, a day when people throw water at each other.

People buy sugar skulls.

Families decorate graves with flowers.

The holiday begins with a huge fire.
Holi is a wild and crazy holiday!

86

---

belongs to). Explique as categorias de classificação: *Day of the Dead* e *Holi.*

- Diga aos alunos para tentarem completar o exercício sem consultar os artigos. Então diga que eles podem consultar os artigos para responder aos itens que faltaram.
- Os alunos devem comparar as respostas em duplas.
- Depois, confira as respostas com a turma.

Exercício 3

- **Skill / strategy:** *Confirm a text's content.* Relembre-os de que confirmar o conteúdo de um texto permite uma melhor compreensão do que o texto tratou.
- Leia o enunciado em voz alta e explique que um exercício de marcar verdadeiro ou falso é uma boa maneira de confirmar o conteúdo, já que faz você pensar sobre o que leu.

- Olhe o exemplo. Peça que os alunos procurem nas publicações o número 2.000 (na introdução em negrito de *Day of the Dead*). Pergunte *Does the post confirm that the holiday has been celebrated for over 2,000 years?* (*yes*).
- Os alunos fazem o exercício individualmente. Lembre-os de escolherem *NI* se a informação não consta do texto.
- Em duplas, os alunos devem consultar novamente o texto e *confirmar* cada um dos itens.
- Por fim, confira as respostas com a turma.

3. **Confirm a text's content** Circle T (true), F (false), or NI (no information), according to the encyclopedia entries.

1. People have celebrated the Day of the Dead for more than 2,000 years. **T** / F / NI
2. In Mexico, people clean and decorate graves only in November. T / F / **NI**
3. No one celebrates the Day of the Dead at night. T / **F** / NI
4. To begin Holi, people watch fireworks. T / **F** / NI
5. On Holi, people only throw color powder at people they know. T / **F** / NI
6. Some people think it's dangerous to light fires on Holi. T / F / **NI**

About you! Choose one of the two holidays. In your notebook, compare it with another holiday you know.

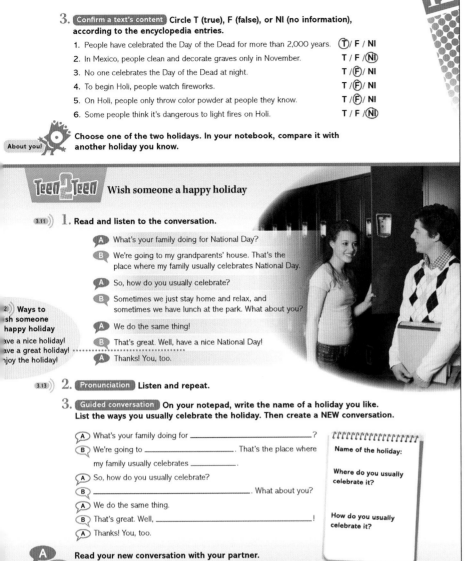

Teen2Teen Wish someone a happy holiday

(3.11) 1. **Read and listen to the conversation.**

- **A** What's your family doing for National Day?
- **B** We're going to my grandparents' house. That's the place where my family usually celebrates National Day.
- **A** So, how do you usually celebrate?
- **B** Sometimes we just stay home and relax, and sometimes we have lunch at the park. What about you?
- **A** We do the same thing!
- **B** That's great. Well, have a nice National Day!
- **A** Thanks! You, too.

Ways to wish someone a happy holiday
Have a nice holiday!
Have a great holiday!
Enjoy the holiday!

(3.13) 2. **Pronunciation** Listen and repeat.

3. **Guided conversation** On your notepad, write the name of a holiday you like. List the ways you usually celebrate the holiday. Then create a NEW conversation.

- **A** What's your family doing for _____?
- **B** We're going to _____. That's the place where my family usually celebrates _____.
- **A** So, how do you usually celebrate?
- **B** _____. What about you?
- **A** We do the same thing.
- **B** That's great. Well, _____!
- **A** Thanks! You, too.

Name of the holiday:

Where do you usually celebrate it?

How do you usually celebrate it?

A B Read your new conversation with your partner.
Then read the conversation in your partner's book.

87

Sugestão

O *About you* pode ser feito como uma atividade de conversação, nas turmas em que isso parecer apropriado. Como alternativa, você pode pedir que os alunos leiam o que escreveram no caderno.

About you!

- Leia o enunciado em voz alta.
- Dê algum tempo para que os alunos mapeiem as diferenças e semelhanças entre *Day of the Dead* e *Holi* ou outro feriado que conheçam.
- Peça-lhes para trabalharem em duplas.
- Reúna a turma e peça que alguns voluntários compartilhem suas respostas.

RESPOSTA
Resposta pessoal.

Teen2Teen

Objetivo
Praticar linguagem social para desejar boas festas.

Aquecimento
Pergunte maneiras diferentes de se desejar boas festas, por exemplo, *Have a happy New Year*, *Merry Christmas*, *Happy Halloween*, *Happy Holi*, *Happy Birthday*, etc.

Exercício 1 (3.11 / 3.12)
- Toque o CD ou leia o diálogo em voz alta; os alunos acompanham no próprio livro.
- **Opção:** Solicite que encontrem um exemplo de oração relativa (*That's the place where my family usually celebrates National Day*). Pergunte *What is this place?* (*the boy's grandparents' house*).
- Toque o CD ou leia *Ways to wish someone a happy holiday* em voz alta.

- Então peça que os alunos pratiquem as expressões.

Maneira de usar
É correto utilizar o nome do feriado ou simplesmente dizer "*a nice holiday*."

Exercício 2 (3.13)
- Toque o CD ou leia cada linha do diálogo em voz alta, dando tempo para que os alunos as repitam. Primeiro pratique cada linha com a turma inteira, depois peça que os alunos repitam individualmente.
- Mostre que nas últimas três linhas há pontos de exclamação, o que as torna mais enfáticas que a outra parte do diálogo, mais neutra.

Exercício 3
- Leia o enunciado em voz alta.
- Peça a alguns voluntários para lerem as informações no caderno à direita. Dê alguns minutos para que eles preencham com suas próprias informações. Encoraje-os a utilizarem o vocabulário da página 83.
- Explique novamente que eles irão criar seus próprios diálogos, utilizando o Exercício 1 como modelo.
- Estabeleça que preencherão as lacunas 1 e 3 com o nome de um feriado, a 2 com o local onde é celebrado e a 4 com a maneira como celebram. Por último, a lacuna 5 deve ser preenchida com o modo como A celebra o feriado mencionado na lacuna 1, e a lacuna 6 é uma maneira de se desejar a alguém um bom feriado.
- Feitas as explicação, solicite-lhes que completem as lacunas.
- Circule pela sala e ajude-os, se necessário.

Chat
- Peça que os alunos pratiquem a leitura dos novos diálogos em duplas.
- **Opção:** Solicite às duplas que leiam seus diálogos para toda a turma. Eles devem ouvir e escrever o nome do feriado, bem como onde e como ele é celebrado.

Extensão
Writing página 95

Apoio complementar
Extra Practice CD-ROM
Workbook páginas W35–W37
Grammar Worksheet 12
Vocabulary Worksheet 12
Reading Worksheet 12
Video: Teen Snapshot Unit 12
Unit 12 Tests A and B

Review: Units 10–12

Objetivo

Revisar e personalizar a linguagem abordada nas *Units 10–12* e avaliar o progresso em relação aos objetivos propostos.

Sugestão

Lembre os alunos de que as próximas duas páginas revisarão o vocabulário que eles aprenderam até este ponto. Ao final da seção *Review*, eles terão uma ideia do progresso que fizeram nas diferentes categorias.

Explique que as observações a seguir dão dicas de como completar os exercícios de revisão em sala de aula. Sugira que outra opção seria fazê-los em casa. Nesse caso, você pode dar as respostas para que eles confiram se acertaram.

Exercício 1

- Leia o enunciado em voz alta. Solicite que leiam o diálogo individualmente ou peça a dois alunos mais avançados para lerem para a turma.

- Tire dúvidas de vocabulário conforme a necessidade. Explique que *my cousin had something bad happen* é uma outra forma de dizer que *something bad happened to her*.

- Olhe o exemplo e mostre que nenhuma das outras opções cria uma frase verdadeira sobre Pia.

- Peça para os alunos completarem o exercício e diga-lhes que precisarão deduzir algumas das respostas a partir do conteúdo do diálogo. Encoraje-os a encontrar e sublinhar o trecho do diálogo onde encontraram as respostas. Lembre-os de que alguns dos itens correspondem a mais de uma oração principal.

- Confira as respostas com a turma. Se alguém errar, ajude-o a encontrar o trecho com a resposta correta no diálogo (2. *has two matches – infer both matches from Pia's first two posts*; 3. *infer from Pia's first post*; 4. *infer from Carla's second post*; 5. *has two matches – infer both matches from Carla's second post*).

- **Opção:** Para revisar o conteúdo das unidades, pergunte *What indefinite pronouns are used in the conversation?* (*Someone, something, someone*); *What verbs for crimes are used in the conversation?* (*broke into; stole; cheated*).

Exercício 2

- Leia o enunciado e o exemplo em voz alta. Caso seja necessário revisar, pergunte *Which indefinite pronouns are used for people?* (*someone, no one, e anyone*); *Which indefinite pronouns are used for things?* (*something, nothing, anything*).

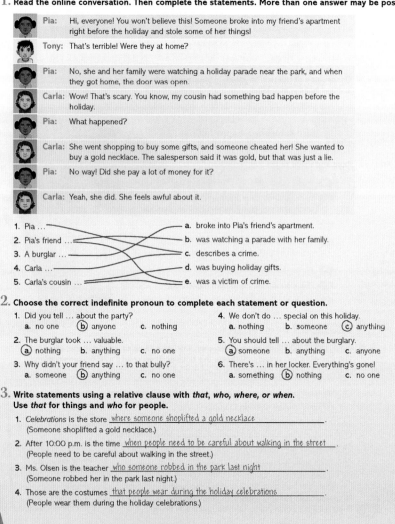

- Peça para os alunos completarem o exercício. Diga-lhes que devem pensar com cuidado se precisam de um pronome indefinido para uma pessoa ou uma coisa, e só então decidir se devem utilizar um pronome indefinido com *some-*, *no-* ou *any*.

- Confira as respostas com toda a turma. (*items 2, 3, 4, and 6 need an indefinite pronoun for a thing*; 5. *needs an indefinite pronoun for a person*).

Exercício 3

- Leia o enunciado em voz alta. Enfatize que devem usar *that* para coisas e *who* para pessoas.

- Peça para um aluno ler o exemplo. Pergunte *What noun does the relative clause describe?* (*store*). Diga que, embora *store* possa ser interpretado como uma coisa, nessa frase trata-se de um lugar. Não faria sentido utilizar o pronome relativo *that* na frase.

- Solicite que completem o exercício e, depois, confira as respostas com a turma.

- Em cada item, pergunte *Which noun does the relative clause describe?* (2. *time*; 3. *teacher*; 4. *costumes*). Pergunte *Which of these items could have an alternate answer?* (*item 3 could also have the relative pronoun "that"*).

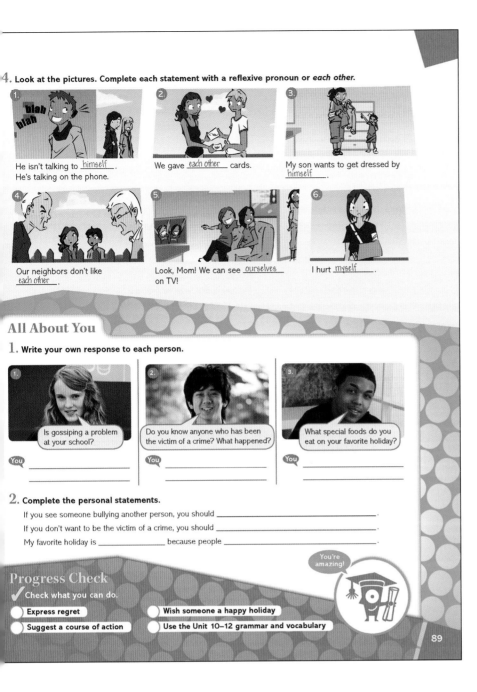

4. Look at the pictures. Complete each statement with a reflexive pronoun or *each other*.

1. He isn't talking to _himself_. He's talking on the phone.
2. We gave _each other_ cards.
3. My son wants to get dressed by _himself_.
4. Our neighbors don't like _each other_.
5. Look, Mom! We can see _ourselves_ on TV!
6. I hurt _myself_.

All About You

1. Write your own response to each person.

1. Is gossiping a problem at your school?
You _____

2. Do you know anyone who has been the victim of a crime? What happened?
You _____

3. What special foods do you eat on your favorite holiday?
You _____

2. Complete the personal statements.

If you see someone bullying another person, you should _____.

If you don't want to be the victim of a crime, you should _____.

My favorite holiday is _____ because people _____.

Progress Check

✓ Check what you can do.

- Express regret
- Suggest a course of action
- Wish someone a happy holiday
- Use the Unit 10–12 grammar and vocabulary

You're amazing!

89

Atividade extra de extensão (turmas mais avançadas)

- Peça que os alunos escolham uma das situações (1, 2 ou 3) e continuem o diálogo com mais algumas frases. Dê o exemplo do número 2 no quadro:
  A: *Do you know anyone who has been a victim of crime?*
  B: *Yes, someone pickpocketed my brother last year.*
  A: *That's horrible. How did it happen?*
  B: *Well, he was traveling and some guy stole his wallet from his backpack.*

Exercício 2

- Peça que olhem para as frases incompletas. Se necessário, explique que o primeiro e o segundo itens devem ser preenchidos com uma ação, e o terceiro item, com formas de se celebrar um feriado.
- Peça para os alunos completarem o exercício.
- Em seguida, reúna a turma e peça a voluntários para compartilharem suas respostas.
- **Opção:** Chame atenção para o primeiro item do exercício. Anote no quadro ações propostas quando você vê alguém praticando *bullying* com outra pessoa.

RESPOSTA
Resposta pessoal.

Progress Check

- Discuta em português as competências, revisando o conteúdo das *Units 10–12* nas páginas 70, 76 e 82, para verificar se todos compreendem cada um dos termos.
- Os alunos devem marcar os itens que conseguem fazer em inglês.

Sugestão

Não corrija a autoavaliação dos alunos, por mais que fique tentado a fazê-lo. Contudo, você pode circular pela sala durante a atividade e fazer perguntas de maneira descontraída para demonstrar que eles são capazes de realizar tudo o que marcaram.

Extensão
Cross-curricular Reading Units 10–12 page 99
Teen2Teen Friends Magazine page 103

Apoio complementar
Video: Report Units 10–12

Exercício 4

- Leia o enunciado em voz alta, revise os pronomes reflexivos e peça aos alunos para listarem-nos (*myself, yourself, himself, herself, itself, ourselves, yourselves, themselves*). Pergunte *How does spelling differ in plural reflexive pronouns?* (*"-self" becomes "-selves"*). Revise *each other* e lembre os alunos de que o termo é utilizado para expressar uma ação recíproca (por exemplo, *She sent him a gift, and he sent her a gift. = They sent each other gifts*).
- Peça para os alunos fazerem o exercício e compararem as respostas em duplas.
- Por fim, confira as respostas com a turma. Pergunte *In which item does a person want to do something solo?* (3).

All About You

Exercício 1

- Concentre-se no título. Lembre os alunos que, neste trecho, eles deverão responder com informações pessoais e utilizar o inglês para falar sobre si.
- Dê algum tempo para os alunos lerem os balões de diálogo e responderem. Se necessário, explique que o item 1 pede um exemplo de *bullying*; o item 2 pede verbos que descrevem crimes; e o item 3 deve ser preenchido com uma maneira de se celebrar um feriado.
- Os alunos podem comparar as respostas em duplas.
- Depois, confira as respostas com a turma. Pergunte *In which speech balloon is there an example of an indefinite pronoun?* (2 – *anyone*).

RESPOSTA
Resposta pessoal.

Unit 1 Writing

Objetivo

Desenvolver habilidades e competências de escrita: um parágrafo sobre seus talentos ou *hobbies*.

Exercício 1

- Escreva a regra de escrita no quadro. Em seguida, escreva o seguinte título: *Swimming is Fun.*
  Pergunte *Do you think the text will be about many fun activities?* (*no, just swimming*).

- Peça a um voluntário que leia o estilo do título.

Exercício 2

- Leia o enunciado em voz alta e peça para os alunos completarem o exercício.

- Os alunos devem comparar as respostas em duplas.

- Depois, confira as respostas com a turma.

Exercício 3

- Leia o enunciado em voz alta. Dê alguns minutos para que os alunos leiam o parágrafo e escolham o melhor título.

- Confira as respostas com a turma. Examine cada um dos três títulos. Embora o Título 1 tenha sido tirado diretamente do parágrafo, ele não expressa a ideia principal, que descreve o talento de Joaquin; o Título 2 é muito genérico em consideração à ideia central do texto; o Título 3 expressa a ideia principal do texto e provoca a curiosidade do leitor para encontrar uma resposta à pergunta.

Exercício 4

- Explique que os alunos deverão escrever um parágrafo sobre seus talentos ou *hobbies*, da mesma forma que Joaquin fez no exercício 3.

- Lembre-os de incluir um título. Circule pela classe e ajude-os, se necessário. Verifique se estão usando corretamente os verbos no gerúndio.

Check your work

- Peça que os alunos consultem a lista para escrever o texto.

- Em duplas, eles devem trocar seus textos e comentar sobre os títulos e estilos uns dos outros.

RESPOSTA
Resposta pessoal.

Unit 2 Writing

Objetivo

Desenvolver habilidades e competências de escrita: um parágrafo sobre seus hábitos

---

Writing

Unit 1: A paragraph about your talents or hobbies

1. Study the writing rule.

> **Writing a title**
>
> A good title creates interest. A title can be just a word or two, or it can be a sentence or question. But the title should reflect the main idea of your writing, and not just a detail.
> For title style, capitalize the first and last word, and all other words except:
> • articles (*the*, *a*, and *an*)
> • conjunctions (*and*, *or*, and *but*)
> • prepositions.

2. Write these titles in title style.

1. I have a new hobby!
   I Have a New Hobby!
2. what am I good at?
   What Am I Good At?
3. my greatest talent
   My Greatest Talent
4. a profile of my talents and hobbies
   A Profile of My Talents and Hobbies

3. Read Joaquin's paragraph. Choose the best title.

☐ I'm Just the Opposite   ☐ My Friends
☑ How Do I Make Friends?

> Am I good at solving puzzles or inventing things? No way. My talent is making friends! When my classmates ask me how it's possible that I have so many friends, I tell them, "It's easy. Show interest in other people. Ask them questions and listen to their answers." I never start by talking about myself. I'm just the opposite. I begin by asking questions and listening. When you listen to others with interest, it makes them feel important and happy, and they want to be friends with you.

4. In your notebook, write a paragraph of between five to ten sentences, describing one or more of your talents or hobbies. Give your paragraph a title. Use Joaquin's paragraph for support.

> **Check your work**
> ○ Does my writing have a title?
> ○ Does the title reflect the main idea?
> ○ Does the title use the correct title style?

Unit 2: A paragraph about your habits

1. Study the writing rule.

> **Parallel structure**
>
> Use the same grammatical form for all the words or phrases in a series.
>
> • Gerunds in a series
> ✓ I love **drawing**, **painting**, and **playing** the piano. (All words are gerunds.)
>   NOT I love drawing, painting, and ~~to play~~ the piano.
> ✓ I like **to swim**, **to play soccer**, and **to ride my bike**. (All phrases are infinitives.)
>   NOT I like to swim, ~~playing soccer~~, and to ride my bike.
>
> • Infinitives in a series
> ✓ I like **to** swim, **to** run, and **to** ride my bike. OR
> With infinitives, it's OK to use *to* with the first verb only.
> ✓ I like **to** swim, run, and ride my bike. NOT I like ~~to swim, run, and to ride my bike~~.

2. Read Amy's paragraph. Correct three errors in parallel structure.

> This is a busy year for me. I really love ~~to cook~~, *cooking* acting in plays, and doing karate. Unfortunately, I have a problem: my study habits. When I get home from school, I don't do my homework right away. Instead, I like to have a snack, watching TV, to check my e-mail, and texting my boyfriend. I know it's important to start my homework, work on my projects, and to check my schedule for the next day before I do other things, but it's not easy!

3. In your notebook, write a paragraph about your good and bad habits. Use the Vocabulary on page 16 for ideas. Include at least two sentences with a series of gerunds or infinitives. Be sure to use parallel structure.

> **Check your work**
> ○ Did I write about my good and bad habits?
> ○ Did I write two sentences with a series of gerunds or infinitives?
> ○ Did I use parallel structure?

90

Exercício 1

- Como aquecimento, escreva *I don't like writing, reading or to do math*. Pergunte *Is this correct?* (*no*).. Sublinhe os dois verbos no gerúndio e o caso de infinitivo. Explique que os itens em uma lista devem possuir a mesma forma.

- Discuta a regra de escrita e os exemplos com a turma. Então, escreva outro exemplo para que os alunos o corrijam: *Marika can't stand to be late for class, forget her assignments, and to do poorly on tests*. Pergunte *What is the problem?* (*each infinitive needs "to", or all instances of "to" need to be removed*).

Exercício 2

- Leia o enunciado em voz alta e peça que os alunos sublinhem cada item em uma frase, analisem os itens e façam as devidas correções.

RESPOSTAS POSSÍVEIS
Instead, I like to have a snack, to watch TV, to check my e-mail, and to text my

boyfriend;
I know it's important to start my homework, work on my projects, and check my schedule for the next day before I do other things…

Exercício 3

- Leia o enunciado em voz alta. Explique que os alunos deverão escrever um parágrafo sobre seus hábitos bons e maus. Diga que podem conferir o caderno na página 21 para se inspirarem.

- Lembre-os de que devem incluir pelo menos duas frases com uma série de verbos no gerúndio ou no infinitivo.

Check your work

- Peça que os alunos consultem a lista para escrever o texto.

- Em duplas, eles devem trocar os textos e verificar estruturas em paralelo.

RESPOSTA
Resposta pessoal.

Unit 3: A comparison of life today and in the past

1. Study the writing rule.

> **Topic sentences**
>
> A *topic sentence* expresses the main idea of a paragraph. A topic sentence usually comes at the beginning of the paragraph, although not always. Other sentences in the paragraph support or provide details about the main idea.

2. Read Audrey's paragraph about electronic devices. Find and underline the topic sentence.

> Today we can buy electronic devices that our grandparents couldn't even imagine when they were young. Back then, cell phones didn't exist, so people used public telephones on the street if they were late and wanted to call home. Very few people had computers or the Internet at home, so they used to go to the public library for information. Although they had TVs, there was no video on demand, so they watched programs at the same time as everyone else.

3. In your notebook, write a paragraph comparing an aspect of life today with the past. Start your paragraph with a topic sentence. Use Audrey's paragraph for support.

> **Some ideas:**
> * Your city or country in the past and now
> * Activities your family did in the past and now
> * The things you used to have or do and the things you have or do now
> * Your tastes in food, clothes, music, or movies years ago and now

> **Check your work**
> - Does my writing compare the past and the present?
> - Is there a topic sentence?
> - Do the other sentences provide details about the topic?

Unit 4: A summary of a text

1. Study the writing rule.

> **Summarizing a text**
>
> A summary presents, in your own words, the main ideas of a text you have read. A summary is shorter than the original text. To write a good summary of a written text, take notes of the most important facts. Then use your notes to write sentences in a short paragraph.

2. Read Abby's article about Chicago on page 22. Then look at Connor's notes and summary. Find two facts in Abby's article that Connor didn't include. Why didn't he include them?

> * big city in the U.S. – used to be 2nd largest city
> * tourist attractions: park, with sculptures / Willis Tower
> * on Lake Michigan
> * cold, windy in winter / cool in summer
>
> **Summary**
> Chicago is a big city in the U.S. Chicago used to be the second largest city in the U.S., but it's not any more. However, Chicago is a wonderful city with great tourist attractions. There's a beautiful park with sculptures, and there's Willis Tower, the second tallest building in the U.S. Chicago is cold and windy in the winter because it's on Lake Michigan, but in the summer the weather is cool.

3. Read the interview with Soojin on page 34. Complete the notes, according to details in the interview, using Connor's summary for support.

> * from South Korea
> * arrived at the school two weeks ago
> _____
> _____
> _____

4. In your notebook, write a summary of the interview, using your notes. Your summary should be between five and ten sentences.

> **Check your work**
> - Is my summary shorter than the original text on page 34?
> - Is the summary in my own words?
> - Does my summary present the most important facts of the interview?

Unit 3 Writing

Objetivo
Desenvolver habilidades e competências de escrita: uma comparação entre a vida hoje em dia e no passado.

Exercício 1
* Discuta a regra de escrita com a turma e escreva a seguinte *topic sentence* no quadro:
  Elena is outgoing, but she didn't use to be like that when she was younger.
  Pergunte *What will the paragraph be about?* (about how Elena didn't use to be as outgoing as she is now). Pergunte *What will the supporting sentences do?* (dê exemplos da timidez de Elena, comparando o presente e o passado).

Exercício 2
* Leia o enunciado em voz alta. Dê tempo para os alunos lerem o parágrafo e sublinharem a *topic sentence*.

* Reúna a turma e pergunte *What is the topic sentence?* (sentence 1); *What does it do?* (it presents the main idea – that there are many great electronic devices that weren't available years ago).
* Pergunte *What are the supporting sentences?* Analise cada uma das frases e mostre aos alunos como elas comparam o presente com o passado.

Exercício 3
* Leia o enunciado e as ideias. Diga aos alunos que eles escreverão um parágrafo comparando o presente e o passado.
* Lembre-os de utilizarem *as … as* e *used to* no texto.

Check your work
* Peça que os alunos consultem a lista para escrever o texto.
* Em duplas, eles devem trocar seus textos entre si e verificar se utilizaram bem a *topic sentence*.

Resposta pessoal.

Unit 4 Writing

Objetivo
Desenvolver habilidades e competências de escrita: um resumo.

Exercício 1
* Pergunte *When might summarizing be useful?* (por exemplo, *when studying for a test*).

Exercício 2
* Leia o enunciado em voz alta.
* Peça que os alunos releiam o texto sobre Chicago, na página 22, individualmente.
* Em duplas, peça que consultem as notas de Connor e leiam o resumo.
* Peça que os alunos encontrem dois fatos que Connor não incluiu no resumo e tentem descobrir por que ele não os incluiu.

RESPOSTA POSSÍVEL
Chicago isn't as big as Los Angeles e *Los Angeles is the new "number two".*

Exercício 3
* Dê alguns minutos para que os alunos releiam a entrevista com Soojin. Então peça que anotem as observações individualmente.
* Peça às duplas que comparem respostas e discutam quais detalhes são importantes.

RESPOSTA POSSÍVEL
joined English club; first time outside of Korea; with her parents; brothers studying in Korea; not an extrovert; has made friends at new school

Exercício 4
* Peça que os alunos escrevam seus próprios resumos utilizando as observações feitas.
* Circule pela sala e ajude-os, se necessário.

Check your work
* Peça que os alunos consultem a lista para escrever o texto.
* Em duplas, eles devem trocar seus textos entre si e verificar se o resumo inclui os fatos mais importantes da entrevista.

RESPOSTA
Resposta pessoal.

Unit 5 Writing

Objetivo

Desenvolver habilidades e competências de escrita: um parágrafo dando conselhos.

Exercício 1

- Leia o título da regra *Unity of content*. Explique aos alunos que isso significa que o conteúdo (ou assunto) de um parágrafo deve ser coeso (conectado entre si). Leia a regra de escrita.
- Chame atenção para a observação presente em *Reminder*.

Exercício 2

- Leia o enunciado em voz alta. Peça a um voluntário que leia o título e a primeira frase. Pergunte *What is the writer's main idea?* (*she will give advice how to have healthy teeth*).
- Peça que os alunos completem os exercícios individualmente e comparem as respostas em duplas.
- Reúna a turma e pergunte *Why do we need to cross out these two sentences?* (*because they have nothing to do with advice for healthy teeth*).

Exercício 3

- Leia o enunciado em voz alta e peça que um voluntário leia a seção *Ideas*. Diga que eles devem consultar as dicas que escreveram na seção *About you*, na página 41.
- Lembre os alunos de que o título e a *topic sentence* devem expressar a ideia principal. Ande pela sala e ajude-os, se necessário. Lembre-os de que devem incluir apenas frases relacionadas ao tópico.

Check your work

- Oriente os alunos a consultar a lista para escrever o texto.
- Peça que trabalhem em duplas e troquem os parágrafos, verificando se há frases desconectadas do tópico. Se houver, elas devem ser eliminadas, como foi feito no Exercício 2.

RESPOSTA

Resposta pessoal.

Unit 6 Writing

Objetivo

Desenvolver habilidades e competências de escrita: um pequeno guia de sua cidade.

Exercício 1

- Leia a regra de escrita para a turma. Explique que *subtopics* são detalhes sobre aspectos diferentes do tópico principal.

Unit 5: A paragraph giving advice

1. Study the writing rule.

Unity of content

All the sentences in a paragraph should support the main idea. Don't include ideas in your paragraph that are not related to the main idea. If you think other details are important or interesting, you can write an additional paragraph with a new topic sentence.

Reminder

Indent the first sentence of a paragraph.

2. Read Gloria's paragraph about how to have healthy teeth. Her title and her topic sentence express the main idea. There are two sentences that are not related to that idea. Find them and cross them out.

<u>How to Have Healthy Teeth</u>

If you don't want to have problems with your teeth, there are some very important things you should do. First, visit your dentist at least once a year, twice a year if necessary. Brush your teeth twice a day, in the morning and before you go to bed at night. Don't eat a lot of sweet foods like candy and cake. ~~Birthday cake is delicious. I had my birthday last week, and my mom made a beautiful cake.~~ If you eat sweet things, brush your teeth right after eating them because sugar can damage your teeth.

3. In your notebook, write a paragraph giving advice about smoking. Write a title for your paragraph. Include a topic sentence that expresses your main idea. Use Gloria's paragraph for support.

Ideas:
- why smoking is bad for your health
- why smoking is bad for your social life
- ways to stop smoking

Check your work
- Is there a title?
- Is there a topic sentence?
- Did I indent the first word?
- Is there unity of content? Do all the sentences relate to the topic?

Unit 6: A short visitor's guide to your city or town

1. Study the writing rule.

Organizing details in your writing

If your writing topic includes different subtopics, group the details about each subtopic together.

2. Tony has grouped the details in his paragraph into three subtopics: natural beauty, art, and food. Read his guide to Benton and put a slash (/) where each new subtopic starts.

Benton: A Nice Place to Visit

Benton is a great place to visit if you like natural beauty, art, and good food./ The beautiful Hudson River is nearby. You can see the Hudson from Green Woods, a lovely forest near town. You can also see the Hudson from Mount Marie, a small mountain only one hour by car from downtown Benton./If you like art, there are actually two nice museums downtown: the Benton Art Museum and the museum at Eastchester College./And for food lovers, on the first weekend of each month there is a food festival at local restaurants. All restaurant meals are half price before 6:00 and after 9:00. So come to Benton. There's something here for everyone!

3. In your notebook, write a one-paragraph visitor's guide to your city or town. Choose two or three subtopics and group the details for each subtopic together. Begin your paragraph with a topic sentence that introduces the subtopics of your paragraph. Use Tony's paragraph as a model.

Check your work
- Does my guide have a topic sentence that introduces the ideas that will be in the paragraph?
- Does my guide include subtopics?
- Are the details for each subtopic organized so they are grouped together?

Exercício 2

- Peça que um voluntário leia o título e a *topic statement*. Pergunte *Does it introduce what the paragraph will be about?* (*yes, it introduces each subtopic*). Espera-se que o restante do parágrafo diga mais sobre cada subtópico.
- Leia o enunciado em voz alta. Diga aos alunos para começarem lendo o parágrafo. Então, peça que leiam novamente e adicionem travessões no início de cada subtópico.

Exercício 3

- Peça para os alunos escreverem uma frase principal, introduzindo os subtópicos. Eles devem utilizar o parágrafo de Tony como modelo. Escreva no quadro:
  ___ *is a great place to visit if you like* ___, ___, *and* ___

- Após terem escrito a frase principal, peça que desenvolvam cada subtópico, dando mais detalhes. Lembre-os de que devem agrupar os detalhes. Circule pela sala e ajude-os, se necessário.

Check your work

- Peça que os alunos consultem a lista para escrever o texto.
- As duplas devem trocar os textos entre si e verificar se os subtópicos foram introduzidos nas frases principais e se os detalhes estão organizados e agrupados.

RESPOSTA

Resposta pessoal.

Unit 7: A paragraph about your favorite athlete

1. Study the writing rule.

> **Provide reasons to support an idea**
>
> When you express an idea or opinion, support your idea or opinion with reasons.
>
> Kerri Walsh is one of the most exciting volleyball players in the history of the sport. **One reason is** she has helped her team win more games than any other player. **Another reason is** she has played in the Olympics four times and won three gold medals. **Furthermore**, she has her own radio show now and it's fantastic!

> **Other ways to provide reasons**
>
> The main reason is …
> For one thing, …
> For another, …
> Besides, …

2. Read Jessica's description of a favorite athlete. Underline the reasons she provides to support her ideas.

> My favorite athlete is the British soccer player David Beckham. He has stopped playing now, but I'm still a huge fan. The main reason is he helped make soccer more popular in the U.S. For another, he has had an interesting life. He married a famous singer and he is the father of four children. Furthermore, he's a huge celebrity.

3. Write a paragraph about your favorite athlete. Include specific reasons why he or she is your favorite. Use the description in Exercise 2 for support.

> **Check your work**
>
> ○ Does my paragraph have a topic sentence?
> ○ Did I provide more than one reason to support my topic sentence?
> ○ Did I use at least two of the ways to introduce reasons?

Unit 8: Suggest a course of action

1. Study the writing rule.

> **Conclusions**
>
> End a paragraph with a conclusion by restating your ideas. Introduce a conclusion with any one of the following expressions:
> In short, …   In summary, …
> In conclusion, …

2. Read Odette's paragraph. Underline the conclusion.

> Protecting the environment is a big job, but there are a lot of things you can do to help. For one thing, you can make sure your family recycles bottles, cans, and paper every day. If someone forgets to turn off the water, you can talk to that person about it. You can also collect money to help organizations that work to protect the environment. In short, if we do little things to help protect the environment, we might make a huge difference.

3. In your notebook, write each statement below as a conclusion. Introduce each with a different expression.

1. If we work to help protect the environment, we might make a huge difference.
   In summary, if we work to help protect the environment, we might make a huge difference.
2. We shouldn't think there isn't anything we can do to help.
3. People can help protect the environment if they want to.

4. Write a paragraph to suggest a course of action. Choose a topic. Include a conclusion at the end of your paragraph. Use Odette's paragraph for support.

Topics
• protecting the environment
• keeping your neighborhood clean
• welcoming a new student to your school

> **Check your work**
>
> ○ Did I include a topic sentence?
> ○ Did I include several suggestions?
> ○ Did I include a conclusion?

93

Unit 7 Writing

Objetivo

Desenvolver habilidades e competências de escrita: um parágrafo sobre seu atleta favorito.

Exercício 1

• Leia a regra de escrita para a turma. Explique que *reasons* são as explicações sobre suas opiniões e ideias.

• Pergunte *What words does the writer use to introduce the reasons? (One reason…; Another reason…; Furthermore…)*. Leia o quadro *Other ways to provide reasons*.

Exercício 2

• Leia o enunciado em voz alta. Diga para os alunos começarem lendo o parágrafo. Na segunda leitura eles devem sublinhar as razões que Jessica aponta para embasar suas ideias. Chame atenção para as palavras que introduzem as razões.

• **Opção:** Os alunos podem experimentar formas diferentes de introduzir ideias no parágrafo. Por exemplo, *One reason is…; Another reason is…; Besides…*

Exercício 3

• Peça que os alunos escrevam um parágrafo sobre seus atletas favoritos. Eles devem incluir pelo menos uma razão para explicar a sua escolha.

• Lembre-os de utilizarem as palavras que introduzem razões. Consulte o Exercício 2, se necessário.

Check your work

• Peça para os alunos consultarem a lista para escrever o parágrafo.

• As duplas devem trocar seus textos e verificar se o parágrafo dá razões e utiliza palavras que as introduzem.

RESPOSTA
Resposta pessoal.

Unit 8 Writing

Objetivo

Desenvolver habilidades e competências de escrita: sugerir uma ação.

Exercício 1

• Leia a regra de escrita para a turma. Explique que *a conclusion* é um modo de terminar um texto. Trata-se da última frase de um parágrafo.

Exercício 2

• Leia o enunciado em voz alta.

• Peça que os alunos leiam o parágrafo. Na segunda leitura eles devem sublinhar a conclusão.

• Pergunte *What phrase introduces the conclusion? (In short)*.

Exercício 3

• Leia o enunciado em voz alta. Chame atenção dos alunos para as expressões na regra de escrita.

• Após os alunos terem reescrito as frases, peça que comparem as respostas com as de um colega.

• Solicite que a turma dê alguns exemplos de respostas possíveis.

RESPOSTAS POSSÍVEIS
2. *In short, we shouldn't think there isn't anything we can do to help.*
3. *In conclusion, everyone can help protect the environment if they want to.*

Exercício 4

• Leia o enunciado em voz alta e peça que voluntários leiam os itens em *Suggest how to…*

• Peça que os alunos escrevam um parágrafo sugerindo uma ação para cada situação.

• Lembre-os de incluir uma frase de conclusão. Eles podem consultar os parágrafos de exemplo, se necessário.

Check your work

• Peça que os alunos consultem a lista para escrever o texto.

• As duplas devem trocar os textos e verificar se incluíram os itens da lista.

RESPOSTA
Resposta pessoal.

Unit 9 Writing

Objetivo

Desenvolver habilidades e competências de escrita: um parágrafo de persuasão.

Exercício 1

- Leia a regra de escrita e esclareça o significado de *persuasion*. Chame atenção para as duas formas de persuadir. Explique que *benefits* significa vantagens e que ao comparar suas ideias a alternativas você mostra como suas ideias são melhores.

Exercício 2

- Leia o enunciado em voz alta. Então peça que os alunos leiam o parágrafo e sublinhem os três benefícios e uma comparação.
- Depois, confira as respostas com a turma.

Exercício 3

- Leia o enunciado em voz alta. Peça que os alunos analisem o exemplo. Pergunte *What is being described?* (*a smartphone*); *What is its benefit?* (*it looks cool*); *What is it compared to?* (*a more expensive smartphone*).
- Então peça que os alunos escrevam frases sobre seus produtos – um benefício e uma comparação.

RESPOSTA
Resposta pessoal.

Exercício 4

- Leia o enunciado em voz alta.
- Lembre os alunos de incluírem benefícios e comparações.

Check your work

- Peça que os alunos consultem a lista para escrever o texto.
- As duplas devem trocar os textos entre si e verificar se incluíram os itens da lista.

RESPOSTA
Resposta pessoal.

Unit 10 Writing

Objetivo

Desenvolver habilidades e competências de escrita: descrever as consequências de um problema da sociedade.

Exercício 1

- Leia a regra de escrita e o primeiro parágrafo. Pergunte *Which word does "this" in the second statement replace?* (*gossiping*). Leia o primeiro parágrafo novamente, sem usar *this* como substituto de *gossiping*. Mostre como isso é repetitivo.

Unit 9: A persuasive paragraph

1. Study the writing rule.

> **Persuasion**
>
> In a persuasive paragraph, you try to convince someone to agree with a point of view. Here are two ways to persuade someone:
> - **State the benefits of your idea**
>   If everyone recycles household waste, there will be less waste in our landfills.
> - **Compare your idea with alternatives**
>   Clear Skin face wash gives faster results than any other.

2. Read the advertisement. Underline three benefits and one comparison with other products.

> ### Hairshine Shampoo
>
> Hairshine Shampoo is simply the best shampoo you can buy. With Hairshine, your hair will look better and it's also good for the environment! With every purchase of Hairshine, we donate a percentage of our earnings to environmental organizations. There aren't many other brands that can say that!

3. Choose a product you know. In your notebook, write a benefit statement for the product and a comparison statement.

Benefit: The Sammy 520 smartphone looks really cool and it's easy to use.

Comparison: The Nanny 335 looks pretty cool, but the Sammy 520 doesn't cost as much.

4. Write a persuasive paragraph about the product you chose in Exercise 3. Begin with a topic sentence introducing the product or idea. Use the Hairshine ad as a model.

> **Check your work**
> - Did I write a topic sentence introducing the topic I'm writing about?
> - Did I state the benefits of my product?
> - Did I compare my product with alternatives?

Unit 10: Describe the consequences of a social problem

1. Study the writing rule.

> **Using *this* to refer to an earlier idea**
>
> Use *this* to refer to an idea you stated earlier.
> One typical kind of bullying is gossiping about others. **This** is a problem both at school and online.
> Cyberbullying has become a serious problem. There have been two recent articles in the newspaper about **this**.

2. In your notebook, change the underlined phrases to *this*. Write the sentences.

1. The huge number of cars and factories in our city is causing serious air pollution. <u>The air pollution</u> is causing health problems.
   This is causing health problems.
2. Many bullies have experienced being victims of bullying, too. It's important to talk to bullies about <u>their experience as victims</u>.
3. Students who are victims of bullying sometimes have difficulty sleeping. <u>The lack of sleep</u> causes problems for them in school because they can't concentrate on their work.

3. Read Louis's paragraph. Circle two uses of *this* as a reference to an earlier idea.

> Bullying in school causes a lot of problems. For example, the victims of bullying feel very uncomfortable socially. Because of (this) they don't want to go to school. Another problem is that the stress that comes from bullying means that students can't sleep. (This) is why many victims have trouble with their studies.

4. Write a paragraph about one of these social problems. Start with a list of consequences and then write four to six sentences. Use *this* to refer to at least one earlier idea. Use Louis's paragraph for support.

Social problems
- bullying
- littering
- gossiping
- pollution

> **Check your work**
> - Did I include a topic sentence?
> - Did I use *this* to refer to an earlier idea?
> - Did I include a conclusion?

94

- Então leia o segundo parágrafo e pergunte *Which word does "this" in the second statement replace?* (*vandalism*). Peça para um voluntário ler o parágrafo novamente, sem usar *this* para substituir *vandalism*. Isso deixará evidente o quanto ele é repetitivo.
- **Opção:** Pergunte *In which of the paragraphs is "this" an object?* (*paragraph 2*); *A subject?* (*paragraph 1*).

Exercício 2

- Leia o enunciado em voz alta e peça para os alunos reescreverem as frases.
- Depois, confira as respostas com a turma.

Exercício 3

- Leia o enunciado em voz alta e peça que os alunos completem o exercício.
- Solicite que formem duplas e comparem suas respostas.
- Por fim, confira as respostas com a turma.

Exercício 4

- Leia o enunciado e a seção *Ideas* em voz alta.
- Lembre os alunos de usarem *this* para se referir a ideias anteriores.

Check your work

- Peça que os alunos consultem a lista para escrever o texto.
- As duplas devem trocar os textos entre si e verificar as respostas uns dos outros.

RESPOSTA
Resposta pessoal.

Unit 11: Provide advice

1. Study the writing rule.

Agreement in number

Be sure nouns and pronouns agree in number (singular or plural) with their *antecedents* – the earlier words or phrases they refer to.

Burglars often break into people's homes during the day because **they** know that people are not usually home.

NOT Burglars often break into people's homes during the day because he knows that people are not usually home.

2. Read each pair of sentences. Circle the word or words that agree in number with their antecedent.

1. Stores sometimes put video cameras where it /(they) can film people while they shop.

2. Burglars enter houses through first-floor windows because many people don't lock(them)/ it.

3. Tourists want to visit interesting places in a city. Sometimes this place is /(these places are) in dangerous neighborhoods.

4. The boys from my school were the one /(the ones) who vandalized your school last year.

3. Read Oliva's paragraph. Correct two errors with singular/plural agreement.

You don't have to worry all the time about crime, but it's important to pay attention to ~~them~~. Here's what I do to avoid being a victim of crime. When I go out, I never carry a lot of money with me. I only bring what I need. I always pay attention to other people to see if ~~he is~~ acting strangely. At night, I never go out alone. In short, if you are careful, you can relax and have a good time when you go out.

(correction above "them": it; correction above "he is": they are)

4. In your notebook, write a list of suggestions for avoiding crime. Then write a paragraph about the topic. Use Oliva's paragraph for support.

Check your work
- ○ Did I include a topic sentence?
- ○ Did I check for errors in agreement in number?

Unit 12: A description of a holiday

1. Study the writing rule.

Agreement in person

Be sure all pronouns agree "in person." Don't mix them.

These sentences do not agree in person.

✗ There are some things **you** can do to avoid becoming a victim of crime. For example, **you** should pay attention to the people around **us**.

You can correct them two ways.

✓ There are some things **you** can do to avoid becoming a victim of crime. For example, **you** should pay attention to the people around **you**. OR

✓ There are some things **we** can do to avoid becoming a victim of crime. For example, **we** should pay attention to the people around **us**.

2. Choose the correct pronouns in the following sentences.

1. We celebrate April Fool's Day on April 1st. It's a day when(we)/ they play jokes on other people.

2. Songkran is a cool festival in Thailand. People celebrate them /(it) by throwing water at each other.

3. You should visit Canada's Balloon Festival in August. We /(You) can see hundreds of huge balloons there.

3. Read Gretchen's paragraph. Correct two errors in pronoun agreement.

My favorite holiday in my country, Sweden, is "Midsommar." During this holiday in June, we celebrate the longest day of the year. Early in the day, ~~your~~ *we* decorate our homes and cars with flowers. In the afternoon, we all meet at the park and we dance traditional dances. In the evening, we make delicious dishes with fish and potatoes, and ~~you~~ *we* eat strawberries.

4. Write a description of your favorite holiday. Use Gretchen's corrected paragraph as a model.

Check your work
- ○ Did I include a topic sentence?
- ○ Did I check that all pronouns agree in person?
- ○ Did I check that all nouns and pronouns agree in number?

Unit 11 Writing

Objetivo
Desenvolver habilidades e competências de escrita: fazer sugestões.

Exercício 1
- Leia o título da regra de escrita.
- Em seguida, leia as explicações e as frases de exemplo; os alunos acompanham. Pergunte *What does "singular" mean?* (one); *And "plural"?* (more than one).

Exercício 2
- Leia o enunciado e o exemplo. Pergunte *Why is the answer "they"? What does it refer to?* (video cameras).
- Peça que os alunos completem o exercício.
- Confira as respostas com a turma. Em cada item, pergunte *What does the pronoun refer to?* (2. windows; 3. interesting places; 4. the boys).

Exercício 3
- Leia o enunciado em voz alta e peça para os alunos completarem o exercício.
- Circule pela sala e ajude-os, se necessário. Pergunte *Is "crime" in line 1 singular or plural?* (singular, so the pronoun must agree and be singular, too – "it"); *Is "people" in line 6 singular or plural?* (plural, so the pronoun must agree and be plural, too – "they").

RESPOSTA
In lines 1 and 2, crime~them, *should be* crime~it; *In line 6,* people~he *should be* people~they.

Exercício 4
- Leia o enunciado em voz alta. Explique que, assim como no artigo de Olivia, eles devem descrever o que fazer para evitar que se tornem vítimas de um crime.

Check your work
- Peça para os alunos consultarem a lista para escrever o texto.
- As duplas devem trocar os textos entre si e verificar as respostas um do outro.

RESPOSTA
As respostas dadas pelos alunos.

Unit 12 Writing

Objetivo
Desenvolver habilidades e competências de escrita: descrever uma data comemorativa.

Exercício 1
- Leia a regra de escrita. Explique que no primeiro exemplo *(you, you, us)* não há concordância. O pronome oblíquo *us* não corresponde ao pronome pessoal *you*.
- Chame atenção para os exemplos corrigidos para explicar a concordância *(you, you, you)* e *(we, we, us)*.

Exercício 2
- Leia o enunciado e o exemplo em voz alta. Pergunte *What does the answer "we" refer to?* ("We" at the beginning of the first sentence).
- Peça que os alunos completem o exercício.
- Confira as respostas com a turma. Em cada item, pergunte *What does the pronoun refer to?* (2. a festival; 3. "You" at the beginning of the first sentence).

Exercício 3
- Leia o enunciado em voz alta e peça que os alunos completem o exercício. Se tiverem dificuldade, peça que sublinhem todos os pronomes *(we, you, we, we, we, you)*. O pronome *we* deve ser o dominante.
- Reúna a turma e peça que alguns compartilhem suas respostas.

RESPOSTA
Pronoun should consistently be we.

Exercício 4
- Leia o enunciado em voz alta. Explique que, da mesma forma que no texto corrigido de Gretchen, os alunos devem usar um pronome de forma consistente.

Check your work
- Peça para os alunos consultarem a lista para escrever o texto.
- As duplas devem trocar entre si os textos e verificar as respostas.

RESPOSTA
Resposta pessoal.

Cross-curricular Reading: Units 1–3

Cross-curricular topic

Ciência

Objetivo

Usar inglês para aprender sobre ciência.

Aquecimento

Pergunte How much sleep do you usually get? Compare as respostas dos alunos. Você pode chegar à conclusão de que algumas pessoas precisam dormir menos que outras. Chame atenção para o diagrama sobre a atividade cerebral durante o sono. Peça aos alunos que especulem sobre o que ocorre.

Exercício 1 🎧 3•14

- Leia o enunciado e a pergunta em voz alta. Pergunte *What is sleep deficiency?* (*lack of sleep*).
- Toque o CD ou leia o artigo em voz alta.
- Tire dúvidas de vocabulário conforme a necessidade: *emotional health* (*good emotional health means feeling good about yourself and the people around you; you can handle emotions such as stress, anger, depression, etc. in healthy ways*); *to get along* (*to have good relationships with other people*).
- Volte à pergunta do enunciado. Peça que um voluntário responda utilizando as informações do artigo. Então, solicite que os alunos falem sobre como a falta de sono afeta suas vidas.
- **Opção:** Peça para os alunos olharem o quadro *How much sleep is enough?*. Pergunte *Do you get as much sleep as the chart suggests? Do you agree with the suggested sleep on the chart?*

RESPOSTA

It affects people mentally and physically, so it affects the quality of their life and their safety. It affects their body's ability to fight illness. It can cause problems with schoolwork and with getting along with other people.

Exercício 2

- Leia o enunciado e o exemplo. Pergunte *What phrase in the statement would we scan for to determine the answer!* (*getting along*). Peça que os alunos sublinhem o trecho em que encontraram a resposta para cada item.
- Depois, confira as respostas com a turma.

Exercício 3

- Leia o enunciado em voz alta.
- Peça que os alunos completem o exercício. Encoraje-os a tentarem fazer o exercício sem consultar o artigo. Eles

devem consultá-lo, e também às fotos, para tirar as dúvidas.
- Depois, confira as respostas com a turma.

Project: A sleep diary

- Leia o título do projeto. Certifique-se de que os alunos compreendem que um diário é um livro no qual você escreve o que acontece todos os dias. Leia o enunciado.
- Escreva o modelo de um calendário do sono no quadro:
  Day   Hours of sleep
  Monday
  Tuesday
  Wednesday
  Thursday
  Friday
  Saturday
  Sunday
- Pergunte *How will you find the average?* (*add together the hours of sleep on each day and divide by seven*).

- Verifique o andamento do projeto após uma semana. Durante esse período, lembre-os de completarem seus diários.
- Quando todos tiverem completado os diários, divida a turma em grupos e peça que comparem os resultados.
- Em seguida, reúna a turma. Peça que cada aluno compartilhe a sua média de sono, some todos os números e descubra o número equivalente à média de sono da turma, escrevendo-o no quadro.
- Pergunte *Do you sleep more or fewer hours than the class average?*

Science: The importance of sleep

3.14 🔊 **1.** Read the article about sleep. How does sleep deficiency affect people?

It's essential to get enough sleep. Getting enough sleep can help protect your mental health, physical health, quality of life, and safety. Sleep deficiency – not getting enough sleep – can lead to problems.

Brain Health and Emotional Well-Being
Sleep helps your brain work properly. While you're sleeping, your brain is preparing for the next day. It's forming neural pathways to help you learn and remember information – whether you're learning math, English vocabulary, or how to play the piano. When you're sleep deficient, the brain doesn't have time to rest, so you may have problems paying attention. This can affect your progress at school. Sleep is also important for emotional health. Young people who are sleep deficient often have problems getting along with their friends and other people.

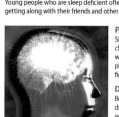

Sleep helps the brain form neural pathways.

Physical Health
Sleep supports the body's growth and development in children and teens. And your body's immune system, which fights illness, needs sleep to stay strong. When people are sleep deficient, they can have trouble fighting common ailments, such as colds and the flu.

Daytime Performance and Safety
Because sleeping at night helps you pay attention during the day, it helps you make decisions. People who don't get enough sleep make more mistakes. Sleep deficiency has played a role in many terrible accidents. In the U.S., sleep deficiency causes approximately 100,000 road accidents every year. It's important for all of us to get enough sleep.

How much sleep is enough?
This chart shows the amount of sleep people need at different ages.

Age	Recommended amount of sleep
0–5 year olds	11–12 hours a day
6–12 year olds	At least 10 hours a day
Teens	9–10 hours a day
Adults	7–8 hours a day

2. Choose the correct word or phrase to complete each statement, according to the article.
1. Getting along with others is an example of **physical health** /(**emotional health**).
2. Sleep deficiency is a term for **getting** /(**not getting**) enough sleep.
3. Having trouble fighting ailments is an example of (**a physical**)/ **an emotional** problem.
4. A good night's sleep helps (**the brain**)/ **the immune system** prepare to learn and remember information.
5. Many road accidents occur each year because of **sleeping**/(**sleep deficiency**).
6. People of different ages require different (**amounts of**)/ **kinds of** sleep.

3. Write a check mark for the topics you can learn about in the article.
- [✓] the importance of sleep
- [ ] the importance of a good diet for a healthy immune system
- [✓] the number of sleep hours necessary for people of different ages
- [✓] the consequences of sleep deficiency
- [ ] the right method for learning math, English vocabulary, and the piano

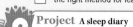

Project A sleep diary

Every night for one week, write down the number of hours you sleep. Then calculate the average number of hours you sleep. Compare your own average with that of your classmates. Do you sleep more or fewer hours than the class average?

96

Biology: Genetics and you

 **1.** Read the article about genetics. What are some characteristics or traits that come from genes?

Genes carry instructions for the development of our bodies. Our genes come from our parents in pairs – one from our mother and one from our father.

Physical characteristics come from genes. According to scientists, it's not clear yet if our personalities do too.

Scientists have proven that our genes determine our physical characteristics and traits such as height, hair color, and eye color. For example, we get two genes from our parents to determine the color of our eyes. The gene for brown eyes is *dominant*, or stronger than, the gene for blue eyes. Genes that are not dominant, such as the gene for blue eyes, are called *recessive* genes. In order to have blue eyes, we need to have two genes for blue eyes.

What about our personalities? Our personalities affect how we act in all our social interactions with other human beings – family members, friends, colleagues, and strangers. We can change our behavior, but our individual personalities don't change much throughout our entire lives.

Some people believe that our personalities do not come from our genes. They argue that they are a result of the environment we grow up in – our interactions with others. However, people who grow up in the same environment often have completely different personalities. So this theory cannot be entirely correct.

A U.S. study of identical twins who grew up separately found that many shared the same personality traits. This is interesting because identical twins share the same genes. However, while scientists have successfully identified genes that determine physical traits, they have not yet discovered a gene that determines personality. In other words, there is no proof that our personalities come from genes. Nevertheless, most scientists today believe that personalities come from both genetic and environmental factors.

Identical twins share the same genes. Often, they also share similar personality traits.

2. Choose the best way to complete each statement, according to the article.

1. Our genes determine …
   (a) what we look like.
   b. who our parents are.
   c. our social interactions.

2. … determine our eye color.
   a. Our father's genes
   b. Our mother's genes
   (c) Both parents' genes

3. If the gene for black hair is dominant, a person who gets one gene for black hair and one for blond hair will have … hair.
   (a) black   b. blond   c. brown

4. The U.S. study of identical twins suggests that our environment … an important factor in developing our personalities.
   a. probably is
   (b) probably isn't
   c. definitely is

5. There is scientific proof that … from genes.
   (a) physical traits come
   b. personality comes
   c. personality doesn't come

6. Most scientists today believe that our personalities come from …
   a. our genes.
   b. the environment we grow up in.
   (c) our genes and our environment.

3. Match each word from the article with its definition.

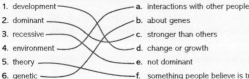

1. development — a. interactions with other people
2. dominant — b. about genes
3. recessive — c. stronger than others
4. environment — d. change or growth
5. theory — e. not dominant
6. genetic — f. something people believe is true

This is my friend Emmie and her sister, Mia. Emmie is tall, but Mia is short. Emmie has brown hair and blue eyes. Mia has blue eyes too, but she has blond hair. Emmie is an extrovert, and she's very funny. Mia is very serious. Their mother, on the other hand, …

Project A family poster

Make a poster with photos about physical and personality traits in the same family. It can be about your family, a friend's family, or a famous family.

Cross-curricular Reading: Units 4–6

Cross-curricular topic

Biologia

Objetivo

Usar inglês para aprender sobre biologia.

Exercício 1 🔊 3·15

- Chame atenção para o título e as legendas. Escreva no quadro: *gene, genetic, genetics*
  Explique o significado de *gene* (*one of the parts of a cell of a living thing which decide its development*). Pergunte *Which word is an adjective?* (*genetic*); *What does it mean?* (*relating to genes*); *What about the word "genetics" in the title? Is it a noun or an adjective?* (*a noun*); *What does it mean?* (*it's the study of how qualities are passed on in genes*). Chame atenção para o som /dʒ/, no começo das três palavras, e a sílaba tônica em *genetic(s)*.

- Leia o enunciado e a pergunta. Peça que os alunos tentem prever as respostas.
- Toque o CD ou leia o artigo em voz alta.
- Volte à pergunta no enunciado e peça respostas. Em seguida, pergunte *Do you think personalities come from genes, too? Or are does an environment inform a person's personality? Or both?*
- **Opção:** Pergunte a alguns voluntários *Is your personality similar to either of your parents' personalities? What about your siblings?*

RESPOSTA

height, hair color, and eye color.

Atividade prática extra (todas as turmas)

- Procure alunos de olhos azuis e pergunte se ambos os pais também têm olhos azuis. Então, peça que outros alunos (com olhos castanhos, por exemplo) falem qual a cor dos olhos de seus pais. Verifique se as observações dos alunos estão de acordo com as observações do artigo.

Exercício 2

- Leia o enunciado em voz alta e dê tempo para que os alunos completem o exercício. Encoraje-os a testar a própria compreensão, fazendo o exercício sem consultar o artigo.
- Solicite que comparem as respostas em duplas e consultem o artigo para verificar as respostas com que não concordaram.
- Reúna a turma e discuta os problemas que possam ter ocorrido.

Exercício 3

- Para melhorar a prática de ler rapidamente um texto, peça para os alunos procurarem e sublinharem as palavras no texto.
- Diga-lhes para fazerem a correspondência entre as palavras e as definições e olharem as palavras em contexto em busca das definições que desconheçam, tentando determinar os significados.
- Depois, confira as respostas com a turma.

Project: A family poster

- Leia as instruções do projeto em voz alta e informe aos alunos que trabalharão individualmente. Peça para um voluntário ler sobre Emmie e Mia no exemplo. Diga-lhes que escreverão observações sobre uma família, de forma semelhante ao exemplo.
- Peça para os alunos decidirem se irão fazer um *post* sobre suas próprias famílias, sobre as famílias de amigos ou de uma celebridade.
- Em casa, os alunos devem reunir fotos e informações sobre os membros da família que irão estudar. Depois, peça que criem um poster com figuras e escrevam um parágrafo sobre as características físicas e traços de personalidade deles.
- Os alunos devem trazer seus pôsteres para a aula e compartilhar com um colega. Encoraje-os a trabalharem em duplas e fazerem perguntas uns aos outros.
- Em seguida, os alunos devem apresentar seus pôsteres para a turma.
- No final, pergunte *What interesting observations have we made from these posters? Do personality traits come from genes? Environment? Both?*

Cross-curricular Reading: Units 7–9

Objetivo

Usar o inglês para aprender sobre história e esportes.

Aquecimento

Peça para os alunos observarem o mapa e as fotos. Pergunte *Are you familiar with the sporting events in the photos?* Peça que um voluntário leia as legendas. Pergunte *Are either of these two sports still in the Olympics?* (the discus).

Exercício 1 ⊛ 3·16

- Peça que os alunos abram os livros e façam a pergunta do enunciado, tentando antecipar a resposta.
- Toque o CD ou leia o artigo em voz alta; os alunos acompanham.
- No final, faça as demais perguntas.

RESPOSTA

Men and boys who spoke Greek.

- **Opção:** Desenhe duas colunas, uma intitulada *men* e outra, *women*. Peça que os alunos preencham as colunas com regras para homens e mulheres das olimpíadas antigas (por exemplo, *Men: had to speak Greek; didn't wear clothes; Women: could not compete; could be spectators if not married; death penalty if married woman entered stadium*).

Atividade prática extra (todas as turmas)

- Divida os alunos em grupos pequenos, de até três ou quatro pessoas, e peça-lhes que tentem descobrir por que apenas às mulheres solteiras era permitido assistir aos jogos olímpicos (por exemplo, *because the men competed naked*).
- Reúna a turma e discuta. Em seguida, pergunte *Why do you think men competed naked?* Deixe que os alunos descubram ou então esclareça que na Grécia antiga os homens vestiam togas, e que seria difícil competir em um esporte trajando esse tipo de vestimenta.

Exercício 2

- Leia o enunciado em voz alta.
- Peça que os alunos completem o exercício. Encoraje-os a procurar no artigo palavras cujas definições eles desconhecem.
- Depois, confira as respostas com a turma.

Cross-curricular Reading: Units 7–9

History: The Olympics in Ancient Greece

3.16 1. Read about the Olympics in Ancient Greece. Who could compete in the Ancient Olympic Games?

The first Olympic Games were in 776 BC in Olympia, Greece. The Olympics used to take place every four years, just as they do today. But unlike today, the Games were always in the same place in Greece, a valley called Olympia. Athletes and spectators traveled over land and sea to arrive at the Games from all parts of Greece and their colonies far and near. The map shows the large distances between some of the colonies and Olympia. Travel took a long time in ancient times.

The colonies of Ancient Greece (in red)

What were the most important sporting events?
Some sports in the modern Olympics come to us directly from the Olympics thousands of years ago. The famous *pentathlon*, a five-event combination of jumping, running, and wrestling, and the throwing events of discus and javelin, contained sports that still exist in the Olympics of today!

The equestrian events – those involving horses, such as riding and chariot racing – were some of the most exciting events of the Ancient Games.

Who competed in the ancient Olympics?
Only men and boys who spoke Greek could compete in the Olympics. Women and girls could not compete. In fact, married women couldn't even be spectators. If a married woman even entered the stadium, she could receive the death penalty!

In almost all events, athletes didn't wear any clothes, so there were no colorful uniforms as in today's Olympics.

Did women ever participate in athletic contests?
In the 6th century BC, the Heraean Games began and were the first official women's athletic competition. The Heraean Games also took place every four years in the stadium of Olympia. The only sport was running, on a track one-sixth shorter than the men's track. Why? Because according to the Ancient Greeks, a woman's stride (the distance between the left and right foot when running) was one-sixth shorter than a man's.

The discus event was also a part of the Ancient Olympics.

A four-horse chariot

2. Complete each statement, according to the article. Use the words below.

chariot discus equestrian javelin ~~pentathlon~~ track

1. The _pentathlon_ is a group of five sports events.
2. _Discus_ and _javelin_ are two events where athletes throw objects.
3. An _equestrian_ event is one with horses.
4. _Chariot_ racing was an equestrian event in the Ancient Games.
5. The place where a running event takes place is a _track_.

3. Circle T (true), F (false), or NI (no information), according to the article.

1. Spectators and athletes traveled long distances to the games. (T)/ F / NI
2. The games were in a different location every four years. T /(F)/ NI
3. Married women could watch the men compete. T /(F)/ NI
4. Women competed in the equestrian events. T /(F)/ NI
5. The women's track wasn't the the same as the men's. (T)/ F / NI
6. Women athletes wore uniforms. T / F /(NI)

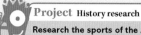
Project History research

Research the sports of the Ancient Olympics. In small groups, choose one of the sports of the pentathlon, and make a poster with facts and pictures about it.

98

Exercício 3

- Leia o enunciado em voz alta e peça que os alunos completem o exercício. Eles devem ser capazes de fazer o exercício sem consultar o artigo.
- Por fim, confira as respostas com a turma.
- **Opção:** Em duplas, peça que transformem os itens F e NI em frases verdadeiras. Você pode também solicitar que encontrem o trecho do texto que prova que a frase é falsa (2. *The games were always in the same place in Greece, a valley called Olympia*; 3. *Unmarried women could watch the men compete*; 4. *The only sport in the Heraean Games the women competed in was running*; 6. *Men athletes didn't wear uniforms*).

Project: *History research*

- Leia as instruções em voz alta. Pergunte aos alunos quais esportes fazem parte do pentatlo (*jumping, running, wrestling,*

throwing discus, throwing javelin). Divida a turma em cinco grupos e designe um esporte para cada.
- Dê tempo para os grupos discutirem sobre o esporte e procurarem informações on-line, caso haja computadores na sala.
- Como dever de casa, eles devem buscar mais informações e procurar imagens interessantes relacionadas ao esporte que estão pesquisando, para criar um pôster.
- Dê tempo para que criem seus pôsteres. Então, cada grupo apresenta seu trabalho.
- Encoraje-os a fazerem perguntas sobre o trabalho uns dos outros e compararem as informações sobre cada esporte.
- Por último, faça uma pesquisa: *Which was the most interesting sport of the pentathlon?*

Astronomy: Solstices and the phases of the moon

3.17 **1.** Read the article. Why did people in ancient times celebrate the sun and moon?

> **Throughout history, people have paid special attention to astronomical events, such as the position of the sun in the sky and the phases of the moon.**

One of these events, a solstice, occurs twice a year – in December and June – as the earth rotates around the sun. December 21st is the year's shortest day in the Northern Hemisphere, and it's the longest day in the Southern Hemisphere. June 21st is the opposite: it's the longest day in the Northern Hemisphere and the shortest in the Southern Hemisphere.

Many cultures around the world have always celebrated the solstices for many years. In ancient times, people recognized that the sun was necessary for life. It provided light during the day and helped food grow. The solstices marked the time of year when the days began to become shorter or longer.

There are many holidays today that began as celebrations of a solstice. For example, in Sweden, people celebrate Midsummer's Eve on or around the June solstice.

Ancient people also paid special attention to another important set of astronomical events – the phases of the moon. Every month, as the moon rotates around the earth, the sun's light moves across the moon. A new moon – the phase when we don't see the moon – occurs when the moon is between the sun and the earth.

In the past, people used the shape of the moon to decide when to plant their food. Some used the moon to organize their calendars. Many holidays today, such as China's Moon Festival in September or October, are based on a lunar (or moon) calendar.

The solstices

 June 21st

 December 21st

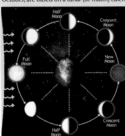

Phases of the moon
The light on the moon changes as it rotates around the earth. A full moon is farthest from the sun.

2. Choose the correct way to complete each statement, according to the article.

1. A solstice occurs …
   a. once a year.
   (b.) in December and June.
   c. every month.

2. A solstice is … day of the year.
   a. the shortest
   b. the longest
   (c.) the shortest or the longest

3. The moon changes from new moon to full moon …
   a. once a year.
   b. twice a year.
   (c.) every month.

4. A … moon occurs when the moon is closest to the sun.
   (a.) full   b. new   c. half

5. Ancient people thought both the solstice and the phases of the moon were important for …
   a. studying the night sky.
   (b.) growing their food.
   c. having lots of light.

3. Circle the correct word or phrase to complete each statement.

1. The earth rotates around the (sun)/ moon / hemisphere.
2. The moon rotates around the sun /(earth)/ solstice.
3. The Chinese Moon Festival is based on a solstice /(a lunar calendar)/ the light.
4. When it is the longest day of the year in North America, it is the (shortest)/ longest / warmest day in South America.
5. The moon appears smallest when it is a full / half /(crescent) moon.

> **Project** Phases of the moon poster
>
> At the beginning of the next month, keep track of the phases of the moon for the whole month. Create a poster with pictures showing the changing phases of the moon and the dates they occur.

99

Cross-curricular Reading: Units 10–12

Cross-curricular Reading: Units 10–12

Cross-curricular topic

Astronomia

Objetivo

Usar inglês para aprender sobre astronomia.

Exercício 1 🔊 3·17

- Escreva *Solstices and the phases of the moon* no quadro. Explique que *solstice* se refere a quando o sol fica mais ao norte ou ao sul do Equador. Então mostre a imagem à direita para que eles compreendam *phases of the moon*. Convide um voluntário para ler a legenda e certifique-se de que os alunos compreendam que *to rotate* significa girar algo em torno de um ponto central.

- Leia o enunciado e a pergunta. Questione-os: *What do you think it means that people celebrated the sun and moon?* (por exemplo, *they had special holidays and traditions depending on the time of year it was*). Peça aos alunos para tentarem antecipar as respostas e só depois escreva-as no quadro, para consulta.

- Toque o CD ou leia o artigo em voz alta.

- Então, volte à pergunta do enunciado e solicite que identifiquem as razões que o artigo apresenta e as comparem com as predições feitas no quadro.

RESPOSTA

They celebrated the sun because they recognized that the sun was necessary for life – it provided light and helped food grow.
They celebrated the moon because it, too, was important – it helped people organize their calendars and decide when to plant their food.

Atividade extra de extensão (turmas mais avançadas)

- Liste os feriados mencionados no artigo (*Midsummer's Eve in Sweden in June; Moon Festival in China in September / October*). Os alunos podem procurar mais informações sobre um desses feriados ou outras datas comemorativas que fazem referência à lua ou ao sol em outras culturas e então relatar o que descobriram à turma.

Exercício 2

- Leia o enunciado em voz alta. Diga aos alunos para buscarem informações específicas no artigo e nas legendas. Peça que um aluno leia o exemplo. Pergunte *Which word will you be looking for?* (*solstice*).

- Os alunos fazem a atividade individualmente e depois você confere as respostas com a turma.

Exercício 3

- Leia o enunciado e o exemplo. Encoraje os alunos a tentarem completar o exercício sem consultar o texto e só verificar as respostas depois.

- Confira as respostas com toda a turma.

Project: *Phases of the moon poster*

- Leia as instruções do projeto em voz alta. Diga a cada aluno para procurar na internet um calendário em branco e desenhar círculos idênticos em cada dia, para representar a lua. Peça que olhem a lua todos os dias e a desenhem no calendário. Oriente-os a fazerem uma busca na internet por *keeping track of the phases of the moon* para verem um exemplo de como o calendário pode ficar.

- Divida os alunos em grupos de três ou quatro pessoas. A pesquisa é feita individualmente, mas eles podem trazer os calendários regularmente para a aula e comparar com os dos colegas. Se houver inconsistências, peça que comparem a maioria das imagens e determinem qual pode ter sido desenhada incorretamente.

- Quando a pesquisa estiver completa, peça aos alunos que criem um só calendário, comum a todo o grupo.

- Depois que cada grupo apresentar suas informações para a turma, pendure todos os pôsteres lado a lado e verifique se são semelhantes.

Teen2Teen Friends Magazine 1

Objetivo

Melhorar as habilidades de leitura por meio de textos escritos da perspectiva dos personagens.

Aquecimento

Antes de os alunos abrirem os livros, escreva *telephone* no quadro. Pergunte *Who invented the telephone?* (*Alexander Graham Bell*); *When?* (*1876*). Informe aos alunos que eles aprenderão sobre o surgimento do telefone.

Exercício 1 🔊 3•18

- Com os livros abertos, chame atenção para Carmela. Pergunte *Where is Carmela from?* (*Rome, Italy*). Peça que um voluntário leia o balão de diálogo. Pergunte *What trends in the past did Abby post about in Unit 3?* (*trends in fashion and technology*).

- Leia o enunciado e a pergunta em voz alta. Explique que eles devem responde-la após a leitura do texto.

- Toque o CD ou leia o artigo em voz alta; os alunos acompanham. Tire dúvidas de vocabulário conforme necessário. Por exemplo, *origin (beginning); transmit (to send out)*. Para ilustrar, desenhe um círculo no quadro com orifícios numerados. Explique que para fazer uma ligação você tinha que colocar o dedo em um dos orifícios e girar cada um dos números do telefone, e que isso levava muito mais tempo do que se leva nos telefones de hoje em dia.

- Faça as perguntas do enunciado. Então, leia a pergunta ao final do texto e peça que os alunos especulem a respeito da resposta.

RESPOSTA

The purpose of telephones started to change in 1993 when a new phone that could send and receive e-mails was invented.

Atividade prática extra (todas as turmas)

- Solicite que os alunos olhem as imagens. Pergunte *Which of the phones have you seen?* (por exemplo, *at home when I was little, at my grandmother's, in a museum, etc.*).

Atividade extra de extensão (turmas mais avançadas)

- Escreva *2050* no quadro. Diga aos alunos que imaginem que é o ano 2050. Em duplas, eles devem falar sobre como era a vida em 2014 (por exemplo, *Phones in 2014 weren't as thin as they are now. People used to take photos…*).

Exercício 2

- Leia o enunciado em voz alta. Verifique se o alunos compreendem que *No information* significa que o artigo não discutiu o tópico.

- Peça-lhes para completarem o exercício sem consultar o artigo. Depois eles podem consultar os itens sobre os quais têm dúvidas.

- **Opção:** Os alunos podem verificar suas próprias respostas, sublinhando no texto as informações que as embasam, por exemplo: Item 1: *Alexander Graham Bell had a thought: maybe it was possible to transmit sounds, such as the human voice, over an electrical wire. Within four years, in 1876, Bell succeeded in making that possible…*

Exercício 3

- Leia o enunciado em voz alta e peça que os alunos tentem completar o exercício sem consultar o artigo.

- Depois, confira as respostas com a turma.

Atividade prática extra (todas as turmas)

- Peça que leiam o último parágrafo do texto. Escreva no quadro:
  It's a device for:
  e peça que digam todos os verbos no gerúndio que descrevem o que os telefones são capazes de fazer hoje em dia. Por exemplo:
  – downloading and listening to music
  – watching videos
  – taking photos
  – uploading photos to social media
  – texting
  – e-mailing

- Peça que alguns voluntários acrescentem exemplos do que fazem com seus telefones.

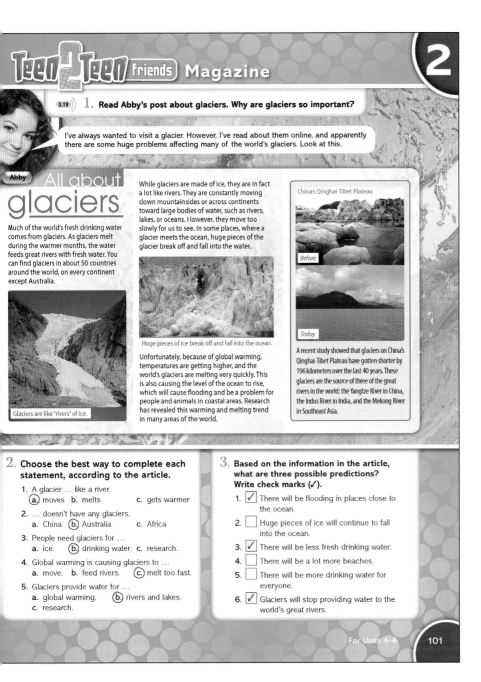

Teen2Teen Friends Magazine 2

Objetivo
Melhorar as habilidades de leitura por meio de textos escritos da perspectiva dos personagens.

Aquecimento
Antes de abrirem os livros, peça que os alunos se lembrem da *Unit 6* e digam o que é uma *glacier* (*a large mass of ice*).

Exercício 1 🔊 3·19
- Os alunos devem abrir os livros e um voluntário ler a mensagem de Abby. Pergunte *Does anyone know what the problems are affecting many of the world's glaciers?*
- Solicite que os alunos olhem as fotos e que alguns voluntários leiam as legendas.

- Toque o CD ou leia o artigo em voz alta; os alunos acompanham. Tire dúvidas de vocabulário conforme a necessidade. Quando o artigo afirma "...*the water feeds great rivers*" significa que os rios obtêm água de geleiras em derretimento; *the coast* é a área onde a terra encontra o oceano; *global warming* refere-se ao aumento da temperatura mundial, causado por grandes quantidades de dióxido de carbono ao redor da Terra; no artigo "*These glaciers are the source of three of the great rivers...*" significa que a água desses rios vem de geleiras.
- Faça as perguntas do enunciado.

RESPOSTA
Much of the world's drinking water comes from glaciers and they are a source of some major rivers.

Exercício 2
- Leia o enunciado em voz alta. Diga aos alunos que eles devem procurar no artigo as respostas de que não têm certeza. Por exemplo, no item 1, eles devem procurar a palavra *river* e, na segunda coluna, encontrarão que *glaciers... are in fact a lot like rivers. They are constantly moving...* e essa será a resposta. Peça-lhes que sublinhem os trechos onde encontraram a resposta.
- Confira as respostas com a turma e escolha alguns voluntários para especificarem a parte do artigo que embasa suas respostas (2. *end of paragraph 1*; 3. *first statement of article*; 4. *top of third column*; 5. *second and final columns*).

Exercício 3
- Leia o enunciado em voz alta. Instrua os alunos a primeiro lerem as frases do exercício e depois verificarem se as predições são verdadeiras. Então peça que consultem novamente o artigo para embasarem suas predições.
- Lembre-os de fazerem uma busca rápida e direcionada pela informação. Por exemplo, no item 1, eles devem buscar a palavra *flooding* (parágrafo 3). Explique que em alguns itens eles deverão fazer deduções com base nas informações presentes no texto e peça que completem o exercício.
- Confira as respostas com a turma. No item 3, explique que o artigo não afirma que haverá menos água potável, mas que podemos deduzir, lendo a primeira frase, que as geleiras são uma fonte de água potável. Se houver inundações e se geleiras estiverem derretendo rapidamente, provavelmente haverá menos água potável. No item 4, o artigo afirma que inundações causarão problemas em áreas costeiras – podemos deduzir que praias serão afetadas – certamente não haverá *mais* praias. No item 5, se houver menos água potável, como determinado no item 3, certamente *não* haverá mais água potável para todos. No item 6, como ilustrado no exemplo do Qinghai-Tibet Plateau, na China, as geleiras estão diminuindo. Assim, podemos deduzir que as geleiras podem parar de fornecer água aos grandes rios do mundo.

Teen2Teen Friends Magazine 3

Objetivo

Melhorar as habilidades de leitura por meio de textos escritos da perspectiva dos personagens.

Aquecimento

Peça que os alunos olhem as fotos e que um voluntário leia as legendas. Tire dúvidas de vocabulário conforme a necessidade.

Exercício 1 🔊 3·20

- Leia o enunciado em voz alta e peça para um voluntário ler a mensagem de Chen. Pergunte *Do you know possible causes and treatments for acne?* Escreva as ideias dos alunos no quadro.

- Toque o CD ou leia o artigo em voz alta; os alunos acompanham. Tire dúvidas de vocabulário conforme a necessidade. Escreva *severe*, *moderate* e *mild* no quadro. Explique que *moderate* significa acne moderada; *severe* significa muito, e *mild* significa pouca.

- Faça a pergunta do enunciado e escreva no quadro: *conventional and Chinese medicine*. Questione-os sobre as diferenças entre os dois tipos de tratamento de acne.

- Compare as respostas dos alunos às ideias que foram discutidas no aquecimento.

RESPOSTA

Conventional medicine includes lotions, washes, antibiotics, and other medications.
Chinese medicine includes acupuncture and washes made from herbs or flowers.

Exercício 2

- Leia o enunciado em voz alta. Diga aos alunos que eles devem procurar no artigo as respostas de que não têm certeza. Por exemplo, no item 1, eles devem procurar no artigo *pimples and blackheads* (*sentence 1 of the article*). Solicite que marquem os trechos onde encontraram as respostas.

- Revise as respostas com toda a turma e peça que alguns voluntários especifiquem qual parte do artigo embasa suas respostas (2. *sentence 2*; 3. *end of paragraph 3*; 4. *end of paragraph 2*; 5. *last paragraph*; 6. *paragraph 1*).

Exercício 3

- Leia o enunciado em voz alta. Primeiro, os alunos devem tentar completar o exercício sem consultar o artigo; só depois peça que verifiquem as respostas.

- Revise as respostas com toda a turma. No item 2, mostre que Chen em

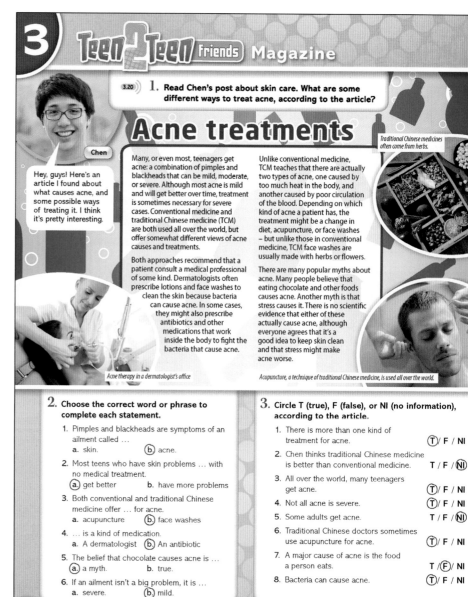

For Units 7–9

nenhum momento afirma preferir medicina convencional ou chinesa. No item 5, mostre que não há menção de adultos e acne no artigo. Em seguida, concentre-se no item 7. Pergunte *Why is this statement false?* (*because while the article talks about food and acne, it states that it is a myth that, for example, chocolate can cause acne. There is no scientific evidence.*)

Atividade prática extra (todas as turmas)

- Diga aos alunos que eles debaterão sobre medicina convencial e chinesa. Primeiro, faça uma pesquisa para determinar quem é a favor de que tipo de medicina. Se houver equilíbrio, divida a turma em duas equipes. Se não houver, simplesmente decida quem vai defender qual tipo de medicina.

- Os dois grupos se reúnem e elaboram argumentos em favor do tipo de medicina que devem defender. Peça a cada grupo que tenha alguém responsável por anotar as ideias, os exemplos etc. Diga que eles não precisam limitar os argumentos à acne. Eles podem falar de outras doenças e medicamentos.

- Então permita que a turma debata o tópico. Assista ao debate e determine que equipe elaborou melhor seus argumentos e deve, portanto, vencer.

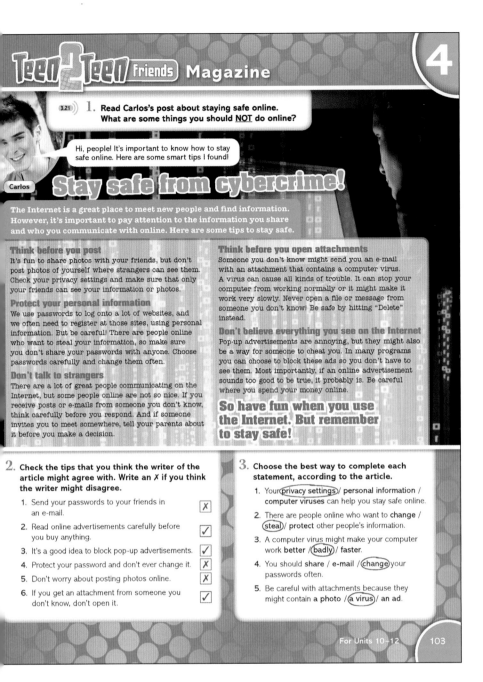

Teen2Teen Friends Magazine 4

Objetivo
Melhorar as habilidades de leitura por meio de textos escolhidos pelos personagens do *Teen2Teen* para os leitores do blog.

Aquecimento
Antes de os alunos abrirem os livros, escreva no quadro: *cybercrime*.
Peça que tentem adivinhar o que o termo significa (por exemplo, *stealing personal information; identity theft; stealing credit card numbers*).

Exercício 1 🔊 3·21
- Pergunte *Who is posting today on Teen2Teen Friends Magazine?* (*Sebastian*); *Where is he from?* (*Argentina*). Chame atenção para o balão de diálogo em que ele diz *Hi, people!...* Mostre que

essa é uma maneira informal de se dirigir a amigos ou pessoas conhecidas.
- Leia o enunciado e a pergunta em voz alta. Explique aos alunos que devem responder após a leitura do texto.
- Toque o CD ou leia o artigo em voz alta; os alunos acompanham.
- Volte à pergunta do enunciado e convide alguns voluntários para responde-la. Encoraje-os a responder sem consultar o artigo.

RESPOSTA
*You should **not**: post photos where strangers can see them; share passwords; talk to strangers; open files or messages from people you don't know; believe everything you see on the Internet.*

Atividade prática extra (todas as turmas)
- Os alunos devem trabalhar em duplas para criar perguntas que peçam respostas do tipo verdadeiro e falso

sobre segurança na internet, utilizando o conteúdo do artigo.
- Depois, combine as duplas em grupos de quatro e peça que façam o exercício em conjunto.

Exercício 2
- Leia o enunciado em voz alta e peça que alunos tentem completar o exercício sem consultar o artigo.
- Depois eles podem consulta-lo para responder aos itens que faltaram. Lembre-os de que não precisam reler o artigo inteiro, mas apenas buscar as informações específicas. Por exemplo, no item 1, os alunos devem buscar no artigo a palavra *passwords*. Certifique-se de que eles estão sublinhando as informações que embasam suas respostas (*passwords* está no parágrafo 2).
- Os alunos devem comparar as respostas em duplas.
- Depois, confira as respostas com a turma.
- **Opção**: Pergunte se eles já fizeram algo do que está listado no exercício. Pergunte *Do you stay safe from cybercrime? What could you do better?* (por exemplo, *change password more frequently*).

Exercício 3
- Leia o enunciado em voz alta e convide um voluntário para ler o exemplo. Mostre como as duas outras opções não fazem sentido no exercício. Diga aos alunos para pensarem com cuidado sobre o significado.
- Peça aos alunos que completem o exercício e revise as respostas com toda a turma.

Atividade extra de extensão (turmas mais avançadas)
- Escreva *cybercrime* no quadro e peça que deem exemplos de verbos relacionados a crimes, de acordo com a *Unit 11* (*steal, shoplift, pickpocket, snatch, break into, rob, vandalize, cheat*).
- Pergunte *Which of these things can be done online?* (por exemplo, *steal identity, rob a bank, cheat someone on a site like Ebay*). Pergunte *Is it possible to shoplift online?* (*no*) *Does cybercrime have the same consequences as regular crime?*

Class Audio CDs – Lista de Faixas

CD1

1.01 Title
1.02 Welcome, page 9, Teen2Teen Friends
1.03 Unit 1, page 10, Topic Snapshot, exercise 1
1.04 Unit 1, page 10, Topic Snapshot, exercise 3
1.05 Unit 1, page 11, Vocabulary, exercise 1
1.06 Unit 1, page 11, Vocabulary, exercise 2
1.07 Unit 1, page 11, Vocabulary, exercise 3
1.08 Unit 1, page 12, Grammar, exercise 2
1.09 Unit 1, page 14, Reading, exercise 1
1.10 Unit 1, page 15, Teen2Teen, exercise 1
1.11 Unit 1, page 15, Teen2Teen, exercise 2
1.12 Unit 2, page 16, Vocabulary, exercise 1
1.13 Unit 2, page 16, Vocabulary, exercise 2
1.14 Unit 2, page 16, Vocabulary, exercise 3
1.15 Unit 2, page 17, Topic Snapshot, exercise 1
1.16 Unit 2, page 18, Grammar, exercise 2
1.17 Unit 2, page 19, Grammar, exercise 7
1.18 Unit 2, page 20, Reading, exercise 1
1.19 Unit 2, page 21, Teen2Teen, exercise 1
1.20 Unit 2, page 21, Teen2Teen, exercise 2
1.21 Unit 3, page 22, Teen2Teen Friends, Topic Snapshot, exercise 1
1.22 Unit 3, page 23, Grammar, exercise 2
1.23 Unit 3, page 24, Grammar, exercise 2
1.24 Unit 3, page 25, Vocabulary, exercise 1
1.25 Unit 3, page 25, Vocabulary, exercise 2
1.26 Unit 3, page 25, Vocabulary, exercise 3
1.27 Unit 3, page 26, Reading, exercise 1
1.28 Unit 3, page 27, Teen2Teen, exercise 1
1.29 Unit 3, page 27, Teen2Teen, exercise 2
1.30 Unit 4, page 30, Vocabulary, exercise 1
1.31 Unit 4, page 30, Vocabulary, exercise 2
1.32 Unit 4, page 30, Vocabulary, exercise 3
1.33 Unit 4, page 31, Topic Snapshot, exercise 1
1.34 Unit 4, page 32, Grammar, Irregular verbs past participles
1.35 Unit 4, page 32, Grammar, Contractions
1.36 Unit 4, page 32, Grammar, exercise 2
1.37 Unit 4, page 33, Grammar, exercise 3
1.38 Unit 4, page 34, Reading, exercise 1
1.39 Unit 4, page 35, Teen2Teen, exercise 1
1.40 Unit 4, page 35, Teen2Teen, exercise 2
1.41 Unit 5, page 36, Vocabulary, exercise 1
1.42 Unit 5, page 36, Vocabulary, exercise 2
1.43 Unit 5, page 36, Vocabulary, exercise 3
1.44 Unit 5, page 37, Topic Snapshot, exercise 3
1.45 Unit 5, page 38, Grammar, exercise 2
1.46 Unit 5, page 39, Grammar, exercise 6
1.47 Unit 5, page 39, Grammar, exercise 2
1.48 Unit 5, page 40, Reading, exercise 1
1.49 Unit 5, page 41, Teen2Teen, exercise 1
1.50 Unit 5, page 41, Teen2Teen, Show concern
1.51 Unit 5, page 41, Teen2Teen, exercise 2

CD2

2.01 Title
2.02 Unit 6, page 42, Teen2Teen Friends, Topic Snapshot, exercise 1
2.03 Unit 6, page 43, Vocabulary, exercise 1
2.04 Unit 6, page 43, Vocabulary, exercise 2
2.05 Unit 6, page 43, Vocabulary, exercise 5
2.06 Unit 6, page 44, Grammar, exercise 2
2.07 Unit 6, page 46, Reading, exercise 1
2.08 Unit 6, page 47, Teen2Teen, exercise 1
2.09 Unit 6, page 47, Teen2Teen, exercise 2
2.10 Unit 7, page 50, Vocabulary, exercise 1
2.11 Unit 7, page 50, Vocabulary, exercise 2
2.12 Unit 7, page 50, Vocabulary, exercise 3
2.13 Unit 7, page 50, Vocabulary, exercise 4
2.14 Unit 7, page 51, Topic Snapshot, exercise 1
2.15 Unit 7, page 51, Topic Snapshot, exercise 3
2.16 Unit 7, page 52, Grammar, exercise 2
2.17 Unit 7, page 53, Grammar, exercise 2
2.18 Unit 7, page 54, Reading, exercise 1
2.19 Unit 7, page 55, Teen2Teen, exercise 1
2.20 Unit 7, page 55, Teen2Teen, exercise 2
2.21 Unit 8, page 56, Topic Snapshot, exercise 1
2.22 Unit 8, page 57, Topic Snapshot, exercise 3
2.23 Unit 8, page 57, Vocabulary, exercise 1
2.24 Unit 8, page 57, Vocabulary, exercise 2
2.25 Unit 8, page 57, Vocabulary, exercise 3
2.26 Unit 8, page 58, Grammar, exercise 2
2.27 Unit 8, page 58, Grammar, exercise 3
2.28 Unit 8, page 59, Grammar, exercise 2
2.29 Unit 8, page 60, Reading, exercise 1
2.30 Unit 8, page 61, Teen2Teen, exercise 1
2.31 Unit 8, page 61, Teen2Teen, Ways to reassure
2.32 Unit 8, page 61, Teen2Teen, exercise 2
2.33 Unit 9, page 62, Teen2Teen Friends, Topic Snapshot, exercise 1
2.34 Unit 9, page 63, Vocabulary, exercise 1
2.35 Unit 9, page 63, Vocabulary, exercise 2
2.36 Unit 9, page 63, Vocabulary, exercise 4
2.37 Unit 9, page 64, Grammar, exercise 2
2.38 Unit 9, page 65, Grammar, exercise 2
2.39 Unit 9, page 66, Reading, exercise 1
2.40 Unit 9, page 67, Teen2Teen, exercise 1
2.41 Unit 9, page 67, Teen2Teen, Ways to express disbelief
2.42 Unit 9, page 67, Teen2Teen, exercise 2
2.43 Unit 10, page 70, Topic Snapshot, exercise 1
2.44 Unit 10, page 70, Topic Snapshot, exercise 3
2.45 Unit 10, page 71, Vocabulary, exercise 1
2.46 Unit 10, page 71, Vocabulary, exercise 2
2.47 Unit 10, page 72, Grammar, exercise 2
2.48 Unit 10, page 73, Grammar, exercise 2
2.49 Unit 10, page 73, Grammar, exercise 5
2.50 Unit 10, page 74, Reading, exercise 1
2.51 Unit 10, page 75, Teen2Teen, exercise 1
2.52 Unit 10, page 75, Teen2Teen, exercise 2
2.53 Unit 11, page 76, Topic Snapshot, exercise 1
2.54 Unit 11, page 76, Topic Snapshot, exercise 3
2.55 Unit 11, page 77, Vocabulary, exercise 1
2.56 Unit 11, page 77, Vocabulary, exercise 2
2.57 Unit 11, page 78, Grammar, exercise 2
2.58 Unit 11, page 79, Grammar, exercise 8
2.59 Unit 11, page 80, Reading, exercise 1
2.60 Unit 11, page 81, Teen2Teen, exercise 1
2.61 Unit 11, page 81, Teen2Teen, exercise 2

CD3

3.01 Title
3.02 Unit 12, page 82, Teen2Teen Friends, Topic Snapshot, exercise 1
3.03 Unit 12, page 83, Vocabulary, exercise 1
3.04 Unit 12, page 83, Vocabulary, exercise 2
3.05 Unit 12, page 83, Vocabulary, exercise 3
3.06 Unit 12, page 84, Grammar, exercise 2
3.07 Unit 12, page 85, Grammar, Reflexive pronouns
3.08 Unit 12, page 85, Grammar, exercise 2
3.09 Unit 12, page 85, Grammar, exercise 4
3.10 Unit 12, page 86, Reading, exercise 1
3.11 Unit 12, page 87, Teen2Teen, exercise 1
3.12 Unit 12, page 87, Teen2Teen, Ways to wish someone a happy holiday
3.13 Unit 12, page 87, Teen2Teen, exercise 2
3.14 Cross-curricular Reading: Units 1–3, page 96, Science, exercise 1
3.15 Cross-curricular Reading: Units 4–6, page 97, Biology, exercise 1
3.16 Cross-curricular Reading: Units 7–9, page 98, History, exercise 1
3.17 Cross-curricular Reading: Units 10–12, page 99, Astronomy, exercise 1
3.18 Teen2Teen Friends Magazine 1, page 100, exercise 1
3.19 Teen2Teen Friends Magazine 2, page 101, exercise 1
3.20 Teen2Teen Friends Magazine 3, page 102, exercise 1
3.21 Teen2Teen Friends Magazine 4, page 103, exercise 1

Roteiro de Áudio

Página 11, Exercício 3 🔊 1•07

1. **A:** I'm Arielle Novak. I'm 15. My hobby is solving hard puzzles, especially number puzzles. That's not surprising because at school my favorite subject is math. I also invent my own puzzles. My puzzles are in the school magazine every month. How did I get started in that? Well, I love puzzles and after so many years of doing them, it was natural for me to start creating them, too.

2. **A:** My name is Lee Brody. I'm pretty good at putting things together, especially things that have complicated instructions. I don't know why I'm good at that, but I can just look at a picture of the thing and read the instructions and understand how it all fits together. Last week, my dad bought a new desk, but there were so many pieces. So Dad brought the desk to me and I helped him put it together. It was ready to use in an hour. At school, my best class is Spanish. I love learning new languages.

3. **A:** I'm Celina Martinez. I like to take old things and use them to invent new things. My best invention is the "phone sweater." The phone sweater is a little case with two sections – one for my MP3 player, and the other for my phone. I call it the phone sweater because I made it from an old sweater. In school, my favorite subject is art. Last week, I showed the phone sweater to my art teacher, and he said it was really good looking. And all my friends liked it, too. Now I'm making phone sweaters for my friends, and they're buying them! How cool is that?

4. **A:** Kate Arnold here! I'm very friendly, so I guess my talent's meeting new people. At a party, I have no problem talking to everyone there. People ask me how I do that, and I always say, "Just be friendly. Introduce yourself. And ask questions so other people feel interesting." That's the best way to make new friends. My favorite subject at school is geography. I enjoy traveling and learning about places and people around the world.

5. **A:** I'm Sean Benson. This year, we're studying the history and culture of West Africa in my French class. French is my favorite subject. Next week, we're going to have a French movie festival, and my teacher asked me to present one of the movies. In French, of course! People ask me if I'm afraid of speaking in front of all the students, but I say no. Hey, I'm not shy, and I like speaking to large groups of people.

Página 16, Exercício 3 🔊 1•14

1. I never leave things until the last minute. I mean, that would be crazy! If I know the due date for an assignment, I try to finish it early. I think having good study habits is really important.

2. My parents say it's good for me to learn how to manage my money, so every Monday they give me a little spending money for the week. For snacks, a movie, a magazine – that kind of thing. But it's so hard for me. I like going out and spending money. That's what it's for, right? Well, by Tuesday or Wednesday the money's always all gone. So I just ask my parents for more.

3. I think eating healthy food is pretty important. I mean, who wants to eat junk food all the time? But I really don't like exercising. What's wrong with watching TV? And playing video games is a lot of fun! Who needs exercise? Actually, I think eating well is more important than exercising.

4. Sorry. I stayed up pretty late last night. I was texting my girlfriend. Oh, and my friend Kyle asked me to upload some photos. So I went to bed at around one o'clock in the morning. Actually, I never go to bed early. I'm really a night person. But I'm so tired. Wait a minute! Is there a test this morning? Uh-oh. I forgot.

Página 19, Exercício 7 🔊 1•17

1. **A:** So, what are you doing this weekend?
   B: This weekend? I'm going to visit my grandparents in Boston.
   A: Do you visit them often?
   B: No, I don't. So I'm pretty excited.

2. **A:** Hey, Zoe. Do you want to go shopping at the mall today?
   B: Not really. I just don't want to spend a lot of money on things I don't need right now.
   A: Are you OK? You always want to go to the mall!
   B: I just think it's a bad habit. I need to start saving money, and not spending it.
   A: Sounds like a good move.

3. **A:** I think I watch too much TV.
   B: Really? Is that a problem?
   A: I think it is. For one thing, I'm not getting enough exercise. I just sit in front of the TV all day. And the worst thing is that I'm not finishing my homework on time.
   B: I see what you mean.

4. **A:** Did I tell you? I'm exercising every day now.
   B: Cool! When did you start?
   A: Three weeks ago. It feels really great. And it's fun! I love it.

5. **A:** I'm so tired.
   B: You were tired yesterday, too. Are you OK?
   A: Yeah. It's just that I stay up way too late every night. I really need to get more sleep.

Página 25, Exercício 3 🔊 1•26

1. **A:** Grandpa, what was life like in the old days?
   B: Well, you know, in the old days, everything was different. People wore different clothes … And our hair was different …
   A: What kind of music did you like?
   B: Well, when I was your age, there was this new music called "rock and roll". We were crazy about it.
   A: You're kidding! You liked rock music back then?

2. **A:** Hey, Trish. Katy and I are going to hang out at the mall this afternoon. Want to join us?
   B: Sorry, I can't. I have volleyball practice this afternoon.
   A: Wow. You're always so busy.
   B: I know. Before I started playing on the volleyball team, I had a lot more free time.
   A: Well, I think it's great you're on the team. We'll get together some other time.
   B: Sure thing.

3. **A:** Hey, Greg. Thanks for babysitting Eric today. I'll be back in about three hours.
   B: OK, Mrs. Smith. Maybe Eric and I'll draw some pictures together.
   A: Great. Take care, you two!
   C: Draw pictures? Actually, I don't like drawing very much.
   B: Well, when I was little, I used to hate drawing, too. But now I love it.
   C: Really?

4. **A:** Mom, what were streets like in the old days, before there were cars or buses?
   B: Tina, I'm not that old!
   A: I don't mean that, Mom! I just want to know what it was like in the old days.
   B: Well, about a hundred years ago, people got everywhere by walking or with horses, instead of cars. The sounds on the street were probably very different from today, with all our cars and buses.
   A: Yeah, you're probably right.

5. **A:** What's this photo?
   B: Let me see … Oh, that's Center Street. That's where the Green Mall is now.
   A: No way! This is the same place?
   B: Yeah, it is. This photo is probably from around 1990. There used to be an old hotel there. But it isn't there anymore.
   A: It sure looks different now.
   B: It does.

Página 30, Exercício 3 🔊 1•32

1. **A:** Hey! Let's go to Alaska. We can go camping and hiking there.
   B: Are you kidding? There are too many grizzly bears there.
   A: But that's a good thing! I'd <u>love</u> to see those bears!
   B: Not me! Let's go somewhere else.

2. **A:** Look at this traffic. We're definitely going to be late for the movie. This bus just isn't moving at all!

   B: Don't worry. The movie never starts on time. We have plenty of time to get there.

   A: Are you kidding? With all this traffic, we're going to be an hour late!

   B: Chill out. I've taken this bus lots of times. The traffic's only bad right here in the center. A little closer to the movie theater, there won't be much traffic.

   A: I hate traffic. I hate being late!

3. **A:** Look at Lauren. I just don't know how she does it. She can come into a room full of people and just start a conversation with anyone!

   B: You can do that too, Emily!

   A: No, that's not true. I think it's hard to start a conversation with someone I don't know. I'm no good at meeting new people.

4. **A:** The big mountain race is tomorrow. But I'm worried about the weather. They say if it rains, there won't be a race. It's too dangerous.

   B: Well, the weather will probably be OK. It hasn't rained in May in the last three or four years. That's why they schedule the race in May. I'm sure it'll be fine.

   A: I don't know. Just look at those clouds. Usually that means it's going to rain. I'm just sure it'll rain and we won't have the race.

   B: Harry! A few clouds in the sky doesn't mean it'll rain. Take it easy! I'm sure everything'll be OK.

Página 36, Exercício 3 🔊 1·43

1. **A:** Good morning.

   B: Hello. I'm Naomi Jones. I have a 3:00 appointment with Dr. Cline.

   A: … Oh, yes! Naomi Jones. For a check-up, right?

   B: Yes, that's right.

   A: Great. Well, just have a seat and fill out this form. The doctor will see you in a few minutes.

2. **A:** Good morning. Can I help you?

   B: Hi. I'm Ellis Anderson. My mom called to make an appointment. I have a bad cough.

   A: Oh, yes! Please have a seat and fill out this form. The doctor will see you in a few minutes. Is your mother with you?

   B: Yes. She's in the car. She'll be right here.

3. **A:** Hi, sweetie. What's wrong?

   B: Dad, look at my arms. I've got these red spots all over.

   A: Let me see. … Wow. That's pretty bad. When did that start?

   B: I'm not sure. I saw it when I got up. It's the worst rash I've ever seen!

   A: Well, let's call the doctor. Maybe he can see you this morning. I can drive you there.

4. **A:** Hello, Clare. Are you here for your vaccination?

   B: Yes. How many shots are there?

   A: Just one today. Don't worry. It won't hurt.

   B: I hate having shots!

5. **A:** Is my arm broken?

   B: According to the X-ray, no. It looks like you hurt it, but didn't break it.

6. **A:** Mom, I don't think I should go to school today.

   B: Why not? What's wrong?

   A: It's my throat. It's really sore.

   B: I'm so sorry. Let's see if you have a fever, too.

Página 39, Exercício 6 🔊 1·46

1. **A:** Oh my goodness! Look at this rash!

   B: What's that from?

   A: I'm not sure. I was at the beach in the sun all morning.

   B: Have you called the doctor?

   A: No, not yet.

2. **A:** Hey, hi, Nicole! Where are you going?

   B: I'm going home. My mom's waiting for me in the car.

   A: Is something wrong? School starts in a half hour.

   B: Nothing serious. I have a little sore throat and I don't feel great.

   A: Maybe you should see the doctor.

   B: Actually, I just have. He said I should rest and stay home from school for a day or two.

   A: Well, feel better!

3. **A:** I feel just awful.

   B: What's wrong?

   A: I have a bad headache and a cough.

   B: That doesn't sound good. Have you taken any medicine?

   A: No, not yet. But I will. My dad's getting me something at the drugstore now.

4. **A:** Hello?

   B: Hello, Jackie. It's Miles.

   A: Miles! Weren't you going to have your check-up today?

   B: Right. I've just gotten back from the doctor's. Do you want to hang out?

5. **A:** I think my dad broke his arm.

   B: Oh, no! When did that happen?

   A: This afternoon. At the basketball game.

   B: Has he had an X-ray yet?

   A: No. He called a few minutes ago. He's still waiting at the hospital.

Página 43, Exercício 5 🔊 2·05

1. **A:** Welcome ladies and gentlemen. Today, we're going to visit one of the most beautiful places on earth. It usually rains a lot here, and it's been hot and rainy for five days, so be sure to wear light clothes and boots. If you're quiet, you'll see amazing animals, like tarantulas or snakes.

   B: I'm not really crazy about tarantulas and snakes. But I guess I won't need this sweater.

   C: You're right.

2. **A:** Today we can't visit Muna Muna because it's too dangerous. It's possible there'll be an eruption this week or next. So, instead of Muna Muna, we're going to take a trip to the beach. The ocean's very calm today and the weather's beautiful and we can see Muna Muna in the distance.

   B: Wow! An eruption? That's pretty scary. It's good we're not going!

3. **A:** Ladies and gentlemen, more water comes down from this mountain in one minute than all the rain that falls in a year.

   B: Wow! Is that beautiful or what?

   C: Amazing.

4. **A:** This place has existed for millions of years.

   B: And is that a river way down there?

   A: Yes. Millions of years ago, that same river began to cut through these rocks. It formed this beautiful place. Enjoy the view!

5. **A:** When you're ready, just get into your kayaks and enjoy the trip. We'll meet you in about an hour two kilometers from here.

   B: This is going to be fun!

   C: Yeah!

Página 50, Exercício 3 🔊 2·12

1. **A:** Ladies and gentlemen. Please take your seats. Today's judo event will feature Russian Marlena Gravonski and Brazilian Mariana Ferreira.

2. **A:** Good morning. Today's final event will be the long jump for the gold medal. Competing for the United States is Eliot Damrosch and for Jamaica, Chad Johnston, Jr.

3. **A:** Hello, hello, hello. The exciting final race in women's hurdles will begin in just a moment. We're expecting a world record this morning, so get ready for an exciting competition. Mia Kanazawa of Japan, last time's gold medalist is heavily favored to win.

4. **A:** We've just seen a new world record everyone! I've never seen anyone jump that high before! And now here comes the next competitor. There are lots of people this year rooting for the popular Brazilian jumper, Nelson Nasraui.

5. **A:** Today's 100-meter run will be very fast. The two fastest runners in the world are competing in this morning's event. Both are from Jamaica and are former medal winners: former gold medalist Joseph Mutai, and David Campbell, who took the silver last time. Get ready for an exciting race!

Página 50, Exercício 4 🔊 2·13

1. **A:** Wow! What a great dive!

   B: Totally. And from so high up!

   A: You know they say if you hit the water wrong, you can hurt your back.

2. **A:** Wow! I can't believe she lifted that thing. How much did it weigh?

   B: 187 kilos. I can't believe it either!

A: I think that's a record.

3. A: What country is the guy on the left from? He's terrific! So fast!
B: China! You can tell by the red and yellow uniform.
A: Hey! Did you see that?
B: That was a great serve!
A: Unbelievable. When they serve the ball so fast, it's amazing the other guy can hit it back!

4. A: Wow. That boat's fast!
B: Not as fast as the American boat! Look at it go!
A: You just think so because you're American!
B: And you? You just like the British boat because you're British.
A: Well, let's see who wins!

5. A: What a match!
B: Did you see that? She hit her again!
A: No way! Brad, she hit her in the stomach! She can't do that!
B: You're right. Look. They're stopping the match.

Página 57, Exercício 3 🔊 2•25

1. A: Boy, it's hot. It's a good thing we brought these bottles of water. Do we need to buy more?
B: Probably, but I don't think buying more plastic bottles of water is good for the environment.
A: You're right. We can just reuse these bottles. OK?
B: I think that's a good idea.

2. A: What are you doing after school today?
B: Me? No plans. Why?
A: Well, June and I are picking up litter in front of the school. Do you want to help us?
B: Sure! That sounds like a good idea.

3. A: Did you finish reading that magazine I gave you?
B: *Best Car Magazine*? Yeah. It was great. What about you? Did you finish *Sport World*?
A: Yeah. Do you want it back?
B: No. Let's put them in the recycling bin. OK?
A: Good idea.

4. A: Who left all these lights on?
B: Sorry. I forgot. Hey, are you still using the computer?
A: No.
B: Then let's turn off the computer, too. We shouldn't use so much electricity.

Página 58, Exercício 3 🔊 2•27

1. A: Marci?
B: Oh, hi, Dad.
A: Marci, Grandma's coming at six thirty. Can you please be home before six?
B: Sure, Dad. No problem.

2. A: That movie was great.
B: Yeah! Hey, who are you calling?
A: Mom. Remember? She said, "Call me after the movie."
B: Oh, right.

---

3. A: Ahem. Excuse me. Young man? What are you eating?
B: Oh this? It's just a snack. Is that OK?
A: No, it isn't. There's no eating in the library.
B: Oh, sorry. I didn't know. Is there a garbage can nearby?
A: Right over there. Thank you.

4. A: See you guys tomorrow!
B: Take care. Don't forget your T-shirt tomorrow!
A: Uh … what T-shirt?
B: Hello! Tomorrow's Recycling Day!
A: Oh, of course! Our teacher asked us to wear our Recycling Day T-shirts.
B: Exactly.
A: I won't forget!

5. A: Excuse me, Jake. What are you doing?
B: I'm sorry, Ms. Jenkins. My friend just texted me.
A: Jake, you know the rules. No texting in class.
B: Sorry, Ms. Jenkins. It won't happen again.

Página 63, Exercício 4 🔊 2•36

1. A: Do you spend hours styling your hair with a hairdryer? If you want to hold that style, even on a wet and windy day, use Beautiful Hair Hollywood hair spray and look like a Hollywood star all day.

2. A: Have you seen Lisa's hair?
B: I have! It's gorgeous, isn't it? How did she get it so shiny and beautiful?
A: She said she started using Sunshine every day when she takes a shower.
B: Wow! I'm going to get some, too!
A: Use Sunshine and see the difference. In only three days, your hair will look beautiful and healthy, too.

3. A: Oh, no! An ugly pimple on my nose! And I've got a big date tonight!
B: Don't worry! Wash with My Skin Wow! this afternoon, and that ugly pimple will be gone in time for your date tonight. It only takes one wash to clear even the worst pimples. See before and after photos of teens just like you at myskinwow.com. And get My Skin Wow! today.

4. A: Do you drink a lot of coffee or tea? Drinking these kinds of beverages can stain your teeth and make them yellow. How would you like beautiful white teeth? Use Snow White twice a day and get the bright, white teeth you want. In only one week, you'll see the difference.

5. A: Oh, no, Mom! Look at my skin!
B: That's some sunburn, Gina. How long were you at the beach?
A: About two or three hours.
B: Gina! You know you need to protect your skin from the sun.
A: Don't take chances with your skin. Just apply Fun in the Sun every two hours, and stay out all day. You'll never get burned!

---

6. A: Wouldn't you like to have the most exciting nails in your class? Today only, buy one large bottle of Awesome Nails and get four small bottles for FREE. Think about it. You can paint every nail on your hand a different color! So, starting tomorrow, have the most exciting nails in your class. Ask for Awesome Nails today!

Página 73, Exercício 5 🔊 2•49

1. A: Good morning, class.
B: Good morning, Mr. Newbar.
A: OK, everyone. Let's open our books to page 57 … James, where's Nita today?
C: Oh, she said she needed to go to the main office this morning. She's going to be a little late.

2. A: You know, Dan is a real bully. He was threatening that new kid in the cafeteria today!
B: But, Steven, Dan is your friend. Why didn't you say anything?
A: I don't know. I didn't want him to think I don't like him.
B: Well, next time you should.

3. A: Hey, Lauren. Come sit with us, OK?
B: In a minute. I need to get something from the café.
A: Didn't you bring anything for lunch?
B: No, actually I forgot my sandwich at home.

4. A: Have you met the new student yet?
B: No. Is he nice?
A: Yeah, I think he's cool. One of the guys on the volleyball team invited him to come play with us later.
B: Oh, that's great!

5. A: Look what I just bought.
B: Hey, that's nice. Who's it for?
A: My sister. It's her birthday tomorrow.

6. A: Mark Miller?
B: Here.
A: Stacey Pike?
C: Here.
A: OK. That's everyone. We're all here on time today. Let's open our books to page 68 …?

Página 79, Exercício 8 🔊 2.58

1. A: Hey, look at this photo in the newspaper.
B: What about it?
A: Well, that's the guy! He robbed a jewelry store last week.
B: So?
A: Well, I saw him this morning in the park!

2. A: You won't believe what I saw yesterday!
B: What?
A: Well, I was at the mall, and I was shopping at Hello Cutie. And I saw this boy shoplift some clothes!
B: No way. For real? Did you tell anyone?
A: Well, I wasn't the only one who saw him. The store manager did, too. He stopped him and called his parents.

3. A: Remember that car that someone stole a few days ago?

B: From in front of our school?

A: Yeah. Well, I saw it around the corner from Uncle Pete's Restaurant.

B: No way!

4. A: Hey, someone took my notebook!

B: Are you sure, Matt?

A: Yeah! It was in my backpack, but it isn't there anymore! Did you see anyone take it?

B: No, I didn't. Ask Jordan.

A: Jordan, did you see anyone take my notebook?

C: Someone took your notebook? No, I didn't see anything.

Página 83, Exercício 3 3•05

A: Welcome to *My Holiday*. Today I'm talking to kids from around the world who are going to tell me about some of the holidays in their countries. And first we have Alain Vigneau from Paris, France. Welcome Alain.

B: Thank you.

A: Alain, tell us about Bastille Day.

B: Bastille Day? That's our national holiday in France.

A: So, what do people in France do on Bastille Day?

B: Well, during the day there are usually parades. Everyone wants to see a parade. Some people wear costumes – they dress like people from the past. And in the evening, people watch fireworks. The fireworks are really beautiful.

A: Sounds nice. Thank you, Alain! And now we're going to chat with Kumiko Oinuma from Tokyo, Japan. Kumiko, tell us about a holiday from your country.

C: Oh, I love the holiday Obon. It's a day when we remember the dead.

A: OK. And how do you do that?

C: Well, we travel to our hometowns and put up special decorations on our homes. And in the evening, people play drums and dance.

A: Wow! That sounds like an interesting holiday. And finally, let's chat with Helen Trux from San Francisco, in the United States. Helen, why don't you tell us a bit about Halloween?

D: Halloween? That's a fun holiday! Kids wear costumes and go from house to house asking for candy.

A: Are there any other traditions on Halloween?

D: Many people have Halloween parties. Even adults wear costumes at those.

A: Does everyone take the day off?

D: On Halloween? No way. They don't celebrate until after work or school. They usually celebrate Halloween in the evening.

A: Does anyone give gifts on Halloween?

D: No, not really. But a lot of people send Halloween cards to their friends.

Página 85, Exercício 4 3.09

1. A: Hi. My name's Ella. You're a new student, aren't you?

B: Yeah, I am. Nice to meet you, Ella. I'm Drew.

A: Nice to meet you, Drew.

2. A: Hello, Eileen?

B: Jasper! I just got your card. It was so nice of you to send it!

A: Well, I was just calling to thank you for the one you sent <u>me</u>. It's beautiful.

3. A: Hi, Tracy. I have something for you.

B: For me?

A: Yeah. It's nothing special.

B: Oh, it's great! Thank you! Well, I have something for you, too.

A: For me? Thanks so much!

4. A: Hey, have you guys seen the newspaper yet?

B: No, why?

A: I'm in it!

C: No way! Where?

A: Really?

A: Look! Right here, in this photo!

B: Wow! That's you at the parade!

C: That's great!

Respostas do Workbook

Unit 1

Página W2

Exercício 2
2. meeting new people
3. Solving puzzles
4. public speaking

Exercício 3
1. about 2. of 3. about 4. at
5. about

Exercício 4
2. b 3. b 4. a 5. b

Página W3

Exercício 5

```
              ¹D R A W I N ²G
               O           O
        ³C     I           I
      ⁴S H O P ⁵P I N G     N
       T   O   L           G
       U   K   A
       D   I   Y
       Y   N   I
       I   G   N
       N       G
       G
```

Exercício 6
2. helping; setting
3. camping; sleeping
4. riding; wearing
5. meeting
6. watching
7. putting
8. speaking

Exercício 7
Hey, Bella!
We're going to the beach. I love ~~sit~~ sitting on the beach in the sun, but I'm not crazy about ~~swim~~ swimming in the ocean. I'm afraid of seeing a shark! I like ~~bring~~ bringing my puzzle books and ~~solve~~ solving all the easy puzzles. I hate ~~do~~ doing hard ones while I'm sitting in the sun!

Exercício 8
2. eating 3. Running 4. ✗
5. catching 6. playing 7. ✗
8. speaking

Página W4

Exercício 9
2. B 3. B, C 4. A

Exercício 10
2. Hi, Mark. Nice to meet you.
3. Same here. This is your first time at soccer practice, right?
4. Yeah. It sounds like fun. I love playing soccer.
5. Me, too. … So, what other things do you like doing in your free time?
6. Well, on weekends I like hanging out with my friends at the beach.
7. Hey! Why don't we all go to the beach together this weekend?
8. Awesome idea!

Exercício 11
2. b 3. b 4. a 5. b 6. a

Unit 2

Página W5

Exercício 2
2. spends
3. has good study habits
4. stays up too late

Exercício 3
2. c 3. b 4. f 5. a 6. d

Exercício 4
2. eating junk food
3. saving money
4. get enough sleep; doing plenty of exercise

Página W6

Exercício 5
2. It's hard to change a bad habit.
3. It's a lot of fun to exercise with friends.
4. It's a bad idea to eat junk food all the time.
5. It's good to eat a lot of healthy food.

Exercício 6
2. want to be
3. 'm planning to start
4. choose to play
5. would like to make
6. decided to study
7. need to take

Exercício 7
2. a 3. b 4. b 5. b 6. a 7. a
8. b

Exercício 8
1. 'd like to clean
2. want to hang out; suggest calling; 'd like to meet
3. do you enjoy doing; to go bike riding
4. to get; to ask; walking; feeding

Página W7

Exercício 9
2. My dad says he really needs to get enough sleep. He doesn't like feeling tired in the morning.
3. My doctor told me I need to get plenty of exercise, but I can't stand going to the gym.
4. We all should stop eating so much junk food. It's OK to eat it sometimes, but not always.

Exercício 10
2. T 3. T 4. F 5. F

Exercício 11
1. b 2. b 3. a 4. b 5. a 6. a

Unit 3

Página W8

Exercício 2
2. Before my mom and dad met, my mom was studying to be a nurse.
3. When my sister and brother were little, we got our first computer.
4. Twenty years ago, we got all our news from newspapers.
5. When my grandparents were children, TV images were in black and white.
6. My sister and I left everything until the last minute when we were younger.
7. People didn't have cars before the 20th century.

Exercício 3
2. than 3. than 4. as 5. as
6. than

Exercício 4
2. are as hungry as; isn't as early as
4. was as good as
5. aren't as friendly as

Página W9

Exercício 5
1. is as tall as
2. isn't as old as
3. isn't as big as
4. is as long as
5. isn't as cute as
6. aren't as hard as

Exercício 6
2. didn't use to
3. didn't use to
4. used to
5. didn't use to
6. didn't use to
7. used to
8. used to

Página W10

Exercício 7
2. I didn't use to have many friends. I used to have a dog.
3. We used to live in a house, not an apartment.
4. Our family used to have a wall phone. We didn't use to have cell phones.

Exercício 8
2. silly
3. serious
4. kind of boring
5. interesting

Exercício 9
2. b   3. a   4. a

Unit 4

Página W11

Exercício 2

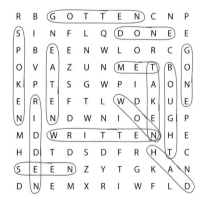

Exercício 3
2. bought   3. done   4. eaten
5. gotten   6. gone   7. had   8. met
9. ridden   10. seen   11. spoken
12. taken   13. won   14. written

Página W12

Exercício 4
2. has been
3. haven't drunk
4. has had
5. Has; ridden
6. have gone

Exercício 5
2. have gone; went
3. sent; has sent
4. have visited; went
5. have eaten; ate

Exercício 6
2. Has Will Smith ever been; he has; 's been
3. Has your teacher ever met; he never has
4. Have your teammates ever practiced; they never have
5. Have you ever made; I have

Página W13

Exercício 7
2. F   3. NI   4. NI   5. T

Exercício 8
2. Yes, I have.
3. What was it?
4. I sang in a contest on TV.
5. No way!
6. No, really! I sang two songs.
7. Wow! That's amazing. You're such an extrovert!
8. You think so?
9. Totally!

Exercício 9
2. b   3. a   4. a   5. a   6. b

Unit 5

Página W14

Exercício 2
2. take medicine
3. have a cough
4. have a rash
5. get braces
6. get a filling

Exercício 3
2. the funniest; 've ever seen
3. the nicest; 've ever met
4. the worst; 've ever eaten
5. the juiciest; 's ever bought
6. the most beautiful; 's ever painted

Página W15

Exercício 4
1. just
2. already
3. yet; already
4. yet; just
5. already; already; yet.

Exercício 5
1. already
2. already; yet
3. already; yet.
4. yet; already

Exercício 6
1. They've already met three times.
2. Have you already finished the homework for math class?; I've just started it.
3. Has your dad left the office yet?; He's just texted me.

Página W16

Exercício 7
2. b   3. a   4. b   5. a

Exercício 8
2. rash I've ever had
3. I'm sorry
4. a check-up
5. have a sore throat
6. sore throat I've ever had
7. bad
8. a vaccination

Exercício 9
2. b   3. a   4. a

Unit 6

Página W17

Exercício 2
2. Canyon   3. Valley   4. Forest
5. Waterfall   6. Volcano   7. Glacier
8. River   9. Jungle   10. Desert

Exercício 3
2. visited   3. have been   4. Did you go   5. has been   6. have had   7. has been   8. decided

Página W18

Exercício 4
2. For; in
3. in; for; since

Exercício 5
2. We haven't gone scuba diving for three years.
3. Machu Picchu has been a World Heritage Site since 1983.
4. The Great Pyramids of Egypt have been there for thousands of years.
5. Brasilia has been the capital of Brazil since April 21st, 1960.

Exercício 6
2. How long has Ryan had his new tablet?
3. How long has your sister played on the team?
4. How long has your family lived in your apartment?

Página W19

Exercício 7
2. a, c   3. f, g   4. b   5. d

Exercício 8
2. Only for about 20 minutes. What happened?
3. I'm really sorry! My mom drove me here, but there was a lot of traffic.
4. Don't worry. No problem.
5. Have we missed the tour? I really wanted to see this place!

6. Well, we missed the 10:00 tour. But it's OK. The next one's at 11:30.
7. Oh, that's perfect! Let's get tickets.

Exercício 9
2. b 3. a 4. b 5. a

Unit 7

Página W20

Exercício 2
2. diving
3. hurdles
4. weightlifting
5. judo
6. sailing
7. high jump
Mystery statement: I love the Olympics

Exercício 3
2. has to
3. Do; have to
4. doesn't have to
5. does; have to
6. has to
7. don't have to
8. Does; have to

Página W21

Exercício 4
2. has to go
3. has to call
4. doesn't have to make
5. has to shop
6. doesn't have to practice
7. has to be

Exercício 5
2. Where do we have to go for boxing practice today?
3. What number do I have to call?
4. But do we have to get the tickets so early?

Exercício 6
2. c 3. b 4. c 5. a

Página W22

Exercício 7
2. We don't have to be in school tomorrow morning.
3. Elaine doesn't have to go to work today. She can stay home.
4. Do you have to get up early on weekdays?
5. If you want to see the game, you must have a ticket.

Exercício 8
2. F 3. F 4. F 5. T

Exercício 9
2. Are you sure?
3. Definitely. It says, "Campers must bring their own tent. No rentals."
4. Well, what are we going to do?

5. We'll just have to go hiking instead of camping.
6. OK. That sounds like a plan!

Exercício 10
2. a 3. b 4. a

Unit 8

Página W23

Exercício 2
2. pick up litter.
3. recycle bottles.
4. reuse shopping bags

Página W24

Exercício 3
2. In our school, students are supposed to pick up litter.
3. At home, we're supposed to use less water and electricity.
4. In our school, we aren't supposed to eat snacks in class.

Exercício 4
2. a 3. b 4. a 5. a

Exercício 5
2. might buy
3. might make
4. might not ride
5. might go
6. might not take

Página W25

Exercício 6
2. NI 3. T 4. F 5. T 6. T

Exercício 7
2. Not much. Hey, Chris, did you throw your soda can in the garbage?
3. Oops. I guess I did. I was talking on the phone, and I forgot.
4. Don't worry. Sometimes I forget, too.
5. Well, thanks for reminding me. I know we're supposed to recycle cans.
6. Actually, it might be a good idea to put up a note.

Exercício 8
2. a 3. b 4. b 5. a

Unit 9

Página W26

Exercício 2
on my skin: deodorant, face wash, makeup, shaving cream, soap, sunscreen
on my hair: hair gel, hair spray, shampoo
on my hands and feet: nail polish, sunscreen
on my teeth: toothpaste

Exercício 3

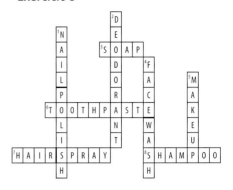

Página W27

Exercício 4
2. b 3. c 4. c 5. a 6. b

Exercício 5
2. didn't they?
3. aren't there?
4. doesn't she?
5. wasn't it?
6. weren't we?

Exercício 6
2. f 3. e 4. a 5. d 6. c 7. g

Página W28

Exercício 7
1. isn't it
2. wasn't it; was it
3. didn't you
4. weren't they

Exercício 8
2. perfect skin
3. That's crazy.
4. Peter
5. They say it's guaranteed.

Exercício 9
2. b 3. a 4. b

Unit 10

Página W29

Exercício 2
2. tease
3. bully
4. gossip
5. ignore
6. tell a lie

Exercício 3
2. a 3. a 4. a 5. b 6. a

Página W30

Exercício 4
2. anything
3. something
4. nothing
5. something
6. anything

Exercício 5
1. something
2. something; something
3. someone; Someone
4. Someone; anything
5. anyone; anything

Página W31

Exercício 6
2. a   3. b   4. d

Exercício 7
2. What?
3. Mark and his friends were bullying Victor after school today, and no one said anything.
4. Really? What happened?
5. Mark told Victor to give him some money. But when Victor said no, Mark and his friends threatened him.
6. That's terrible! Well, it's not too late. You should tell someone.
7. You're right. I will.

Exercício 8
2. a   3. b   4. a

Unit 11

Página W32

Exercício 2

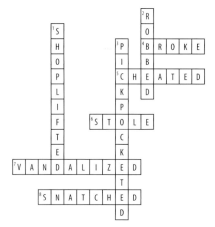

Exercício 3
2. is pickpocketing
3. is breaking into
4. is robbing
5. is vandalizing
6. is snatching

Página W33

Exercício 4
2. Hey! That's ~~that~~ the laptop that someone stole ~~it~~ yesterday!
3. Isn't this the earring that you lost ~~it~~ a year ago?
4. Are those the two friends who you were telling me about ~~them~~ this morning?
5. Hey, that's the waterfall that we visited ~~it~~ last April.

6. These are the cameras that we saw ~~them~~ on TV.

Exercício 5
2. that is down the street
3. who took my backpack
4. who threatened their friend
5. that someone stole yesterday

Exercício 6
2. Is that the dress that you bought online?
3. Is Max the friend who you called this morning?
4. Is she the actor who's in that new action movie?
5. Who is the doctor who took your X-rays?

Página W34

Exercício 7
2. b   3. a   4. b   5. a

Exercício 8
2. Are you sure someone took it?
3. Positive! It was in my backpack, and now it's gone!
4. Wait a minute. Didn't Jan borrow it this morning?
5. Oh, you're right. I forgot.
6. You should call Jan now and make sure. OK?
7. OK. I will.

Exercício 9
2. a   3. b   4. a   5. a   6. b

Unit 12

Página W35

Exercício 2
2. remember; dead
3. take; day off
4. send cards
5. watch; parade; watch fireworks
6. give; gift
7. wears; costume

Exercício 3
2. when people celebrate by flying giant kites
3. where people throw tomatoes at each other
4. when people watch fireworks and parades

Página W36

Exercício 4
2. This is the place where the school soccer team practices.
3. Canada and the U.S. are the two countries where you can see Niagara Falls.
4. 2010 was the year when the World Cup was in South Africa.

5. Australia is the only place where you can see kangaroos that aren't in a zoo.
6. March, April, and May are the months when most tornadoes occur in the U.S.

Exercício 5
2. each other   3. herself   4. each other   5. ourselves   6. each other

Página W37

Exercício 6
2. They go to the beach.
3. They always eat a lot and relax.
4. They sometimes play volleyball or sing songs.
5. They usually watch fireworks.

Exercício 7
2. Nothing special. My mom has the flu, so we're going to stay home this year.
3. Oh, that's too bad. How do you usually celebrate the holiday?
4. Well, we usually go into the city and watch the parade. After that, we eat at a restaurant. What about your family?
5. My family? We do almost the same thing.
6. That's great. Well, have a happy holiday!
7. Thanks! You, too.

Exercício 8
2. b   3. b   4. a   5. b

Bem-vindo ao CD-ROM de Recursos Didáticos de *Teen2Teen* – um banco de recursos desenvolvido para promover prática adicional para seus alunos e auxiliá-los no processo de aprendizagem.

O CD-ROM de Recursos Didáticos de *Teen2Teen* apresenta uma ampla variedade de materiais para você e seus alunos, que inclui:

Interactive Grammar Presentations

As *Interactive Grammar Presentations* apresentam e praticam todos os tópicos gramaticais explorados no *Student Book* de modo interativo e podem ser projetadas em aula para oferecer suporte complementar para você e seus alunos.

Há três slides diferentes para cada tópico gramatical: *Presentation*, *Complete the Statements* e *Practice*.

Presentation

Os slides de *Presentation* exibem o mesmo conteúdo dos tópicos gramaticais exatamente como aparecem no *Student Book*, mas de modo interativo. Use as animações, as ilustrações e as tabelas gramaticais para recordar, apresentar e avaliar a linguagem estudada. Você também pode praticar a pronúncia da maioria dos tópicos gramaticais ao clicar o botão de áudio.

Complete the Statements

Os slides de *Complete the Statements* contêm conteúdo criado exclusivamente para as *Interactive Grammar Presentations* e permitem uma prática controlada do tópico linguístico estudado. Use esses slides como atividade oral no início da aula, convidando os alunos a completar as sentenças. Alternativamente, antes de verificar as respostas com a turma, peça aos alunos que escrevam as respostas no caderno. Há sempre um modelo de resposta e você pode revelar a resposta de cada questão.

Practice

Exibindo conteúdo exclusivo das *Interactive Grammar Presentations*, os slides de *Practice* oferecem uma oportunidade de prática mais livre do tópico linguístico estudado. Utilize as ilustrações ou os textos dos slides para estimular os alunos a responder as questões.

Como alternativa, peça aos alunos que escrevam as respostas no caderno antes de verificá-las com a turma. Há sempre um modelo de resposta e você pode revelar lentamente a resposta de cada questão.

Vocabulary Flashcards

Há *Vocabulary Flashcards* para todos os itens de vocabulário ensinados em cada unidade. Você pode usar os *Vocabulary Flashcards* em sala de aula para apresentar ou revisar a linguagem e para praticar a pronúncia. Dobre o cartão ao meio e mostre a imagem aos alunos para que eles digam as palavras e expressões. Você também pode exibir os cartões na sala como uma referência útil para os alunos.

Worksheets

Worksheets auxiliam no desenvolvimento da linguagem e das habilidades nas áreas principais de gramática, vocabulário e leitura. Há também *Puzzles* para alunos avançados e para momentos de descontração na sala de aula. Gabaritos para todos *Worksheets* acompanham o material.

Grammar Worksheets

Há um *Grammar Worksheet* com atividades organizadas por nível para cada tópico gramatical. Os exercícios iniciais dos *Worksheets* são bastante guiados e exigem pouco conhecimento dos alunos. Gradualmente, o nível de dificuldade se acentua e as atividades se tornam mais desafiadoras. Os exercícios classificados no mesmo nível do *Student Book* não são tão fortemente guiados, exigem uma contribuição mais ativa dos alunos e alguma compreensão do contexto em que o exercício é apresentado. Finalmente, os últimos exercícios são direcionados para os alunos que realizaram as atividades do *Student Book* com facilidade e precisam de mais desafios.

Reading Worksheets

Há um *Reading Worksheet* por tarefa de leitura do *Student Book*. Esses *Worksheets* contêm questões de compreensão organizadas por nível. A primeira questão permite aos alunos mostrar sua compreensão básica do texto e requer pouco entendimento do contexto. Na sequência, as questões são do mesmo nível do *Student Book* e exigem uma compreensão mais detalhada do texto. As seguintes exigem uma compreensão minuciosa do texto.

Os *Reading Worksheets* de *Teen2Teen* Three e Four praticam as mesmas habilidades e estratégias de leitura das apresentadas nas unidades correspondentes do *Student Book* para consolidação do conteúdo.

Vocabulary Worksheets

Há um *Vocabulary Worksheet* por unidade do *Student Book*, que pratica e avalia todo o vocabulário apresentado na unidade principal. Os exercícios praticam as palavras e expressões isoladas e em contexto.

Puzzles

Os quatro *Puzzles* oferecem um modo divertido de praticar a gramática, o vocabulário e a linguagem social e podem ser utilizados em sala de aula por alunos avançados ou como revisão da linguagem estudada.

Tests

Os testes estão disponíveis como PDFs e como documentos editáveis em Word. (Caso não possua Adobe Reader, obtenha-o no website da Adobe.) Se desejar adaptar os testes, você pode editar os documentos em Word e salvá-los em seu computador (veja abaixo as Instruções para adaptar testes). Todos os testes possuem gabarito. Não podem ser vendidos sem a permissão da Oxford University Press.

Unit Tests

Unit Tests contendo duas páginas cobrem o vocabulário, a gramática e a linguagem social de cada unidade. Há duas versões disponíveis (A e B) para cada unidade, para prevenir cópia e assegurar uma avaliação padronizada entre alunos de turmas diferentes.

Review Tests

Dois *Review Tests* contendo três páginas cobrem o vocabulário, a gramática, a linguagem social e a seção de leitura de cada unidade de revisão. Estão disponíveis em duas versões, A e B, para que você possa aplicar diferentes testes para diferentes alunos.

Listening Tests

Há oito *Listening Tests*, dois a cada unidade de revisão, disponíveis nas versões A e B. Esses testes podem ser utilizados para prática adicional da linguagem e habilidades de compreensão oral das unidades anteriores. Eles estão disponíveis em versões A e B para que você possa aplicar diferentes testes para diferentes alunos ou turmas.

Mid-Year Tests

Dois *Mid-Year Tests* contendo quatro páginas cobrem o vocabulário, a gramática, a linguagem social e a seção de leitura de cada unidade. Devem ser aplicados semestralmente durante o ano letivo para avaliar o progresso dos alunos. Os testes estão disponíveis em versões A e B, para que você possa aplicar diferentes testes para diferentes alunos ou turmas.

End-of-Year Tests

Dois *End-of-Year Tests* contendo cinco páginas cobrem o vocabulário, a gramática, a linguagem social estudados. Eles devem ser aplicados ao final do ano letivo para avaliar o progresso dos alunos. Também estão disponíveis nas versões A e B para que você possa aplicar diferentes testes para diferentes alunos ou turmas.

Grammar Bank

Há também um *Grammar Bank* que consiste de duas atividades por tópico gramatical. Utilize o *Grammar Bank* para avaliar o progresso de seus alunos ou complementar seus próprios testes.

Instruções para adaptar testes

Você pode adicionar algum conteúdo extra ensinado em aula, remover algo que decidiu omitir ou não teve tempo de trabalhar em sala, ou mesmo personalizar as atividades.

Isso pode ser feito facilmente ao se:

– adicionar, remover ou editar seções

– adicionar, remover ou editar questões

Você também pode:

– montar testes: por exemplo, se desejar um teste padrão para as *Units 1, 2* e *3*, você pode combinar *Unit Tests* e criar um novo teste.

– alterar e personalizar a aparência dos testes, deixando-os como os outros que você cria.

– usar os scripts de áudio disponíveis e escrever questões extras de compreensão, exercícios de vocabulário ou pronúncia.

Lembre-se de salvar em seu computador seus testes personalizados se desejar utilizá-los novamente.

Divirta-se ao utilizar este **CD-ROM de Recursos Didáticos de *Teen2Teen*** em sala de aula!